Philipp Klaus

Stadt, Kultur, Innovation

Kulturwirtschaft und kreative innovative
Kleinstunternehmen in der Stadt Zürich

D1731965

Philipp Klaus

Stadt, Kultur, Innovation

Kulturwirtschaft und kreative innovative
Kleinstunternehmen in der Stadt Zürich

Publiziert mit Unterstützung des Schweizerischen Nationalfonds zur Förderung der wissenschaftlichen Forschung, dem Präsidialdepartement der Stadt Zürich (Kulturpflege, Wirtschaftsförderung), der Stiftung Hamasil und dem Migros Kulturprozent.

Bibliographische Information der Deutschen Bibliothek
Die Deutsche Bibliothek verzeichnet diese Publikation in der Deutschen Nationalbibliographie; detaillierte, bibliographische Daten sind im Internet über http://dnb.ddb.de abrufbar.

ISBN 10: 3-03777-031-7
ISBN 13: 978-3-03777-031-3

© 2006, Seismo Verlag, Sozialwissenschaften und Gesellschaftsfragen
Zähringerstrasse 26, CH-8001 Zürich
E-Mail: buch@seismoverlag.ch
http://www.seismoverlag.ch

Umschlag und Satz: Martin Steinmann, Zürich und Schaffhausen
Fotos: Philipp Klaus, Martin Steinmann, Zürich
Druck: Ediprim AG, Biel

Inhalt

Abbildungsverzeichnis

Tabellenverzeichnis

Vorwort

Am 30. Mai 1980 gab es zwei Anlässe, an denen dabei zu sein für einen jungen, kulturhungrigen Menschen in Zürich ein Muss waren: das Bob Marley-Konzert im Hallenstadion und die Demonstration vor der Zürcher Oper. Ich war am Bob Marley-Konzert und fuhr gegen drei Uhr mit dem Töffli nach Hause, vorbei am Opernhaus und erfuhr erst am nächsten Morgen in der Schule, was dort geschehen war: Zürich wurde bewegt!

Seit vielen Jahren beschäftige ich mich mit den Entwicklungen in der Stadt Zürich, mit Kultur und mit Regionalwissenschaften. Mit der Möglichkeit Stadt, Kultur, Innovation als Dissertation zu verfassen, hat sich die glückliche Gelegenheit ergeben, die genannten Themen vertieft anzuschauen und in einem Werk zusammenzuführen, welches nun vorliegt. Die Rahmenbedingungen dazu bot mir das Geographische Institut der Universität Zürich. Ich bedanke mich dafür herzlich bei Professor Hans Elsasser, der diese Arbeit ermöglichte. Meine Kolleginnen und Kollegen in der Abteilung Wirtschaftsgeographie trugen durch vielfältige Diskussionen ebenfalls zum Gelingen bei. Mit dem International Network for Urban Research and Action INURA hatte ich in den vergangenen Jahren sowohl in Zürich als auch weltweit ein Netzwerk von kritischen Zeitgenossen zur Seite, mit denen viele Diskussionen über die Entwicklungen in Zürich und in den Städten der Welt geführt werden konnten.

Das Thema der kreativen innovativen Kleinstunternehmen (KIK) und der Orte der kulturellen Innovation trieb mich schon längere Zeit um und führte 1995 und 1997 zu zwei Essays über Freizeit in alten Industriearealen sowie die Bedeutung von unternehmerisch kulturellen Zwischennutzungen in der globalen Wirtschaft. Ich war seinerzeit mit diesem Thema fast allein in der

Schweiz. In der Zwischenzeit werden kulturwirtschaftliche Entwicklung weltweit und hierzulande verbreitet diskutiert. Empirisches Arbeiten birgt immer den Druck in sich, die Zeit oder die abzubildende Realität renne davon, so dass das Ziel allgemeingültiger Aussagen zum Ende der Arbeit nicht mehr aktuell ist. Ich hoffe, dass dies bei dieser Arbeit nicht der Fall ist, und im Gegenteil sich noch viele Entwicklungen erst erschliessen lassen.

Als frei improvisierender Geiger und als Kulturkonsument hatte ich in den vergangenen zwanzig Jahren die Gelegenheit verschiedene Entwicklungen aus nächster Nähe mitzuverfolgen: Räume, die einem steten Wandel unterlagen, sich ändernde Formen der kultuellen Artikulation und immer neue Generationen von Leuten, die gesellschaftlich und kulturell etwas verändern wollen und im eigentlichen Sinne innovativ tätig sind. Ich bedanke mich bei den vielen Inspirationsquellen und insbesondere bei den KIK, deren Karrieren ich zum Teil schon lange vor Beginn dieser Arbeit verfolgt hatte, für deren Bereitschaft mit mir Gespräche zu führen und Aufschluss über ihr Wirken und Leben zu geben.

Ein grosses Dankeschön geht an Armin Köhli und Richard Wolff, die die Arbeit kritisch gelesen und Fehler sowie Unstimmigkeiten aufgespürt haben. Armin Köhli ist mein langjähriger Nachbar und Redaktor bei der Wochen-Zeitung, Richard Wolff ist mein Partner im INURA Zürich Institut, urbane Recherchen und Konzepte, welches wir in den letzten Jahren zusammen aufgebaut haben. Ein weiteres Danke geht an Professor Lucas Bretschger, ETH Zürich, der die Rolle des externen Gutachters übernommen hat. Positive Erfahrungen habe ich mit dem Bundesamt für Statistik und Statistik Stadt Zürich gemacht, die mir stets hilfsbereit die notwendigen Daten und Statistiken zur Verfügung gestellt haben. Ebenfalls danken möchte ich Franziska Dörig und Peter Rusterholz vom Seismo Verlag, die die Publikation begleitet haben, und Martin Steinmann, der mit sicherem Auge und behender Gelassenheit die grafische Gestaltung ausführte. Widmen möchte ich dieses Buch meiner Familie: Helen und Billie.

Kapitel 1

Einleitung

Die Verflechtungen zwischen Kultur und Wirtschaft sind vielfältig und scheinen sich zunehmend zu verdichten. Die Bedeutung von Musik-, Film- und anderen Industrien, das Sponsoring von Kultur oder der Einsatz der Kultur als Werbeträgerin sind nur einige Hinweise, die diese Verknüpfungen veranschaulichen. Die Kulturwirtschaft gewinnt in der wissensbasierten Ökonomie immer höhere Anteile am Bruttosozialprodukt. Printmedien, die TV-Industrie und in jüngerer Zeit das Internet sind zu globalen Akteuren von Information und Werbung geworden. Immer mehr kulturelle Aktivitäten werden in ökonomische Prozesse eingegliedert, kulturelle Produkte und Dienstleistungen einer ökonomischen Verwertungslogik unterworfen. Diese *Ökonomisierung der Kultur* (Scott, 1995) ist ein zentrales Kennzeichen der Transformation der Ökonomie der 1990er Jahre (vgl. Kapitel 4). Die Kulturindustrien, oder Cultural Industries wie sie im angelsächsischen Sprachraum genannt werden, sind in den meisten Industrienationen Branchen mit ansehnlichen Wachstumsraten bezüglich Beschäftigung und Umsätzen (Hall, 1999). Ein weiteres Kennzeichen der Transformation ist die *Kulturalisierung der Ökonomie:* Die Kultur hat im Wettbewerb der Unternehmen und Städte einen neuen Stellenwert erhalten und hat vielfältige Funktionen in der Werbung, im Marketing und Produktedesign zu erfüllen.

Unzählige Städte setzen heute auf Kultur, um sich zu profilieren und die Aufmerksamkeit von Investoren und TouristInnen auf sich zu lenken. Zukin (1995) spricht im Zusammenhang mit diesen Strategien von der symbolischen Ökonomie (vgl. Kapitel 4.2). Die Kultur wird in vielfältiger Weise als Standortfaktor eingesetzt und mit Film-, Theater- und anderen Festivals sowie sportlichen Grossanlässen (olympische Spiele, America's Cup, Weltausstellungen usw.) gepflegt. Museen sind Touristenmagneten geworden und öffentliche wie private Bauten erregen mit prestigeträchtiger und auffallender Architektur Aufmerksamkeit. In der Konkurrenz der Städte verhalten sich Regierungen wie Unternehmen (Harvey, 1989; Le Galès, 1999) und betreiben Standortmarketing unter anderem mit Hilfe von Kultur. In der EU bewerben sich die Städte für den Titel *Kulturhauptstadt Europas*, wovon sie sich nicht nur erhöhte Aufmerksamkeit, sondern auch Investitionen der EU erhoffen. Im kleinen Massstab wird die Förderung von Theatern, Film und Musikanlässen in zunehmendem Masse von privaten Sponsoren mitgetragen. Das Ringen um qualifizierte Arbeitskräfte hat unter anderem zur Folge, dass die Städte ihre Politik auf die Attraktivität für die Kader und Spezialisten ausrichten. Die Zunahme der Bedeutung von Faktoren wie Kultur oder Lebensqualität ist in der Konkurrenz der Städte um diese Arbeitskräfte zu verstehen (vgl. Kapitel 4.2). Diese wollen sich in lebendigen Städten niederlassen, in denen es ein reiches Angebot an Kultur und Ausgehmöglichkeiten gibt, das heisst, sie fragen ein attraktives urbanes Setting nach.

Neben der Feststellung, dass in zunehmendem Masse Künstler und Künstlerinnen zu UnternehmerInnen geworden sind, haben sich in der Kulturwirtschaft neue Tätigkeitsfelder aufgetan, zum Beispiel das Kulturmanagement. Im Kulturbereich hat sich ein kleinbetrieblich strukturiertes Unternehmertum gebildet, welches neue Trends, neue Moden, neue Kunstformen hervorbringt. Das neue kulturelle Unternehmertum mit seinen Innovationen bewegt sich oft im Schnittbereich von Subkultur und globalisierter Wirtschaft (Klaus, 1998; Shaw, 2003; Bader, 2004; Lange und Steets, 2004). In den Städten sind es spezifische Quartiere und Stadtteile, die für die kulturelle Innovation als sozialer und gebauter Raum eine zentrale Rolle spielen (vgl. Kapitel 5).

Zürich gehört seit vielen Jahren zu den Global Cities, den führenden Städten in der Weltwirtschaft. Im Wesentlichen ist der Finanzsektor für diese Positionierung verantwortlich (Taylor, 2003). Spitzenpositionen hält Zürich auch in der Beurteilung der Lebensqualität durch internationale Beratungsunternehmen. Neben anderen Standortfaktoren haben Kultur und Ausgehmöglichkeiten Zürich attraktiv gemacht. „Zürich ist eben eine absolute Trendstadt. Sie ist international, urban, multikulturell, oberflächlich, schnelllebig, mit einem kräftigen Schuss Erotik", so die Aussage eines bekannten Zürcher Modedesigners mit eigenem Label (Tages-Anzeiger, 31.5.2003). Das war aber nicht immer so. Zürich war lange eine eher langweilige Stadt, in der selbst eine Jazzkneipe nicht längere Zeit bestehen konnte. Der kulturelle Aufbruch folgte erst ab 1980 aufgrund heftiger Auseinandersetzungen. Die soziale urbane Bewegung von 1980 ging für Freiräume und Alternativkultur auf die Strasse. Darauf folgte eine allmähliche und verspätete Öffnung gegenüber den internationalen Entwicklungen im Kulturbereich. Heute ist Zürich eine Tourismusdestination mit einem reichen kulturellen Angebot, welches sich in der Konkurrenz der Städte zunehmend besser positionieren kann (vgl. Kapitel 6.5).

Obwohl die Cultural Industries zu den Wachstumsbranchen der letzten zehn und mehr Jahre gehören, erfahren Innovationen im Bereich der Kulturwirtschaft nicht die gleiche Aufmerksamkeit wie solche im Hightech-Bereich. Kulturelle Innovationen haben aber zunehmend Eingang in wirtschaftliche Prozesse gefunden. Dies hängt damit zusammen, dass der Verkaufserfolg von Gütern und Dienstleistungen immer mehr davon bestimmt wird, inwieweit sie die Bedürfnisse gesellschaftlicher Gruppen nach sozialer Abgrenzung und lebenskultureller Unterscheidung erfüllen. „Konsumgüter sind Mittel zur Schaffung von Identität und Bedeutung. Eine solche Aufgabenstellung ist eindeutig kulturell. Sie ist mit rein technologischen Produktinnovationen nicht zu bewältigen" (Helbrecht, 2001, 216). Über Transformationsprozesse wie die Kulturalisierung der Ökonomie und die Ökonomisierung der Kultur ist immer noch relativ wenig bekannt, die Forschung erst bruchstückhaft und inkohärent betrieben worden. Empirische Untersuchungen zur Kulturindustrie oder Kulturwirtschaft bilden heute noch Ausnahmen. In den Regionalwissenschaften haben z. B. Scott (1996), Pratt (1997), Power (2002) und Krätke (2002) Untersuchungen in verschiedenen Regionen durchgeführt. Über die Beschreibung hinaus ist ein vertieftes Verständnis für kulturelle Prozesse nötig. Wichtige Beiträge in dieser Hinsicht haben Lash und Urry (1994) sowie Zukin (1995) geleistet, die die Produktion von Zeichen, Codes und Images als grundlegende Determinanten der Kulturwirtschaft, der Konkurrenz der Städte und Unternehmen aufzeigen, womit sie auch zur Erklärung der zunehmenden Bedeutung der Kultur in Alltags- und Wirtschaftsbelangen beitragen.

In der Annahme, dass Kleinstunternehmen in der Innovation der Kulturwirtschaft eine besondere Stellung einnehmen, als Akteure wirken, die die Standortqualität der Städte verbessern, drängt es sich auf, den kreativen innovativen Kleinstunternehmen besondere Aufmerksamkeit zu Teil werden zu lassen und Prozesse der kulturellen Innovation, der institutionellen und gesellschaftlichen Rahmenbedingungen, räumliche Strategien und verschiedene Einflussfaktoren auf das Wirken dieser Unternehmen zu untersuchen. Nicht zuletzt gehören viele dieser Unternehmen zu den Firmenneu- oder Existenzgründungen, deren Beschäftigungspotenziale in der flexibilisierten Wirtschaft und in der Wirtschaftspolitik von grossem Interesse sind.

Die Förderung von Kultur ist in den meisten Städten und Ländern eher selektiv auf traditionelle Kulturbetriebe und -aktivitäten wie Oper, Theater usw. ausgerichtet, zum Teil auf Film oder Musik und vereinzelt auf sogenannte Alternativkultur (z. B. in Amsterdam). In der Schweiz ist die Förderung von kulturellen Aktivitäten im breiten Sinne nur sehr zögerlich vonstatten gegangen, wofür die erst Ende der 1990er Jahre eingeführten Ausbildungsangebote in Kulturmanagement ein Ausdruck sind. Kultur ist aber ein Massenphänomen geworden, welches die meisten Lebensbereiche durchdringt. Musik, Parties und allgegenwärtiges Design relativieren seit der Pop-Revolution der 1960er Jahre den althergebrachten und ursprünglich elitären Kulturbegriff. Gleichzeitig besteht die Gefahr der Vereinnahmung durch Verwaltung und Politik, sei es in der Imagebildung, sei es in der Beschäftigungspolitik, indem eine reine Zweckorientierung dem kulturellen Freiraum und damit auch der kulturellen Innovation den Atem nimmt.

In Zürich ist das Thema Kultur sehr präsent, zumal die Angebote in den letzten zwanzig Jahren stark zugenommen haben (vgl. Kapitel 6.5). Es ist aber wenig über die wirtschaftliche Bedeutung des Kultursektors und über die Grössenordnungen von Beschäftigung und Arbeitsstätten bekannt. In der Schweiz erlaubten die Betriebsstatistiken lange Zeit nicht, kulturelle Aktivitäten und Entwicklungen nachzuvollziehen, da weder Einteilung noch Erhebungsart Rückschlüsse auf die Kulturbranchen zuliessen. Dies hat sich mit der Einführung der *Allgemeinen Systematik der Wirtschaftszweige* (Nomenclature Générale des Activités économiques, NOGA) im Jahre 1995, welche sich an der in der EU üblichen Systematik NACE orientiert, für die Betriebszählungen grundlegend geändert. Es ist heute möglich, Kulturbranchen zu bezeichnen und zu einem Kultursektor zusammenzufassen (vgl. Kapitel 7.1).

Mit der vorliegenden Arbeit soll die Einordnung kulturwirtschaftlicher Prozesse und Entwicklungen in die regionalwissenschaftliche Diskussion verfolgt werden, um dadurch ein kohärentes Verständnis der Prozesse der Kulturalisierung der Ökonomie und der Ökonomisierung der Kultur, insbesondere auch in Bezug auf Stadtentwicklungsfragen und kulturelle Innovation zu generieren. Anhand der Stadt Zürich sollen exemplarisch diese Prozesse aufgezeigt sowie der Zusammenhang mit Stadtentwicklung und Subkultur erhellt werden. Dazu ist es notwendig, den Kultursektor in der Stadt Zürich zu definieren und eine Branchenanalyse vorzunehmen. Ebenso braucht es dazu eine Darstellung ökonomischer und kultureller Entwicklungen, weshalb Entwicklungen und Grössenordnungen des Kultursektors, seiner Sparten und Branchen in der Stadt Zürich und ihrer zwölf Stadtkreise unter besonderer Berücksichtigung der Kleinstunternehmen aufgezeigt werden sollen.

Ein zentraler Aspekt der empirischen Arbeit liegt in der Analyse der Situation und der Rahmenbedingungen, unter denen kreative und innovative Kleinstunternehmen arbeiten. Dazu gehört die Untersuchung der Prozesse, Netzwerke, räumlichen Gegebenheiten, Standortfaktoren usw., unter denen kulturelle Innovationen, die Produktion von Zeichen und Codes zustande kommen. Dadurch sollen auch Ausmass und Entwicklung von Clustern sowie innovativen Milieus der Kulturwirtschaft identifiziert und gleichzeitig die Bedeutung von Quartieren und Freiräumen aufgezeigt werden. Welche Bedeutung haben die Quartiere für die kreativen innovativen Kleinstunternehmen und die kulturelle Innovation, welche weiteren räumlichen oder sozialräumlichen Faktoren spielen eine Rolle für das Wirken der kreativen innovativen Kleinstunternehmen? Welche Quartiere werden als Standorte bevorzugt und warum? Welches sind die Umstände und Rahmenbedingungen, unter denen Unternehmen gegründet werden, und welche Entwicklungspotenziale haben sie? Welche Bedeutung haben Cluster und Milieus? Welche Absatzmärkte werden beliefert? Welche Rolle spielt die Stadt Zürich als Lebens- und Arbeitsraum? Welche anderen Standortfaktoren sind für die KIK von Bedeutung und welche Qualitäten haben sie? Welche institutionellen Rahmenbedingungen unterstützen oder behindern kreative innovative Kleinstunternehmen in ihrer Entwicklung? In einem dritten Themenkreis soll die Frage der Bedeutung der kreativen innovativen Kleinstunternehmen für die Wirtschaft der Stadt Zürich, für die Attraktivität und die Imagebildung in der Konkurrenz der Städte erörtert werden: Sind KIK mit ihren Aktivitäten, Produkten und Dienstleistungen ein Standortfaktor für die Stadt Zürich? Welche Bedeutung haben KIK für Standortmarketing, Imagebildung, Tourismus und damit für die Regionalwirtschaft?

Der Theorie-Teil setzt sich mit jener Literatur auseinander, die sich mit der zunehmenden Bedeutung der Kultur in Wirtschaft und Gesellschaft befasst. Einer der Schwerpunkte liegt dabei in der Innovationsforschung, wie sie in den Regionalwissenschaften seit einigen Jahren verbreitet ist. Dazu gehören Fragen der Clusterbildung und Netzwerke, der kreativen Milieus sowie der Flexibilisierung der Produktionssysteme. Mit dem Ziel, die Themen der Innovationsforschung auf die Kulturproduktion umzusetzen, wird der Aufstieg der Kulturwirtschaft als Produktionssystem (Kapitel 3) unter dem Aspekt der *Ökonomisierung der Kultur* behandelt. In Kapitel 4, *Kulturalisierung der Ökonomie*, wird das Verständnis für die kulturökonomischen Entwicklungen vertieft. Dabei geht es um die Images von Städten und Unternehmen sowie um die Produktion von Zeichen und Codes, die als kultureller Mehrwert in ökonomische Prozesse und Produkte eingelagert werden. In Kapitel 5 schliesslich geht es darum, Zeichenproduktion und kulturelle Innovation mit Stadtentwicklungsprozessen in Beziehung zu setzen. Die Untersuchung der Fragestellungen, wie sie weiter oben skizziert wurden, stützt sich auf folgendes Vorgehen:

1. Überblick über die Entwicklungen in Wirtschaft, Gesellschaft, Kultur und Stadtentwicklung: Es werden Erhebungen zur Standortattraktivität Zürichs beigezogen, die Aussagen zur Konkurrenz der Städte und die Position Zürichs machen. Das Image und die Standortqualitäten Zürichs werden sowohl in der Eigendarstellung (Werbung von Zürich Tourismus und der Standortpromotion) als auch im Fremdbild (Medienberichte) behandelt.

2. Die Entwicklung des Kultursektors in der Stadt Zürich wird anhand einer Branchenanalyse untersucht, welche auf den Betriebszählungen der Jahre 1995, 1998 und 2001 basiert. Es werden die Entwicklung von Arbeitsstätten und Beschäftigung im Längsschnitt aufgezeigt und die Sparten des Kultursektors miteinander verglichen. Ebenso wird die Entwicklung in den Stadtkreisen analysiert und die Dynamik in der Stadt Zürich mit jener in der Schweiz verglichen.

3. Untersuchung der kreativen innovativen Kleinstunternehmen mit einer Auswahl von 34 Unternehmen, mit denen Intensivinterviews geführt wurden.

Mit wenigen Ausnahmen wurden englische Zitate vom Autor ins Deutsche übersetzt.

Kapitel 2

Stadt, Kultur und Innovation in den Regionalwissenschaften

Regionalwissenschaftliche Theorien setzen sich mit den Voraussetzungen und Bedingungen der erfolgreichen Entwicklung von Regionen und Städten auseinander. Dazu gehören insbesondere die Innovationsforschung und die Auseinandersetzung mit regionalen Produktionssystemen. Kultur spielt zwar auch in dieser Literatur eine zunehmend wichtige Rolle, wird aber vornehmlich entweder als Standortfaktor (vgl. Kapitel 4.2) oder als Potenzial für die Beschäftigung (vgl. Kapitel 3.1) behandelt. Vor dem Hintergrund einer wachsenden Zahl von Beschäftigten in der Kulturwirtschaft und einer Zunahme von Kleinstunternehmen im Kultursektor, werden in diesem Kapitel auch die Frage der Flexibilisierung der Produktionssysteme sowie das Ausmass und die Bedeutung von Existenz- und Firmenneugründungen behandelt.

2.1 Regionalentwicklung und Innovation

Der wirtschaftliche Erfolg von Städten und Regionen wird seit Jahren mit ihrer Fähigkeit, Innovationen umzusetzen, in Verbindung gebracht. Warum einzelne Regionen wirtschaftlich erfolgreicher sind als andere und warum Innovationen in gewissen Regionen eher entstehen und umgesetzt werden als in anderen, ist deshalb zu einem zentralen Forschungsgegenstand der Regionalwissenschaften geworden (Simmie, 2001). Städte, Regionen und Länder stehen unter Druck, ihre Innovationstätigkeiten zu verstärken, um im globalen Wettbewerb erfolgreich zu sein. Die Forschungsaktivitäten werden daher ausgebaut und der Wissenstransfer von Hochschulen und nichtstaatlichen Forschungsstellen zu den Unternehmen und umgekehrt intensiviert. Städte und Regionen sollen ihre Wettbewerbsfähigkeit durch Verbesserungen im Wissensnetzwerk und durch die Umsetzung von Innovationen stärken und dadurch zu *lernenden Regionen* avancieren, die die Wissensgesellschaft stärken (Lundvall, 1992; Florida, 1995; Marshall, 1995; OECD, 1997; EU, 1998; OECD, 2001). Da der wirtschaftliche Erfolg als grundlegender Parameter der Entwicklung der Regionen erachtet wird, ergeben sich aus der regionalwissenschaftlichen Forschung stark normative Aspekte: Wirtschaftspolitische Massnahmen werden auf Defizite oder Qualitäten in Rahmenbedingungen und Standortfaktoren abgestellt. Wie diverse Studien zeigen, gehört zu den heute zunehmend wichtigen Standortfaktoren die Kultur (vgl. Kapitel 4.2).

In den Anfängen der Regionalwissenschaften galt das Interesse zwar bereits der Frage, warum gewisse Regionen wirtschaftlich erfolgreicher sind als andere und welche Faktoren diesen Erfolg ausmachen. Aber Innovation gehörte nicht zu diesen Faktoren. Die wichtigsten Variablen waren Transportkosten und Distanzen (Christaller, 1933; Lösch, 1944). Hoover (1937) führte Agglomerationsfaktoren ein, welche auf die Verfügbarkeit und die Konzentration von Ressourcen wie Know-how, Bodenschätze usw. in den Regionen Bezug nehmen und je nach Ausstattung Wettbewerbsvorteile gegenüber anderen Regionen ausmachen. Kosteneinsparungen, von welchen alle Branchen in einer Stadt oder Region profitierten, indem sie gegenseitig von ihren Kontaktmöglichkeiten, dem Vorhandensein eines breiten Spektrums von Produkten und Dienstleistungen, der Verkehrsinfrastruktur und damit guter Erreichbarkeit Gebrauch machen konnten, wurden Urbanisationsvorteile genannt. Darüber hinaus definierte Hoover Lokalisationsvorteile, welche sich durch die Ballung von Unternehmen der gleichen Branche in einer Region ergaben. Damit konnte die Konzentration gewisser Branchen in bestimmten Regionen erklärt werden. Hoovers Lehren haben sich bis heute gehalten. Studien, die sich mit den Stärken und Schwächen von Regionen und Städten auseinandersetzen, messen die Qualität und Bedeutung von Standortfaktoren, welche zunehmend auch für Benchmarkingstudien eingesetzt worden sind, das heisst für den Vergleich der Städte und ihre Positionierung in der Konkurrenz der Städte.

Der erste, der Schumpeters Innovationstheorien (vgl. Kapitel 2.3) mit der Standortfrage verband, war Perroux im Jahre 1955. Innovative und dynamische Unternehmen hätten grössere Wachstumsraten als andere Unternehmen. Dadurch würden andere Industrien und die Erwartungen von Investoren beeinflusst. Durch die Ausbreitung dieser Effekte kommt es zu Agglomerationsökonomien. Um bestimmte Industrien entstünden Wachstumspole. Diese Unités Motrices, wie Perroux sie nannte, seien verantwortlich für Wachstumsprozesse. Mit dem Wachstumspolansatz wurde auch Wirtschaftspolitik betrieben in der Annahme, dass es genüge, in einer peripheren Region eine Unité Motrice anzusiedeln, um das Wachstum anzuregen. Dies gelang aber nur selten, denn auch führende Unternehmen in einer Region sind auf vielfältige Netze und Standortbedingungen angewiesen (vgl. Rossi, 1995, 144 f.).

2.2 Neuere Ansätze in den Regionalwissenschaften

Cluster und Netzwerke

Lasuèn (1973) führte den Begriff Cluster ein, wobei er sektorale und räumliche Cluster unterschied. Sektorale Cluster sind solche, bei denen Betriebe derselben Branche durch Zulieferbeziehungen stark untereinander vernetzt sind. Räumliche Cluster zeichnen sich durch die Ballung von Betrieben in einer Region aus. Für den Erfolg innovativer Tätigkeiten ist die Überlagerung von sektoralen und räumlichen Clustern wichtig. Wettbewerbsvorteile werden oft als Ergebnis einer Verflechtung von Unternehmen und kollektiver Aktion in einem dichten, transaktionsintensiven Cluster von Produzenten dargestellt. Diejenigen Agglomerationen, welche heute die lebendigsten Kulturprodukteindustrien beherbergen, sind gemäss Scott (1996, 309) charakterisiert von Elementen dieser Erfolgsbedingungen: erstens spezifischen Arten von Produktionsfähigkeiten, -fertigkeiten und Know-how, zweitens von vermarktbaren kulturellen Assoziationen und Bildern, drittens von einer Reihe lokaler politischer und quasi-politischer Institutionen. Porter (1990) geht über die Theorie der komparativen Vorteile hinaus, indem er für den Erfolg von Branchen und Regionen nicht die Ausstattung mit Produktionsfaktoren, sondern die Qualität derselben und die Fähigkeit, diese zu verbessern als entscheidend beurteilt. Die Wettbewerbsfähigkeit setzt sich gemäss Porter aus vier Determinanten zusammen: 1. Ausstattung mit Produktionsfaktoren, 2. Nachfrage (die Heimnachfrage als Indikator der Kundenbedürfnisse), 3. Räumliche Nähe von international wettbewerbsfähigen Zulieferern und Dienstleistern, 4. Firmenstrategien und Inlandwettbewerb. Diese vier Determinanten ergeben den Porterschen Diamanten des nationalen Wettbewerbsvorteils. Sie sollen je nach ihrer Zusammensetzung und jeweiligen Ausprägung Auskunft geben können über die Erfolgsfaktoren von Regionen. Durch räumliche Nähe, d.h. Clustering, und Informationsfluss verstärken sich die vier Determinanten gegenseitig.

In neuerer Zeit wird vermehrt von wissensbasierten Ökonomien gesprochen. Bei diesen Ansätzen geht es um die Bereitstellung von Wissen und Know-how, deren Er- und Beschaffung mittels informeller und institutioneller Systeme als Grundlage für die Innovationsfähigkeit von Regionen und damit von wirtschaftlichem Erfolg betrachtet werden. „Innovation – das Herzstück technologischen Wandels – ist ein Prozess, der wesentlich von der Akkumulation und der Entwicklung eines breiten Spektrums von relevantem Wissen abhängt" (Fischer, Revilla Diez, Snickars, 2001, 1). In den letzten Jahren sind Konzepte der lernenden Regionen aufgekommen, deren Idee es ist, Netzwerke von privaten und staatlichen Akteuren (z. B. Forschungsinstitutionen) in einer Region zu stärken, um so Know-how-Transfer, die Entwicklung von Innovationen und deren Umsetzung in Wert zu setzen (Lundvall, 1992; Simmie, 2001; OECD, 2002).

Innovative und kreative Milieus

Die Theorie der innovativen Milieus war die erste neuere Theorie, welche sich mit der Frage unterschiedlicher Standortvoraussetzungen für Innovationen auseinandersetzte. Sie geht auf die Arbeiten von Aydalot (1980) zurück, der die Voraussetzungen zur Innovation in der Tradition der Wachstumspoltheorien behandelte und dessen These die gegenseitige Bedingung von Zentrum und Peripherie sowie die konstante Beibehaltung der Unterschiede zwischen den beiden ist. Das technologische Niveau ist die Voraussetzung für Innovationen und damit Entwicklung. Es wird vor allem durch die Qualifikation der Arbeitskräfte und die Konsumstruktur definiert, da die Zentren hohe Qualifikationen für die Umsetzung von Innovationen brauchen, und die Innovationen nur dann eingeführt werden können, wenn eine entsprechende Nachfrage besteht. Gemäss Aydalot (1980) werden Produktionsprozesse, die sich im Vernon'schen Produktzyklus im Reifestadium befinden, in Länder mit tieferem technologischem Niveau ausgelagert, um die Produktionskosten zu senken und damit wettbewerbsfähig zu bleiben. Die hier nur in Grundzügen skizzierte Theorie von Aydalot wurde von der *Groupe de Recherche sur les Milieux Innovateurs en Europe* (GREMI) zum Konzept der *Innovativen Milieus* weiterentwickelt. Das innovative Milieu wird von Camagni (1991, 3) als komplexes Netzwerk von formellen und informellen Beziehungen in einem räumlich limitierten Gebiet definiert. Innovationen sind ein Ergebnis kollektiven Handelns verschiedener Akteure einer Region und damit nicht nur von wirtschaftlichen, sondern auch von sozialen Prozessen geprägt. So wird die Perspektive vom einzelnen Unternehmen weggezoomt und auf ein ganzes System gelenkt, in dem die Unternehmen eingebettet sind. Innovative Milieus zeichnen sich durch drei Charakteristika aus (Crevoisier und Maillat, 1991; Bathelt, 2002, 190):

1. Lokalisiertes Produktionssystem. Dieses zeichnet sich durch eine Konzentration von Industrieunternehmen, Zulieferbetrieben, Absatzmarkt und Dienstleistungen in einer Region aus. In diesem Produktionssystem sind längere Wertschöpfungsketten zu finden, die ein Güter-, Absatzmarkt-, Technologie- und Informationsnetzwerk bilden. Kooperationen unterstützen das Finden von Lösungen und Innovationen.

2. Sozio-institutionelle Einbettung des regionalen Produktionssystems und gemeinsame Entwicklung einer eigenen Kultur, die Verhaltensnormen, Technikbewusstsein, Vertrauensbeziehungen usw. umfasst. Die institutionellen Strukturen werden z. B. von Schulungs- und Forschungseinrichtungen oder öffentlichen Förderprogrammen gebildet.

3. Innovations- und Lernprozesse. Sie sind nötig, damit sich Innovationen verbreiten und spezialisierte Ressourcen und Qualifikationen entstehen. Die Akteure der Region müssen dabei fähig sein, durch Offenheit nach aussen spezifische Informationen und Ressourcen zu akquirieren und zu generieren.

Nach Maillat et al. (1993) sind Produktionssysteme dadurch erfolgreich, dass sie sich auf einen Technologiebereich oder eine Wertschöpfungskette spezialisieren. Die Akteure richten die Ressourcen auf diese Spezialisierung aus, so dass eine lokalisierte Wissensbasis entsteht, die nicht einfach von anderen Regionen übernommen oder kopiert werden kann.

Daraus resultieren komparative Vorteile und eine verstärkte Wettbewerbsfähigkeit. Am Ansatz der innovativen Milieus sind verschiedene Kritiken geübt worden (vgl. Bathelt, 2002, 193). So gibt es innovative Regionen, die sich nicht durch Kooperation, sondern vielmehr durch ausgeprägte Konkurrenz auszeichnen. Storper (1997) weist ferner darauf hin, dass es auch Normalregionen gibt, in denen keine engen Netzwerk- oder Interaktionsbeziehungen entstanden sind und die trotzdem Erfolge in der wirtschaftlichen Entwicklung vorweisen.

Rémy und Voyé (1992) haben sich mit kleinräumigen Clustern und Netzwerken im städtischen Produktionssystem beschäftigt. Sie sind dabei auf sogenannte Interaktions- und Lernorte (ILO) gestossen, die die Schnittstelle zwischen städtischer Organisation und den Produktionssystemen bilden. Als ILO werden zum Beispiel Ausbildungs- und Forschungsstätten, Industrie- und Handelsmessen, Berufsorganistionen, manchmal Museen, Clubs oder hochspezialisierte Märkte, aber auch gewisse Standorte oder sogar Gebäude (z. B. Trade Centers) bezeichnet. „Solche ILO generieren nicht nur wichtige Externalitäten für die Produktionssysteme, sie sind auch wesentlicher Bestandteil der Stadt" (vgl. Crevoisier, 2001, 253).

Politik der Cluster: Unternehmensparks und Gründerzentren

Die Förderung von Clustern erfolgte in vielen Ländern mehr noch als auf regionaler Ebene im lokalen Rahmen. Die Idee von Unternehmensparks und Gründerzentren geht zurück auf die *Industrial Estates* und *Industrial Parks*, welche bereits 1896 in Manchester und 1899 im Südwesten von Chicago eingerichtet wurden (Hennicke, 1986, 35). Gebäude oder Gebäudekomplexe sollen in nächster Nähe zueinander verschiedene Firmen unter einem Dach beherbergen. Die Grundidee dieser Zentren war die Umsetzung von Standort- und Agglomerationsvorteilen durch Einsparung von externen Kosten. Konkret ging es um die Möglichkeit Netzwerke aufzubauen, Informationstransfers zu erleichtern, Jungunternehmen zu unterstützen, formelle und informelle Zusammenarbeiten zu fördern, Forschung und Entwicklung nahe an die Umsetzung auf den Märkten zu bringen und von gemeinsamer Infrastruktur zu profitieren. In den USA und später in Japan wurden *Scienceparks* lanciert, die sich an innovative Unternehmensgründer, forschungsorientierte junge Betriebe sowie an Forschungs- und Entwicklungsabteilungen etablierter Unternehmen richteten. Angelehnt an die Konzeption der Science-parks in den USA und zum Teil in Japan sowie angesichts zunehmender Konkurrenz im Technologiebereich wurden in den 1980er Jahren in Westeuropa zunehmend Technoparks lanciert. Mit den Gründer-Zentren wurden innovations- und beschäftigungspolitische Ziele verfolgt, insbesondere Forschung und Entwicklung rasch in marktreife Produkte umzusetzen, sowie die Unterstützung der Gründungsphase junger innovativer Unternehmen. „Differenziert nach verschiedenen Betriebstypen zeigt sich zudem, dass die Eignung von Standortgemeinschaften im Vergleich zu herkömmlichen Standorten für junge Betriebe, innovative Betriebe mit eigenen Forschungs- und Entwicklungsaktivitäten und kleine Betriebe mit Abstand am höchsten ist" (Hennicke, 1986, 11). Neben innovations- und hightechorientierten Zentren wurden auch Gewerbeparks zur Unterstützung von unter flexibilisierten Produktionsbedingungen neu gegründeten Unternehmen eingerichtet. Innovations- und Technologiezentren wurden auch mit unterschiedlichem Erfolg als regionalpolitisches Instrument zur Förderung von strukturschwachen und von Abwanderung bedrohten Regionen eingesetzt.

In der Schweiz ging es etwas länger bis die ersten Industrie- und Gewerbeparks realisiert wurden. Kleinere Initiativen gab es bereits Ende der 1980er Jahre, z. B. in Couvet und Fleurier (NE) oder in Sierre (VS) den Technopôle. Dieser existiert noch heute und beherbergt rund dreissig Unternehmen aus den Branchen Forschung und Entwicklung, IT, Design usw. Der erste grössere Technopark wurde 1993 in Zürich eröffnet. Heute gibt es rund ein Dutzend solcher Zentren. Ein Teil davon ist in einer Vereinigung genannt Swissparks. ch organisiert, welche die Förderung der Zusammenarbeit und den Erfahrungsaustausch unter ihren Mitgliedern zum Ziel hat, die Pflege von Netzwerken und die gemeinsame Öffentlichkeitsarbeit.

Die Bildung von Clustern, wo branchenintern und -extern Know-how ausgetauscht werden kann, und im Idealfall Wertschöpfungsketten entstehen, ist mit der Implementierung von Gründerzentren zur wirtschaftspolitischen Aufgabe geworden und entspricht damit einer Strategie zur Förderung von *Milieux innovateurs* im Sinne der GREMI oder der Innovations- und Lernorte (ILO). Die Förderung von Austausch, Transfer und Neugründungen konzentriert sich in erster Linie auf Unternehmen, die technologische Innovationen anstreben, in zweiter Linie auf die neuen Selbstständigen. Initiativen der öffentlichen Hand oder auch gemischter Trägerschaften, die den neuen Selbstständigen im Bereich der Kulturwirtschaft Rechnung tragen, sind bisher kaum zu finden. Eine Ausnahme bildet der *Mediacampus* in Zürich, der langsam Tritt zu fassen beginnt, nachdem die Mieten angepasst wurden, so dass die Räume für eine breitere Palette von Unternehmen erschwinglich wurden.

2.3 Innovationen und Unternehmertum

Die Innovationsforschung wird bis heute von den Arbeiten Schumpeters (1883–1950) geprägt. So wie die Raumwirtschaftslehre sich lange nicht für Innovationen interessierte, so beschäftigte sich Schumpeter nicht mit räumlichen oder regionalen Fragen. Schumpeter (1993, 81 ff.) schuf den Begriff der *kreativen Zerstörung*. Bei der kreativen Zerstörung geht es darum, dass alte Produktionsabläufe, institutionelle Rahmenbedingungen, Absatzmärkte usw. zerstört werden und in der Folge neue Wege und Lösungen gesucht, Ideen kreiert und umgesetzt werden: „Der grundlegende Prozess, der die kapitalistische Maschine in Bewegung setzt und hält, stammt von den neuen Konsumgütern, den neuen Methoden der Produktion oder des Transports, den neuen Märkten und den neuen Formen der industriellen Organisation, welche kapitalistische Unternehmen permanent kreieren" (Schumpeter, 1946, 88). Permanente Erneuerung, technologischer Fortschritt und damit Innovationen wurden somit zu den Grundfesten westlicher Gesellschaften. Schumpeter erachtete die kreative Zerstörung als eines der wesentlichen Merkmale in der kapitalistischen Weltordnung. Schumpeter weist als erster Wirtschaftswissenschafter auf die zentrale Rolle des Unternehmers hin. Er geht ausführlich auf Typen, Rollen und Funktionen von Unternehmern in unterschiedlichen Wirtschaftsepochen ein. Unternehmer sind jene Personen, die nicht nur ein Unternehmen leiten und verwalten, sondern auch die Neuerungen vorantreiben, einführen und durchsetzen. Die Fähigkeiten des Unternehmers zeichnen sich durch Initiative, Begeisterungsfähigkeit, aber auch eine gewisse geistige Begrenzung aus. Diese erlaube eine Konzentration auf ökonomische Vorteile. Der Unternehmer hat als intrinsisches Motiv für sein Handeln den Willen ein privates Reich zu gründen sowie Siegerwille und Freude am Gestalten (Schumpeter, 1987, 152 ff.). Gestaltungswille und Kreativität des hier beschriebenen Unternehmers haben nur wenig mit kulturellen oder künstlerischen Aktivitäten gemein, denn – wie Bass (1999, 216) anmerkt – Schumpeter beschrieb den Unternehmer mitunter als Parvenü, der sich auch durch „Enge und Kulturarmut" auszeichnete.

Der Begriff Innovation entstammt dem Latein und bedeutet Erneuerung aus dem Wortstamm *novus* für neu. Für Schumpeters Prozess der kreativen Zerstörung ist der Begriff der Innovation sehr zutreffend, da es nicht nur um die Erschaffung von neuen Dingen, sondern auch darum geht, bestehende Produkte und Dienstleistungen zu erneuern, anzupassen, umzustellen und anders zu kombinieren. Im Wesentlichen geht es bei Innovationen gemäss Schumpeter um die Komponenten neue Produkte, neue Technologien, neue Angebotsquellen und neue Formen der Organisation (Schumpeter, 1961, 94 ff.). Neben der Schaffung von Neuerungen sind auch Hindernisse zu überwinden, die die Durchsetzung und Ausbreitung von Innovationen hemmen. Schumpeter (1961, 107 f.) beschreibt drei mögliche Hindernisse: „Erstens leistet im Falle, dass etwas Neues versucht wird, die Umwelt Widerstand, während sie mit – zumindest – wohlwollender Neutralität die Wiederholung ihr vertrauter Handlungen betrachtet. Der Widerstand kann in einfacher Missbilligung bestehen, in der Verhinderung (Verbot) oder tätlichem Angriff (Zerstörung). Zweitens liefert die Umwelt für die Wiederholung von Gewohnheitshandlungen die Vorbedingungen, die sie im Falle von neuen Dingen manchmal nicht bieten kann, manchmal auch verweigert: Kreditgeber leihen für gewohnte Zwecke; geeignete Arbeitskräfte stehen zur rechten Zeit zur Verfügung; Verbraucher kaufen bereitwillig, was sie kennen. Drittens fühlt die Mehrzahl der Menschen eine Hemmung, wenn sich ihnen die Möglichkeit bietet, einen neuen Pfad zu betreten."

Innovation

1. Die Erzeugung und Durchsetzung neuer Produkte oder neuer Qualitäten von Produkten,
2. Die Einführung neuer Produktionsmethoden,
3. Die Schaffung neuer Organisationen der Industrie (Vertrustung z. B.),
4. Die Erschliessung neuer Absatzmärkte,
5. Die Erschliessung neuer Bezugsquellen.

(Vgl. Schumpeter, 1987, 151 f.)

Die meisten später formulierten Definitionen von Innovation wurden von Schumpeters Arbeiten abgeleitet. Die Europäische Kommission definiert zum Beispiel Innovationen als die „kommerziell erfolgreiche Anwendung neuer Technologien, Ideen oder Methoden durch die Einführung neuer Produkte oder Prozesse oder die Verbesserung bestehender Produkte und Prozesse" und ergänzt: „Innovation ist ein Resultat eines interaktiven Lernprozesses, welcher oft Akteure mehrerer Unternehmen umfasst" (Simmie, 2001, 2).

Schumpeter hat zwar die Rolle der Unternehmer ins Rampenlicht der Innovationsforschung gerückt, nicht aber geklärt, ob kleine oder grosse Unternehmen Innovationen hervorbringen. Vielmehr hat er sich in verschiedenen Schaffensperioden widersprochen (vgl. Bass, 1999, 218). Schumpeter bezeichnete in seinen frühen Schriften vor allem Klein- und Mittelbetriebe als besonders innovationsfähig. Grossbetriebe seien zu schwerfällig, um selber Neuerungen hervorzubringen, und übernähmen sie deshalb von kleineren Unternehmen. In seinen späteren Werken vertrat Schumpeter hingegen die gegenteilige Meinung, dass nämlich Grossunternehmen die nötigen Ressourcen und Kapazitäten hätten, um Innovationen voranzutreiben. Dies könnte ein Hinweis darauf sein, dass die Art innovativer Aktivitäten je nach vorherrschenden Produktionssystemen sich mit der Zeit ändern: je etablierter und verbreiteter die Massenproduktion ist, desto eher sind es Grossunternehmen, die Innovationen vorantreiben. Die Innovationsforschung in den Regionalwissenschaften konzentriert sich heute aber weniger auf die einzelnen Unternehmen als Innovatoren, als vielmehr auf Innovationssysteme, Netzwerke, innovative Milieus und Cluster. Komplexe von Akteuren ergänzen sich in einer Art und Weise, dass Regionen oder Städte sich durch Innovationen und wirtschaftlichen Erfolg auszeichnen. Neben der Frage, wie Innovationen entstehen, hat sich die regionalwissenschaftliche Forschung auch immer für das Wo der Innovationstätigkeiten interessiert.

2.4 Flexibilisierung und neue Selbstständigkeit

Flexibilisierung der regionalen Produktionssysteme

In den 1980er Jahren sind theoretische Konzepte entstanden, die auf Industriedistrikten und der Flexibilisierung der Produktionssysteme aufbauten.

Sie setzen ihre Argumentation bei der ersten Ölkrise von 1973 an, die nach einer längeren Periode wirtschaftlichen Wachstums, gekoppelt mit Massengüterproduktion, eine starke Zäsur in der wirtschaftlichen Entwicklung verursachte. Grossbetriebe, die in die Krise stürzten, hatten zum Teil katastrophale Auswirkungen auf die wirtschaftliche Situation ganzer Regionen. Der Ölkrise folgte eine neue Dynamik, die verstärkt auf Flexibilität in den Produktionssystemen aufbaute: Die Arbeitsteilung zwischen den Unternehmen und Regionen wurde neu organisiert, die Produktion spezialisiert und flexibilisiert: verschiedene Unternehmen erstellten in unterschiedlichen Regionen je spezialisierte Güter und Dienstleistungen und organisierten sich in komplexen Zuliefer- und Absatzbeziehungen. Diese Ablösung der vorherrschenden Massengüterproduktion hin zur flexiblen und spezialisierten Produktion wird auch als Paradigmenwechsel vom Fordismus zum Postfordismus bezeichnet oder als *Industrial Divide*. Piore und Sabel (1984) setzten den wirtschaftlichen Erfolg gewisser Regionen in Zusammenhang mit der flexiblen Spezialisierung und knüpften an Marshalls Konzept der *Industrial Districts* von 1919 an. Paradebeispiel für ihre Argumentation war das sogenannte *Dritte Italien*, welches östlich der Lombardei, im Veneto und insbesondere in der Toscana durch ein dichtes Netz von kleinen Unternehmen insbesondere in der Textilbranche auffiel. Es wurde als drittes Italien bezeichnet, weil sein Produktionssystem sich stark von den althergebrachten Industrieregionen in der Lombardei (Mailand) und im Piemont (Turin) einerseits sowie vom agrarisch geprägten italienischen Süden andererseits unterschied. Piore und Sabel orteten Parallelen in Baden-Württemberg, wo ebenfalls ein überdurchschnittlicher Anteil von kleinen Unternehmen in gleichen Branchen kooperierte. Sie verbanden mit ihren empirischen Arbeiten die These, dass die Befunde aus dem Dritten Italien einen Trend zeigten, wie sich die Produktion in Zukunft entwickeln würde: in Netzwerken von kleinen und kleinsten Unternehmen. Die Hauptkritiken an den Arbeiten von Piore und Sabel bezogen sich darauf, dass neben dem Süddeutschen Produktionssystem keine weiteren regionalen Produktionssysteme eindeutig ausgemacht werden konnten, und eine empirische Überprüfung bisher nicht gelungen ist (Bathelt, 2002). Da sich die meisten Agglomerationstheorien mit der Entwicklung von Regionen, also den Faktoren für Wachstum und Erfolg beschäftigen, werden sie als emanzipatorische Ansätze bezeichnet (Simmie, 2001). Die Kritik an den Arbeiten von Piore und Sabel fusst auf der Idee, dass flexible Spezialisierung ein weiteres Erfolgsrezept im weltweiten Wettbewerb und in der Konkurrenz der Städte sein müsste, also auch ein emanzipatorisches Konzept. Die Flexibilisierung der Produktionssysteme hat aber verschiedene andere Implikationen, die über die regionale Frage hinausgehen, darunter die Organisation der Wirtschaft im Postfordismus, der Umbau der Massenproduktion und die Veränderung der Wertschöpfungsketten durch Verteilung auf eine grössere Anzahl von Unternehmen. Flexible Produktionssysteme waren deshalb schon viel früher zusammen mit der optimalen Betriebsgrösse ein Thema der wirtschaftswissenschaftlichen Auseinandersetzung.

Eine der grundlegenden Fragen, die im Zusammenhang mit Unternehmensgrössen gestellt werden, ist jene nach der Stabilität von Produktionssystemen. Darunter fällt die Verteilung der Produktionsschritte auf mehr und kleinere Unternehmen sowie die branchenmässige Diversifizierung der Wirtschaftsaktivitäten anstelle von monostrukturellen Systemen. Während Marx (1867) das Ende der Kleinbetriebe voraussagte, erhielt die Forschung über Kleinbetriebe in der ersten Hälfte des 20. Jahrhunderts einen Aufschwung, nicht zuletzt um Marx' Aussagen zu widerlegen (z. B. Wernicke, 1901; Sombart, 1928). Bereits Kropotkin widmete seine Schriften im ausgehenden 19. Jahrhundert dezentralen Produktionssystemen, die auf kleinen Strukturen und Vernetzungen in Landwirtschaft, Handwerk und Industrie basierten. Seine Idee war eine Produktion, welche auf die Bedürfnisse der KonsumentInnen ausgerichtet war. Grossbetriebe mit Massenproduktion könnten nicht bedürfnisorientiert arbeiten, seien krisenanfällig und böten zu gute Voraussetzungen für Ausbeutungsverhältnisse (Kropotkin, 1928). In der Nachkriegszeit erlebte wiederum die ökonomische Forschung rund um die industrielle Massenproduktion Aufschwung. Grösse wurde als Voraussetzung für die wirtschaftliche Leistungsfähigkeit betrachtet (vgl. Lilienthal, 1952). Eine Renaissance in Politik und Forschung erlebten die Kleinbetriebe in den 1970er und 1980er Jahren. Nicht zuletzt Schumachers Schrift *Small is beautiful* im Jahre 1956 löste diese Welle aus. Gewisse Autoren sahen in den Kleinbetrieben die Grundlage einer erfolgreichen Wirtschaft, Acs und Audretsch (1992) gar die *driving force of the U.S. economy*. Mitunter wurden sogenannte *job generation studies* verfasst, die der Beschäftigungswirksamkeit der Klein- und Mittelbetriebe gewidmet waren und deren Bedeutung als Wachstums- und Beschäftigungsfaktoren aufzeigten.

Regionale Branchenspezialisierungen stellen nach wie vor den Erfolg vieler Regionen im Wettbewerb sicher, in Zürich zum Beispiel der Finanzsektor. Die Produktionssysteme aber sind heute weltweite Netze von komplexen Zuliefer- und Absatzbeziehungen. Transnationale Unternehmen kaufen Arbeitskräfte, Technologie, Know-how und Produktionsschritte global ein und vermarkten ihre Produkte weltweit (Zeller, 2001). Entscheidungsfunktionen konzentrieren sich in wenigen Städten, den Global Cities, von wo aus Auslandsdirektinvestitionen und Kapitalmärkte kontrolliert und gesteuert werden (Sassen, 1996). Wertschöpfungsketten reichen über die Regionen und Kontinente hinaus. Dank niedrigen Transportkosten und dem Einsatz der Telekommunikation sind die Distanzen zu einem vernachlässigbaren Kostenfaktor geworden, während die Aufwendungen für die Löhne in Abhängigkeit der Qualifikationen zum entscheidenden Argument für Investitionen geworden sind (vgl. z. B. Hamm, 1996). Die Auslagerung von Produktionsschritten und Dienstleistungen zu einer Vielzahl von Zulieferunternehmen bedeutet auch, dass die Zahl der kleinen Unternehmen zugenommen hat, ohne dass damit eine Verstärkung der Unabhängigkeit dieser Unternehmen einhergegangen wäre, oder dass diese regional erfolgen müsste, wie dies Piore und Sabel vorschwebte. Flexibilisierung ist nicht in erster Linie eine Frage der Regionen, sondern ein globaler Prozess, der nicht der Logik des regionalen Produktionssystems und der optimalen Allokation von Ressourcen folgen muss, aber kann. Primär folgt dieser Prozess der Logik der Gewinnorientierung der einzelnen Unternehmen.

Flexibilisierung als neues ökonomisches Paradigma

Postfordismus und Flexibilisierung der Wirtschaft waren also nicht eine Frage neuer Werte, sondern vor allem eine Frage betriebsökonomischer und – strategischer Überlegungen, die Ende der 1990er Jahre ihren Höhepunkt fanden: Kostensenkung durch *Downsizing*, schlanke Produktion, *Outsourcing*, Nutzung von Synergien. Dies ist das neue ökonomische Paradigma, wie es die OECD (2001, 9) formuliert: „Firms are downsizing, focusing on their core competences and shedding non-core activities. ... At the same time, they seek synergy with other enterprises, including at international level. These leaner firms are buying and selling branches and activities and networking with suppliers and competitors on a global scale. In the new economic paradigm, downsizing and upsizing are employed simultaneously as business strategies." Mit Deregulierungen und Liberalisierungen wurden neue Rahmenbedingungen für Handel und Investitionsmöglichkeiten geschaffen. Die grenzüberschreitenden Fusionen und Akquisitionen haben sich im Zeitraum von 1988 bis 1999 von 100 auf 800 Milliarden USD verachtfacht, die Auslandsdirektinvestitionen haben von 190 auf 860 Milliarden USD zugenommen. Bei der Bildung von grenzüberschreitenden strategischen Allianzen mit Unternehmen in den Ländern der OECD liegt die Schweiz auf Rang 11 der dreissig OECD-Länder (OECD, 2001, 134). Im Zeitraum zwischen 1990 und 1999 wurden in der Schweiz 1338 solche Allianzen gebildet. Durch diese strategischen Neuausrichtungen kam grosse Bewegung in die Unternehmenslandschaft: Bekannte grosse Unternehmen fusionierten und bekamen neue Namen. So ging aus dem Schweizerischen Bankverein und der Schweizerischen Bankgesellschaft die UBS AG, aus den Chemieunternehmen Ciba-Geigy und Sandoz die Novartis und aus der Fusion der Brown Boveri Company mit der schwedischen ASEA die ASEA Brown Boveri (ABB), einem der weltweit grössten Elektrokonzerne, hervor.

Firmenneu- und Existenzgründungen der 1990er Jahre hängen stark mit der genannten Transformation und dem neuen ökonomischen Paradigma in den 1990er Jahren zusammen. Mit Firmenfusionen waren nicht nur Entlassungen verbunden, sondern auch die Auslagerung verschiedenster Funktionen und Tätigkeiten im Produktionsprozess wie Grafik, Design, Werbung, Kommunikation und Beratungsdienstleistungen bis hin zu Reinigungs- und Gartenarbeiten oder Abwartungen. Dadurch wurde die Gründung von neuen Unternehmen begünstigt. Leistungen wurden neu bei aussenstehenden Unternehmen eingekauft, was für die Unternehmen rentabler war, als alle Funktionen selber beizubehalten. Am konsequentesten wurde das neue ökonomische Paradigma von Unternehmen wie NIKE (Sportartikel) oder Tommy Hilfiger (Kleider und Schuhe) umgesetzt. Sie besitzen keine eigenen Produktionsbetriebe, sondern lassen ihre Produkte von Zulieferfirmen herstellen, welche einen Grossteil ihrer Produktionsstätten in China oder Südostasien haben. „Jockey International macht Hilfiger-Unterwäsche, Pepe Jeans London macht Hilfiger-Jeans, Oxford Industries macht Tommy-Hemden und die Stride Ride Corporation stellt seine Schuhe her" (Klein, 2001, 45). Hilfiger selber signiert die Produkte nur. Der Aufbau der Marke hat dadurch einen zentralen Stellenwert bekommen. Beratungsfirmen aller Art bis hin zu Coolness-Jägern (vgl. Kapitel 4.5) werden konsultiert. In aufwändigen Werbekampagnen werden Zeichen und Codes angewendet, wie dies von Lash und Urry (1994) beschrieben wurde, und dadurch Kultur instrumentalisiert. Die Nachfrage nach Design, Musik, Festivals und Events wurde immer grösser und zu Plattformen für die Werbung der Brands, welche diese kulturellen Aktivitäten nicht nur sponsern, sondern auch konsequent in ihre Markenstrategien einbauen. Entsprechend sind immer mehr Kleinstunternehmen im Bereich der kulturellen Produktion entstanden, die den Rahmen für diese Wirtschaftsstrategien bereitstellen.

Unternehmensgründungen und neue Selbstständigkeit

Der Mythos vom Tüftler in der Garage, der mit einem genialen Einfall ein neues Unternehmen startet und ein weltumspannendes Imperium aufbaut, erlebte ein Revival, wofür Beispiele wie Bill Gates (Microsoft) oder Ingvar Kamprad (IKEA) stehen. Diese *Traumkarrieren* bilden im Vergleich zu den gesamten Unternehmensgründungen aber Ausnahmen. Die von den Leuten geforderte Risikobereitschaft und Flexibiliät (vgl. Sennett, 1998) sollte zu Unternehmensgründungen animieren angesichts anhaltender Rezession und Arbeitslosigkeit. Unter den UnternehmensgründerInnen befinden sich 36 %, welche zur sogenannten *Necessity Entrepreneurship* gehören, also zu denjenigen, die ein Unternehmen aus Zwang oder Not gründen (GEM, 2002). In den 1990er Jahren haben die Unternehmensgründungsaktivitäten weltweit zugenommen. In der Schweiz war die Zahl der Selbstständigerwerbenden von 1970 bis 1990 konstant. In den 1990er Jahren wuchs sie aber um 21 % und liegt im Jahre 2000 bei 18 % der 3'879'000 Erwerbstätigen in der Schweiz (Bundesamt für Statistik, 2000). Gleichzeitig hat die Zahl der im Angestelltenverhältnis Beschäftigten um 1.9 % abgenommen.

Selbstständigerwerbende tragen viele Risiken. Tiefe und ungesicherte Einkommen sind weitverbreitet, ebenso wie schlechte Absicherungen gegen Arbeitslosigkeit oder bei der beruflichen Vorsorge. Unter den Working Poor in der Schweiz, welche 7,5 % der Erwerbstätigen ausmachen, tragen Alleinerziehende, grosse Familien, wenig Qualifizierte und alleinarbeitende Selbstständige das grösste Armutsrisiko (Bundesamt für Statistik, Pressecommuniqué, 13. März 2001). 1997 erzielten 17 % der Selbstständigerwerbenden einen Nettoreallohn zwischen Fr. 10'000 und 30'000. Noch 1991 waren es erst 14 %. In absoluten Zahlen bedeutet dies eine Zunahme von 80'000 auf 120'000 Personen, die als Selbstständigerwerbende unter dem Existenzminimum leben (Prodolliet, 2001). Die Untersuchung von Harabi und Meyer (2000) zeigt, dass über 40 % der Unternehmen im ersten Jahr einen Umsatz von weniger als Fr. 100'000 haben. Erlebte oder drohende Arbeitslosikeit gehörte bei fast 20 % der Befragten zu den wichtigen Motivationen für den Schritt in die Selbstständigkeit. 4 % kamen direkt aus der Arbeitslosigkeit. Für die anderen waren Unabhängigkeit, Durchsetzung eigener Ideen und Selbstverwirlichung wichtige Motive für die Unternehmensgründung. Anerkennung oder höheres Einkommen sind sekundär. Motivation und andere subjektive Einstellungen und Ambitionen sind neben den beruflichen Qualifikationen, die die GründerInnen mitbringen, wichtige Erfolgsfaktoren. Im Bericht des Global Entrepreneurship Monitor 2002 (GEM, 2002) wird geschätzt, dass weltweit 461 Millionen Personen in Unternehmensgründungen involviert sind. Die Zahl der unternehmerisch aktiven Personen stieg bereits im Jahre 2000 in den am GEM beteiligten zwanzig Ländern von 123 auf 161 Millionen oder von 10,8 % auf 12,8 % an. Für den GEM-Report (2002, 44) wurden in allen Ländern die jeweiligen Rahmenbedingungen für die Unternehmensgründung untersucht. Dabei zeigten sich folgende Punkte als die wichtigsten: 1. Präsenz von finanzieller Unterstützung, 2. Politik, 3. Regierungsprogramme, 4. Aus- und Weiterbildung, 5. Forschungs- und Entwicklungstransfer, 6. kommerzielle und professionelle Infrastruktur, 7. interne Marktoffenheit, 8. Zugang zu physischer Infrastruktur, 9. kulturelle und soziale Werte und Normen bezüglich dem Unternehmertum. Die Schweiz schneidet bei den kulturellen und sozialen Normen mit Belgien und den Niederlanden am schlechtesten ab. Das heisst in der Schweiz sind die unternehmerische und die Gründungskultur nur schwach ausgebildet. Auch bei Aus- und Weiterbildung, den Regierungsprogrammen, der Offenheit des Marktes und der finanziellen Unterstützung erscheint die Schweiz bei den Schlusslichtern. Hingegen werden der Forschungs- und der Entwicklungstransfer in der Schweiz von den Experten als sehr gut beurteilt.

2.5 Produktzyklen und Stadtentwicklung

Viele Firmengründungen erfolgen mit dem Ziel des Wachstums. Gerade innovative Kleinstunternehmen, welche mit ihren Produkten schnell befriedigende Absatzmärkte finden, wollen Erfolg und Wachstum. Sie werden ihre Unternehmensstrukturen dem Wachstum anpassen müssen. Mit der Zunahme der Beschäftigten wird die Arbeitsteilung verstärkt, das Produkt oder die Produkte werden verbessert und es wird versucht, die Produktionskosten durch verbesserte Abläufe und steigende Stückzahlen zu senken. Aus Firmengründungen werden Kleinstunternehmen, aus diesen Kleinunternehmen usw. Vernon (1966) definierte den Lebenszyklus, dem Produkte unterliegen, und unterteilte ihn in drei Phasen:

1. Phase, in welcher das Produkt neu ist: Neue Produkte entstehen dort, wo die Kommunikation zwischen dem potentiellen Markt und dem potenziellen Anbieter am besten ist. Die Kontakte zwischen Kunden, Lieferanten und sogar mit den Konkurrenten sind eng, um so für die Einführung des Produktes Sicherheit zu gewinnen.

2. Phase der Produktreife, in der eine Standardisierung des Produktes dank genügender Nachfrage und gutem Absatz erfolgt; zusätzlich führen Skalenerträge zur Reifephase des Produktes. Neue und vor allem billigere Produktionsstandorte werden gesucht.

3. Zuletzt wird die Phase des hochgradig standardisierten Produktes erreicht, in welcher die Konkurrenz sehr gross ist und der Wettbewerb nicht mehr aufgrund der Eigenschaften des Produktes geführt wird, sondern über den Preis des Produktes.

Im ersten Innovationsstadium im Lebenszyklus eines Produktes, sind die Erfinder und Innovatoren am ehesten in grossen metropolitanen Agglomerationen zu finden (Vernon, 1966; Simmie, 2001, 19), weil dort die Kommunikation zwischen dem potentiellen Markt und den potentiellen Anbietern am besten ist. Der Hauptgrund dafür wiederum sei die hohe Abhängigkeit von Kommunikation und externen Ökonomien bei der Einführung von neuen innovativen Produkten. Davelaar (1991) verbindet die Standortfrage direkt mit dem Zyklus und unterscheidet in Brut-, Konkurrenz- und Stagnationsphase, die je räumliche Ausprägungen haben. „In der Brutphase konzentrieren sich die Innovationen in den grösseren Ballungsgebieten eines Landes, denn diese Regionen bieten Agglomerationsvorteile, qualifizierte Arbeitskräfte, spezialisierte Information, gute Kommunikationsmöglichkeiten sowie ein ausgebautes Infrastrukturangebot, alles Standortvorteile, welche für innovative Tätigkeiten von grosser Bedeutung sind" (Rossi, 1995, 175). Später diffundieren die Innovationen in die peripheren Regionen, was sowohl mit neuen Produktionsstandorten als auch mit der sich ausbreitenden Nachfrage zusammenhängt. Die Zyklen haben demnach starken Einfluss auf das Standortverhalten von Unternehmen und damit auf die Stadtentwicklung. Rossi (1995) hält zur Erklärung des Strukturwandels die Ansätze, welche auf dem Produkt- bzw. auf dem Innovationszyklus basieren, für die geeignetsten. Sie erklären, weshalb es die Städte sind, die die meisten Innovationen hervorbringen und sie zeigen, dass sich durch die Produktinnovation in bestimmten Zeitabständen – aufgrund des Auftretens von Gruppen von schumperschen Basisinnovationen – die Wirtschaftsstruktur der industriellen Länder erneuern kann. Zweifelsohne gibt es auch innovative Unternehmen in ländlicher Umgebung „und zwar selbst in Wirtschaftszweigen, die als typisch städtisch gelten. Immer jedoch führen die innovativen Prozesse zu irgendeinem Zeitpunkt in die Stadt" (Crevoisier, 2001, 253). Die Forschungs- und Entwicklungsabteilungen der transnationalen Unternehmen befinden sich zwar nicht zwingend in den Zentren der Global Cities, aber mindestens in deren Peripherie, wie die Beispiele der Route 166 in Massachussets (Stanford, MA) oder des Silicon-Valley (Stanford, CA) zeigen. Neue Trends und Moden werden vornehmlich in den Städten entwickelt.

2.6 Fazit

Seit ihren Anfängen beschäftigen sich die Regionalwissenschaften damit, herauszufinden, welches die Faktoren und Rahmenbedingungen für die erfolgreiche wirtschaftliche Entwicklung von Regionen sind. Seit Schumpeters Lehren über Innovation und Unternehmertum steht die Innovation im Zentrum des Interesses. Neuere regionalwissenschaftliche Ansätze behandeln deshalb Standortfaktoren oder Rahmenbedingungen unter dem Aspekt der Innovationsfähigkeit von Regionen. Die Auffassung über die Faktoren hat sich im Laufe der Zeit verändert. War zu Beginn allein das Vorhandensein von Produktionsfaktoren ausschlaggebend, so wird zunehmend auch die Qualität berücksichtigt (vgl. Porter, 1990). Dabei zeigt sich die Bedeutung von Clustern. Unternehmen der gleichen Branche lassen sich aufgrund ihres Bedarfs nach ähnlichen Rahmenbedingungen in den gleichen Regionen oder Städten nieder. Der Austausch und die Vernetzung von Know-how sind für die Entwicklung von Innovationen grundlegend. Darauf baut auch der Ansatz der innovativen Milieus, der die Produktionssysteme als Netz von regionalen Akteuren betrachtet. Es wird dabei von einer eigenen Kultur in einer Region gesprochen, die Innovationen durch Vernetzung hervorzubringen vermag. All diese Ansätze sind bezüglich Fragen der Innovation stark technologieorientiert, was auf die allgemeine Annahme zurückzuführen ist, dass technologischer Wandel die Basis für wirtschaftliche Entwicklung ist und der Kern für technologischen Wandel wiederum die Innovation (Fischer et al., 2001, 1). Die meisten Untersuchungen in der Innovationsforschung beschäftigen sich deshalb mit Innovationen im technologischen und insbesondere im Hightech-Bereich. Hausmann (1996, 2) bemerkt dazu: „Schliesslich tendiert die aktuelle Innovationsforschung eindeutig dahin, sich vorwiegend mit Innovationen auseinanderzusetzen, die in Hightech-Bereichen anzusiedeln sind. Nur ausnahmsweise werden Innovationsprozesse untersucht, die nicht aus diesem Segment stammen, wobei sich dann das Interesse primär auf technologische Innovationen richtet." Technologische Entwicklungen hatten immer grossen Einfluss auf verschiedenste Lebensbereiche, auch auf die Kultur. Nur durch die Erfindung und Entwicklung von Geräten wie Plattenspieler, CD-Player, Fernsehen usw. konnten kulturelle Entwicklungen zur Massenkultur werden. Da Innovationen auf allen Stufen des Produktionsprozesses eingeführt werden können (Schumpeter, 1961), geht es bei Innovationen aber nicht nur um Forschung und Entwicklung im Hightech-Bereich, sondern wie bereits angeführt auch um die Herstellung von neuen Qualitäten von Produkten oder die Erschliessung eines neuen Absatzmarktes. In diesen Bereichen spielt die Kultur in Marketingstrategien, in der Werbung und im Design von Alltagsprodukten seit Ende der 1980er Jahre eine herausragende Rolle (vgl. Kapitel 4.1). Trotzdem finden Innovationen in nicht-technologischen Bereichen, wie zum Beispiel der Kultur, wenig Beachtung in der regionalwissenschaftlichen Forschung.

Besondere Aufmerksamkeit ist auf Fragen der Flexibilisierung und Gründungsaktivitäten im Kultursektor zu richten. Als Stätten der Innovation sind viele Kleinstunternehmen gleichzeitig schwierigen Rahmenbedingungen und Risken ausgesetzt.

Die regionalwissenschaftliche Literatur zeigt die Bedeutung der Städte für Innovationen auf. Die Voraussetzungen für Neuerungen und neue Entwicklungen sind in den Städten am besten, da hier spezifische Informationen, qualifizierte Arbeitskräfte usw. zu finden sind. Die Verbindung von Produktzyklus und Standortfrage, wie sie Davelaar (1991) aufgezeigt hat, ist für unsere Fragestellung der kulturellen Innovation in den Städten ein möglicher Erklärungsansatz. Die Flexibilisierung der Produktionssysteme ist für das Verständnis der Entwicklung von kleinsten Unternehmen, wie sie gerade in der Kulturwirtschaft zu beobachten sind, ein weiterer Baustein. Kreative Milieus könnten dort entstehen, wo die Interaktionsdichte besonders gross ist. Mit den von Rémy und Voyé beschriebenen Interaktions- und Lernorten (ILO) besteht ein Ansatz, der von sehr kleinräumigen Clustern und Netzwerken ausgeht. Mit Technoparks und Gewerbezentren bestehen im Hightech-Bereich solche Orte, die bewusst den Austausch von Know-how und informellen Möglichkeiten der Interaktion ermöglichen. Interessant ist zu eruieren, was für die Kulturwirtschaft, abgesehen von Kunsthochschulen, ein Pendant sein könnte.

Kapitel 3

Ökonomisierung der Kultur

Kultur ist populär geworden. In der ganzen westlichen Welt existiert heute wohl kaum mehr ein Haushalt ohne Fernseher, Radio oder CD-Player. Das Angebot an Kulturprodukten ist vielfältiger denn je, die Möglichkeiten, sich mit Kultur auseinanderzusetzen sind fast unbeschränkt. Musik lässt sich mit portablen Wiedergabegeräten immer und überall konsumieren, Filme sind im Kino, im Fernsehen oder auf dem PC zu sehen. Fotos und Videos lassen sich heute selbst mit Mobiltelefonen aufnehmen und sogleich in die ganze Welt verschicken. Die Museen haben ihren muffigen und eher elitären Anstrich abgestossen und sind beliebter denn je. Zeitungen berichten von Kulturereignissen aus jedem Dorf. Debatten über ernsthafte und Unterhaltungsmusik, sogenannte E- und U-Musik, gehören weitgehend der Vergangenheit an. Noch 1990 wurde moniert, das Verständnis von Kultur viel breiter und weniger elitär anzugehen: „Deshalb kann man nicht länger nur das auf Prestige und Tradition beruhende Kulturkonzept betrachten, sondern muss die lebendige Aktionskultur, die Bewegung berücksichtigen, die von persönlichen Erfahrungen der Individuen und Gruppen ausgehen" (Bassand, 1990, 39). In der Zwischenzeit wurde aber die Wirtschaft kulturalisiert, die Kultur ökonomisiert und, wie Zukin (1995, 263) schreibt: „Instrument, Produkt, Themenpark und Fetisch: Kultur ist etwas, das sich verkauft, etwas das wahrgenommen wird." Und damit hat die Kultur auch weitgehend ihre Gefährlichkeit verloren, die sie als gesellschaftskritisches Gefäss, als Reflexion gesellschaftlicher Prozesse und Strukturen besass.

3.1 Der Aufstieg der Kulturwirtschaft

Die Entwicklung der Kultur als Wirtschaftsfaktor nahm Ende der 1950er Jahre mit der grossen Verbreitung von Fernsehgeräten ihren Anfang. Abgesehen vom Filmbereich war die Kulturindustrie zuvor weit entfernt von jeder fordistischen Massenproduktion (vgl. Lash und Urry, 1994, 123). Das Verlagswesen erlebte seinen Aufschwung erst in den 1970er Jahren mit der Integration von Hard- und Paperback-Büchern. Die Werbeindustrie wiederum begann sich zwischen den Weltkriegen in den USA in grossem Ausmass zu entfalten, während sie in Britannien erst in den 1970er Jahren die Formen einer Massenproduktion annahm. Die Musikindustrie war noch zu Beginn der 1960er Jahre ein fast unbedeutender Wirtschaftszweig, bis mit den grossen Rockbands und insbesondere den Beatles ein Boom in der Schallplattenindustrie einsetzte. Technologische Innovationen brachten in der Folge in immer kürzeren Rhythmen neue Wiedergabegeräte und Tonträger hervor: Stereoanlagen, Schallplatten, Compact Cassetten, Videokassetten, Compact Discs, DVDs und zunehmend auch portable Geräte bis hin zu MP3-Playern, die das Wachstum der Kulturwirtschaft bis heute unterstützt haben. Besonders die städtischen Produktionssysteme bringen immer neue kulturelle Innovationen hervor und weisen in der Kulturwirtschaft höhere Wachstumsraten auf als etliche andere Branchen.

Die wirtschaftliche Bedeutung der Kultur wird zunehmend herausgestrichen, z. B. von der Europäischen Kommission: „Kultur und die verschiedenen Sparten der Kulturindustrie sind eine bedeutende ökonomische und soziale Grösse in der Europäischen Union. Kultur umfasst das kulturelle Erbe, Literatur, Presse, Musik, darstellende Künste, visuelle und audiovisuelle Medien sowie sozio-kulturelle Aktivitäten. Von diesen sind einige schnell wachsende Industrien, wie zum Beispiel die audiovisuellen Medien und die soziokulturellen Aktivitäten" (European Commission, 2001). Krätke (2002, 73) bezeichnet die Kulturindustrie als Leitindustrie des 21. Jahrhunderts, da die heutigen Konsummuster eine steigende Nachfrage nach Kulturgütern und -dienstleistungen mit sich bringen. Diese Ausführungen zeigen, dass Kultur und Kunst in den vergangenen Jahren eine grosse ökonomische Kraft entfaltet haben, und die Produktion nicht nur wissensintensiver, wie dies von vielen Forschern aufgezeigt wird (z. B. Simmie, 2001), sondern auch kulturintensiver geworden ist (Lash und Urry, 1995, 123).

Angesichts der hohen Wachstumsraten im Kultursektor in der jüngeren Vergangenheit wird in vielen Städten daran gearbeitet, die Kulturindustrie zu fördern und sie zu einem Teil der städtischen Wirtschafts- und Beschäftigungspolitik zu machen: „Mit dem Verschwinden der lokalen Industrien und wiederkehrenden Krisen in Regierung und Finanzhaushalten, ist Kultur mehr und mehr zum Business der Städte geworden – die Basis ihrer touristischen Attraktivität und ihrer Einzigartigkeit in der Konkurrenz der Städte" (Zukin, 1995). Hall (2000, 640) ist der Überzeugung, dass „Nationen und Städte sich in ausserordentlicher Geschwindigkeit von Industrie- zu Informationsökonomien und von Informations- zu Kulturökonomien entwickelt" hätten und führt weiter aus, dass viele Städte in Europa von der Idee beseelt seien, dass Kultur- oder Kreativindustrien die Basis für ökonomischen (Wieder-)Aufschwung bilden könnten. Die empirische Evidenz entnimmt Hall dem Bericht der *Creative Industries Task Force* des Great Britain Department of Culture, Media and Sport (1998): Eine Million Beschäftigte im gesamten Kultursektor mit einem Output von 57 Milliarden Pfund. Zusätzlich sind 450'000 kreative Leute in anderen Sektoren beschäftigt. Das heisst 1,5 Millionen oder 5 % der Gesamtbeschäftigung sind kreativ tätig und generieren 4 % des Bruttosozialproduktes im Vereinigten Königreich. Nicht nur Städte, sondern Staaten, Länder und die EU stehen mit einer gewissen Euphorie den Entwicklungen der Kulturwirtschaft gegenüber. *The Creative Economy Initiative* des New England Council (1998) möchte alle Akteure aus Kultur, Industrie, Wirtschaft und Politik zusammenbringen, um an einer gemeinsamen Vision eines New England zu arbeiten, welches sich durch eine hohe Dichte an Kreativität und Kultur auszeichnet. 3,5 % der regionalen Beschäftigung sei in die Creative Economy eingebunden und diese Zahl wachse rasant (New England Council, 2001). In die gleiche Richtung zielen die Ambitionen der EU: „Als Teil der Beschäftigungspolitik investieren die Europäische Union und die Mitgliedländer zusammen in Programme, welche auf die Entwicklung der Fähigkeiten und die Verbesserung der Jobaussichten der Europäer ausgerichtet sind. Diese Massnahme, geleitet vom Europäischen Sozialfonds, deckt unter anderem die Beschäftigung in den Sektoren der Kultur und des Kunsthandwerks ab." Dies stärke die Wettbewerbsfähigkeit und die kulturelle Vielfalt. Überdies liege ein substantielles Wachstumspotenzial in den Cultural Industries. Auf der Grundlage dieses Reichtums könne die innovative und vielversprechende Kulturwirtschaft zur Schaffung von Arbeitsplätzen beitragen und gleichzeitig ein Mittel zur Stärkung des Gemeinschaftsgefühls in Europa sein (European Communities, 1999).

Zunehmende Verbreitung finden Studien über *Cultural Industries*, oft von regionalen oder städtischen Gremien in Auftrag gegeben, weil sie als Hoffnungsträger für die ökonomische Entwicklung und die Verbesserung der Beschäftigungssituation von Regionen gelten (Scott, 1999), insbesondere in ehemals stark industrialisierten Regionen wie dem Ruhrgebiet, den englischen Midlands oder Glasgow aber auch in den Weltstädten. Scott (1996) hat den Kultursektor, den er Kulturprodukte-Industrie nennt, in Los Angeles untersucht und hat festgestellt, dass diese nicht nur zu den grössten, sondern auch zu den am schnellsten wachsenden Industrien in Los Angeles gehört, welche auch das Image der Stadt positiv mitprägen. Scott (1996, 319) sieht in den Kulturprodukte-Industrien sogar die Chance eines der „dynamischsten Industriekomplexe des 21. Jahrhunderts" und mahnt die Politiker, dieser Industrie grosse Sorge zu tragen. Power (2002) hat den Kultursektor in Schweden von 1994 bis 1999 untersucht. Die Anzahl der Firmen ist in diesem Zeitraum in den ausgewählten Kultur-Branchen um 41 % gewachsen, diejenige der Beschäftigten um 24 % bei gleichzeitigem Wachstum von 3,5 % in der schwedischen Gesamtbeschäftigung. Power hat ausserdem festgestellt, dass 34 % aller im Kultursektor Beschäftigten in Stockholm tätig sind. Damit wird auch die Aussage von Scott bestätigt, dass die Kulturprodukte-Industrie sich normalerweise in transaktions-intensiven Agglomerationen spezialisierter Firmen ansammeln und damit Cluster bilden (Scott, 1996, 307). Ebenso hat Pratt (1997) gezeigt, dass sich 24 % der Beschäftigten des Kultursektors im Vereinigten Königreich 1991 in London befinden, weitere 21 % in Südost-England. Krätke (1999) hat die Transformation der Ökonomie Berlins von 1993 bis 1996 analysiert, welche unter erschwerten Rahmenbedingungen durch die Wiedervereinigung Deutschlands vonstatten ging. Ausser den unternehmensorientierten Dienstleistungen haben alle Branchen Beschäftigungseinbussen verzeichnet. Der Kultursektor hat fast 10 % seiner Beschäftigten verloren. Mit 7 % des Kultursektors an der Gesamtbeschäftigung steht Berlin auch hinter Hamburg, München und Frankfurt am Main

Regierungsprogramme gewisser Länder versuchen auf die verstärkte Nachfrage nach kulturellen Produkten und Dienstleistungen auf verschiedenen Ebenen zu reagieren. Kunstschulen hatten in der Geschichte meistens die Aufgabe, die Kunst zu fördern, auch wenn die Kunst bereits früher für Macht und Prestige eingesetzt wurde. In jüngerer Zeit sind weltweit Schulen oder Hochschulen entstanden, die Ausbildungen in Kulturmanagement, angewandter Kunst und anderen Kulturbereichen fördern, mit dem Ziel die Kulturwirtschaft mit genügend kreativen Arbeitskräften zu versorgen. Als Beispiel seien die Bestrebungen der Queens University in Belfast, Nordirland erwähnt. Im strukturschwachen und von den Troubles geprägten Belfast wurde das erste Zentrum Britanniens gegründet, welches sich nicht nur mit der Untersuchung von kulturellen und ökonomischen Entwicklungen beschäftigt, sondern auch mit dem Management und der Organisation der kreativen Wirtschaft bis hin zu Lehrgängen in Softwareentwicklung. Auch hier werden die Creative Industries als Hoffnungsträger gesehen: „Die kreativen Industrien werden heute als entscheidend für die Entwicklung einer wissensbasierten Ökonomie erachtet. Sie gründen in einheimischem Talent und sind von raschem Wachstum, hohem Mehrwert und positiver sozialer Integration geprägt" (www.creative.qub.ac.uk/creative.html).

3.2 Definitorische Annäherungen an die Kulturwirtschaft

Nach wie vor scheint eine Definition der wirtschaftlichen Aktivitäten im Kulturbereich schwierig. Ebenso hat sich noch keine einheitliche Nomenklatur durchgesetzt. Die Begriffe Kulturökonomie, Kulturwirtschaft, Kreativwirtschaft, Kulturindustrie und Kultursektor werden in der Literatur sowohl synonym zueinander verwendet als auch gegeneinander abgegrenzt. Im angelsächsischen Sprachraum ist die Situation klarer: es wird vor allem der Begriff *Cultural Industries* verwendet. Die deutsche Übersetzung von Cultural Industries, Kulturindustrie, ist verknüpft mit den Arbeiten von Adorno und Horkheimer, die mit diesem Begriff ab den 1940er Jahren eine kulturkritische Position vertraten. Sie beschrieben mit Kulturindustrie die Einbindung und Industrialisierung der Freizeit in zunehmend kommerzialisierte und vom Kapital gesteuerte Bereiche, welche sich dadurch nicht mehr von dem in Massenproduktion organisierten Arbeitsleben unterschied (Adorno und Horkheimer, 1944). Krätke (2002, 72) benützt den Begriff Kulturindustrie und möchte ihn eher in der Bedeutung eines Wirtschaftssektors etwa wie die Finanzindustrie verstanden wissen, als im Sinne einer fordistischen Produktionsweise. Allerdings verwendet Krätke Kulturindustrie und Kulturökonomie fast synonym. Helbrecht (2001, 123) benutzt ebenfalls den Begriff Kulturindustrie: „Kulturindustrie ist ein beschreibender Begriff, der im weiteren Sinne diejenigen Wirtschaftsbereiche umfasst, die kulturelle Güter wie Film und Seifenopern, Videos oder Musik-CDs herstellen." Kulturindustrie oder Kulturökonomie umfassen nach Krätke (2002, 72) jene Produktionszweige, „deren Produkte als Träger symbolischer Bedeutungen und Images, als Mittel der Unterhaltung, als Instrumente der Information, Überzeugung und Beeinflussung, oder auch als Mittel der sozialen Selbstdarstellung fungieren." Die Produkte der Kulturindustrie werden vor allem als kulturelle Bedeutungsträger hergestellt und nachgefragt. Den ursprünglichen Kern der Kulturindustrie bilden die kreativen Künste wie zum Beispiel Musik, Theater, Tanz, Schriftstellerei, Malerei usw. einschliesslich neuerer Formen künstlerischer Praxis im Bereich Film, Video und Multimedia. Kulturindustrie oder Kulturökonomie drückt den Zusammenhang von ökonomischen Prozessen und institutionellen Formen aus, „durch die kulturelle Güter und Dienste als Waren produziert, vermarktet, und an Konsumenten veräussert werden" (Krätke, 2002, 71).

Kultur

Die Gesamtheit der Lebensformen, Wertvorstellungen und der durch menschliche Aktivitäten geformten Lebensbedingungen einer Bevölkerung in einem historisch und regional abgrenzbaren (Zeit-)Raum. Zur Kultur gehören: alle (von vorangegangenen Generationen) übernommenen und im Prozess der Veränderung befindlichen materiellen Gestaltungsformen der Umwelt (Bauten, Werkzeuge, Geräte); das Wissen und die Nutzung von gesetzmässig ablaufenden Naturprozessen einschliesslich des menschlichen Lebens (Wissenschaft und Technik); alle Ideen, Werte, Ideale, Sinngebungen und Symbole; die Methoden und Institutionen des gesellschaftlichen Zusammenlebens. (Vgl. Hillmann, 1994, 460 f.) Neben dieser differenzierten Definition wird der Begriff im Alltagssprachgebrauch mit bestimmten materiellen und immateriellen Formen von Kultur in Zusammenhang gebracht, also Musik, Theater, Malerei, Schriftstellerei usw., wobei auch Institutionen und Einrichtungen wie Ausstellungen, Museen, Konzerte, Theaterhäuser dazugehören.

Kreativität

Franken (1994, 396) definiert Kreativität als eine Neigung, Ideen, Alternativen oder Möglichkeiten zu entwickeln oder erkennen, die nützlich sein können für die Lösung von Problemen, beim Kommunizieren mit anderen und zur Unterhaltung von sich selber oder von anderen. Das System der Kreativität ist in die Kultur eingebettet und ist symbolisches Kapital, welches von einer bestimmten Gesellschaft oder der Menschheit als Ganzes geteilt wird. Csikszentmihalyi (1996, 27 f.) beschreibt Kreativität als Akt, Idee oder Produkt, welche bestehende Bereiche oder Domänen (Musik, Ingenieurwesen, Geschäftswelt, Mathematik usw.) in einen neuen Bereich transformieren.

Vermehrt wird auch der Begriff der Kreativwirtschaft verwendet (z. B. Held et al., 2005). Die dabei betonte schöpferische oder erschaffende Komponente nimmt sowohl Bezug auf kulturelle Entwicklungen als auch auf die schumpetersche Kreativität im Prozess der kreativen Zerstörung, welche zu Innovationen führt. Für das Verständnis der kulturellen Innovation sind weitere als die von Schumpeter beschriebenen Faktoren der Kreativität nötig. Die meisten Definitionen von Kreativität zeigen eine Prozesshaftigkeit als grundlegendes Merkmal auf. Kreativität kommt von lateinisch creare, erschaffen. Auch in philosophischen, psychologischen oder sozialpsychologischen Definitionen wird Kreativität als etwas mit einem Prozess Verbundenes definiert. Csikszentmihalyi (1996, 27) definiert kreative Menschen als Personen, die unübliche Gedanken äussern, die interessant und stimulierend sind – kurz, Menschen die aussergewöhnlich gescheit scheinen. Wichtig sei, dass die Neuerung in den Bereich einbezogen und akzeptiert wird. Bei Maslow (1981) ist die Kreativität eng mit dem Begriff der Selbstverwirklichung verknüpft. Es kann zusammengefasst werden: unter Kulturindustrie, Kulturwirtschaft, Kreativwirtschaft oder Kulturökonomie wird ein breites Feld wirtschaftlicher Aktivitäten, Prozesse und Entwicklungen verstanden. Die Aktivitäten reichen von traditionellen künstlerischen Produktionen bis zu technologieintensiven Zweigen (z. B. der Medienwirtschaft). In dieser Arbeit sollen die Begriffe Kulturwirtschaft, Kulturökonomie, Cultural Industries und Kulturindustrie die gleiche Bedeutung haben. Eine etwas andere Bedeutung wird dem Kultursektor zugeschrieben. Der Kultursektor umfasst aufgrund der

Einteilungen der öffentlichen Statistiken abgegrenzte und definierte wirtschaftliche Tätigkeiten. Im Fall der Schweiz handelt es sich um eine Extraktion aus der Systematik NOGA auf der fünfstelligen Ebene. Für den an der statistischen Klassifizierung orientierten Begriff Kultursektor wird bisweilen auch der Begriff Kulturwirtschaft verwendet. Der Kultursektor wird im nächsten Unterkapitel annäherungsweise abgegrenzt und im empirischen Teil genau definiert (Kapitel 7.1).

3.3 Das Produktionssystem der Kulturwirtschaft

Die Kulturökonomie hat in den vergangenen Jahren zwar an Bedeutung und auch an Aufmerksamkeit in politischen und wirtschaftlichen Debatten gewonnen, jedoch gibt es erst wenig systematische Erforschung der Kulturökonomie (vgl. auch Power, 2002). Es stellt sich die Frage, wie und welche Aktivitäten unter den Begriffen Kulturwirtschaft, Kulturökonomie oder Kulturindustrie zusammengefasst werden sollen, zumal sich die verschiedenen Aktivitäten stark unterscheiden. Die Kulturproduktion wird von in der Zeit wechselnden Geschmacks- und Modepräferenzen der KonsumentInnen beeinflusst und unterliegt damit einerseits gesellschaftlichen Entwicklungen, andererseits ermöglichen technologische Entwicklungen immer neue Arten der Kulturproduktion, so wie dies mit der Entwicklung der Elektronik oder den Informations- und Kommunikationstechnologien zu beobachten ist. Power (2002, 106) versteht Cultural Industries als Sektor, zu dem all jene Akteure gehören, welche an der Produktion von Gütern und Dienstleistungen beteiligt sind, deren Wert in erster Linie oder auch in einem breiteren Verständnis von ästhetischen, semiotischen, sinnlichen oder experimentellen Inhalten geprägt ist. Pratt (1997, 7) strebt eine Unterscheidung in Cultural Industries und Cultural Industries Sector an. Es sei wichtig, dass der Sektor als Einheit wahrgenommen werde. Sektorale Strategien versuchen die notwendigen Beziehungen zwischen Produktionsprozessen zu identifizieren und sie als Einheit zu steuern. Wichtigstes Unterscheidungskriterium ist dabei die Stärke der internen Beziehungen. So bezeichnet Pratt Sport, Tourismus und Unterhaltung zwar als Cultural Industries, möchte sie jedoch nicht in den Cultural Industries Sector einbeziehen, da sie auch als eigene Sektoren betrachtet werden können. Pratt (1997, 7) definiert die Cultural Industries einerseits über die Produkte (Bildende und darstellende Kunst, sowie Literatur), die Reproduktionen (Bücher, Zeitschriften, Zeitungen, Film, Radio, Fernsehen, Ton- und Bildträger) und die Aktivitäten, die verschiedene Kunstformen verbinden, etwa Werbung. Andererseits kommen die Prozesse der Produktion, des Vertriebs und der Auslage von gedruckten Gütern und Radiosendungen, sowie Museen, Bibliotheken, Theater, Nightclubs und Galerien hinzu. Pratt zählt zu den Cultural Industries neben den KünstlerInnen, welche nur einen kleinen Teil der Beschäftigung ausmachen, auch die qualifizierten Arbeitskräfte in Technik und die dazugehörende Infrastruktur, die die Reproduktion der kulturellen Aktivitäten ermöglichen. Scott (1996) verwendet andere Einheiten und nennt die wirtschaftlichen Aktivitäten *Craft, Fashion, and Cultural-Products Industries.* Dazu gehören aus dem industriellen Sektor die Branchen Bekleidung, Möbel, Druck und Verlag, aus dem Dienstleistungssektor Film, Fernsehen, Musikindustrie und Werbewirtschaft. Seine Untersuchungen sind stärker an den Kulturprodukten orientiert als an den Prozessen oder der Entstehung von Kultur. Die Unterscheidung von Industrie und Dienstleistung in Bezug auf die Cultural Industries ist aber wenig erheblich. Gerade bei den Kleinstunternehmen, die fast alle Aktivitäten in sich vereinigen vom Design, der Innovationstätigkeit, über die Entwicklung und Produktion bis hin zur Werbung und Vermarktung der Produkte ist eine Unterscheidung unmöglich.

Throsby (2001) versteht die Kulturökonomie als ein System konzentrischer Kreise. Im Kern stehen die kreativen Künste wie die Schaffung von Bildern, das Spielen von Musik usw. Je weiter aussen sich die weiteren Kreise der Cultural Industries befinden, desto kleiner wird der Anteil ursprünglicher künstlerischer Tätigkeit. Der Bericht Kulturwirtschaft Schweiz (2003) unterscheidet analog zu den Ausführungen Throsbys in eine Kulturwirtschaft im engeren und eine im weiteren Sinne. Krätke (2002) beschreibt, welche Aktivitäten zur Kulturökonomie gehören, beginnend mit der Produktion von Zeichen durch KünstlerInnen (Musik, Texte, Bilder). Weiter gehören der Vertrieb, die Aufführung, die Vermittlung von kreativen Erzeugnissen dazu, ebenso die Herstellung, Entwicklung und der Vertrieb von Trägern kreativer Erzeugnisse, also Bücher, CDs, DVDs usw. Zugleich gehören zur Kulturökonomie Prozesse der Imageproduktion, die in Marketing, Werbung und anderen Bereichen eingesetzt werden. Die Unterhaltungsindustrie setzt ebenfalls auf die Imagebildungsprozesse in Bezug auf Lifestyle-Produktionen.

Die Kulturwirtschaft lässt sich gemäss Krätke (2002, 78 f.) nach verschiedenen Vermarktungsbedingungen ihrer Produkte in drei Untereinheiten gliedern.

Private Güter: Kulturprodukte, die an Einzelkonsumenten verkauft werden (Bücher, Videos, CDs usw.), *Quasi-private Güter*: Das Kennzeichen der quasi-privaten Güter ist ihre kollektive Konsumption im beschränkten Zuschauerkreis (Konzerte, Kinovorführungen, Theatervorstellungen, Festivals usw.). *Quasi-öffentliche Güter*: Diese Güter sind im Prinzip öffentlich zugänglich (Radio- und Fernsehprogramme, TV-Serien und -Shows, Ausstrahlung von Konzerten, Nachrichten, Internetportale). Zeitungen und Zeitschriften sind ein Spezialfall, da sie an EinzelkundInnen verkauft werden. Ebenfalls ein Spezialfall sind Pay-TV-Produkte, für die es keinen öffentlichen Zugang gibt. Krätke (2002) untergliedert die Kulturökonomie in Sparten. Die Sparten der Kulturökonomie sind funktional zusammenhängende Komplexe von wirtschaftlichen Aktivitäten und werden wie folgt gegliedert: Sparte 1: Film- und TV-Wirtschaft, Sparte 2: Musikwirtschaft, Sparte 3: Printmedien, Sparte 4: Werbewirtschaft, Sparte 5: Kunstmarkt und darstellende Künste, Sparte 6: Sportveranstalter und Profisport.

Das Produktionssystem der Kulturwirtschaft ist von hochgradiger Arbeitsteilung und flexiblen Zusammenarbeitsformen gekennzeichnet. Die Entstehung kultureller Produkte ist in ein komplexes System von Netzwerken, Arbeits- und Wertschöpfungsketten eingebettet. Die Arbeitsteilung in der Kulturproduktion untersteht einer nicht einfach fassbaren Logik und eigenen Gesetzmässigkeiten. Im Kultursektor finden sich globale Unternehmen, zum Beispiel der Medienbranche, der Werbung, der Musikindustrie und vielfältigste Arten von meist lokalen Zulieferern. Unter diesen befinden sich KünstlerInnen mit unterschiedlichsten vertraglichen Bindungen an Kulturunternehmen. Freie Zusammenarbeiten in Teams sind genauso möglich wie exklusive Verträge, in denen die Bindung an ein einziges Unternehmen festgeschrieben ist. Viele Verträge werden projektbezogen abgeschlossen, das heisst die kreativen Kräfte werden als sogenannte Freelancer für bestimmte Projekte beigezogen. Es gibt auch festangestellte KünstlerInnen wie MusikerInnen in Orchestern oder SchauspielerInnen in grösseren Theaterhäusern. Im Unterschied zu traditionellen Produktionsprozessen sind im Kultursektor hohe Gestaltungsspielräume notwendig, um Kreativität und Originalität sicherzustellen. Für grosse Kulturunternehmen stellt sich die Herausforderung „einerseits die Herstellung von Kulturprodukten so zu organisieren, dass die Mitarbeiter ‚originelle' und zugleich marktfähige Werke erzeugen können, und zugleich müssen sie diesen kreativen Prozess unter die Kontrolle des Unternehmens bringen, so dass das Management die Ausrichtung, die Standards und zeitlichen Vorgaben der Kulturproduktion bestimmen kann" (Krätke, 2002, 81).

Die Arbeitsteilung im Kulturproduktionsprozess kann gemäss Ryan (1992) in zwei Phasen unterteilt werden: in eine kreative und in eine reproduktive Phase. Die kreative Phase ist bestimmt von den genannten Gestaltungsspielräumen der KulturproduzentInnen und umfasst die Herstellung von Kulturprodukten bis zum fertigen Produkt. In dieser Phase sind KünstlerInnen und ProduzentInnen aktiv. In der reproduktiven Phase wird das Kulturprodukt vervielfältigt und vermarktet. In dieser Phase sind Techniker, Facharbeiter und Hilfskräfte gefordert. Die Kulturproduktion zeichnet sich durch projektbezogene Organisationsformen aus. Für ein Projekt arbeiten je nach Zweckmässigkeit und Erforderlichkeit Freelancer, freie KünstlerInnen, selbstständige KulturunternehmerInnen, Kulturgrossunternehmen und RepräsentantInnen von privaten und öffentlichen Kultureinrichtungen, Stiftungen, Vereinen und Verbänden zusammen. Immer grössere Bedeutung haben in den vergangenen Jahren die selbstständigen kleinen und kleinsten Kulturunternehmen erlangt. Ihre Tätigkeiten und Qualifikationen decken ein breites Spektrum ab. Dieses Spektrum reicht von den Kreativen oder KünstlerInnen über Aufgaben der Leitung und Regie von Kulturproduktionen, spezialisierten Fachkräften wie Kameraleute und Toningenieure bis hin zu Kulturmanagement und Agenturfunktionen. Es ist eine neue Form von Kleinstunternehmertum im Kultursektor entstanden, das in hohem Grad flexibel auf immer neue Aufgaben reagieren kann. Insgesamt stellen Kultursektor und Kulturökonomie ein Modell dar „für die flexibilisierte und hochgradig vernetzte Form der gesellschaftlichen Produktion, die sich in design- und innovationsintensiven Aktivitätszweigen besonders schnell ausbreitet, parallel zu den veränderten Organisationsformen der Produktion in wissens- und technologieintensiven Industriezweigen (Software, Biotechnologie, Medizintechnik)" (Krätke, 2002, 73).

Mit der Ökonomisierung der Kultur und der Kulturalisierung der Ökonomie sind immer mehr Kleinstunternehmen entstanden, die einen Weg zwischen Kunst und existentiellem Überleben suchen. Die Suche nach Selbstverwirklichung und kreativem Arbeiten hat sich verbreitet, die Nachfrage nach kulturellen Produkten aller Art ist gestiegen. Die neuen kreativen UnternehmerInnen zeichnen sich durch gestalterische und künstlerische Innovationskraft aus, die eng mit der Kreation von Zeichen und Codes zusammenhängt und sich in neuen Trends, Moden und Lifestyles ausdrückt (vgl.

Kapitel 4). Durch dieses kulturelle Element der Innovation unterscheiden sich die kreativen innovativen KleinstunternehmerInnen vom Typus Unternehmer, wie Schumpeter ihn beschreibt, dem unter anderem Kulturarmut zugeschrieben wird (vgl. Kapitel 2.3). Die neuen Selbstständigen im Kultursektor werden auch Kulturdienstleister (Helbrecht, 2001) oder Culturepreneurs (Lange und Steets, 2002) genannt und sind nach Krätkes (2002, 84) Dafürhalten „massgebende Kraft für künstlerische Innovationen." Das hochgradig flexible Produktionssystem der Kulturwirtschaft weist bei den KünstlerInnen und Kleinstunternehmen eine starke Polarisierung auf. Auf der einen Seite finden sich die erfolgreichen Stars, die Berühmtheit und Vermögen erlangt haben. Auf der anderen Seite stehen die flexiblen freien MitarbeiterInnen und Neuen Selbstständigen in prekärer Beschäftigungs- und Einkommenssituation, die im Kampf um Aufträge zur Selbstausbeutung neigen. Die Grossunternehmen können dank der flexibilisierten Verhältnisse die Zulieferer relativ risikofrei in die Produktion ihrer Kulturerzeugnisse einbinden. Griffiths (1998, 465) äussert sich in eine ähnliche Richtung: „Die Einkommen, die von den bestverdienenden Designern, Schauspielern und Künstlern erzielt werden, sind zum Teil spektakulär und können auch in anderen Segmenten der Kulturindustrie erreicht werden wie im Journalismus, im Fernsehen und in der Werbung. Die Mehrheit der MusikerInnen, KünstlerInnen, SchauspielerInnen und anderen, die in der Kulturwirtschaft tätig sind, hat sehr ungewisse Aussichten auf ein einigermassen anständiges Einkommen aus der Kulturproduktion." Zukin (1995, 12 f.) unterscheidet bei den KünstlerInnen zwischen den *high-rolling* Rappern und Rockern, von denen viele grosse Vermögen erzielt haben, und den ProduzentInnen der Hochkultur, von denen erwartet wird, dass sie am Rande der Existenz leben. „Eine weitverbreitete Wertschätzung von Kultur befriedigt die Bedürfnisse der Arbeitstätigen nicht wirklich. Im Gegensatz zu Angestellten in anderen Branchen sind KünstlerInnen flexibel bezüglich Aufträgen und Arbeitsstunden, sind kaum in Gewerkschaften organisiert und sind zu den zahmen oder gar kultivierten Personen zu zählen" (Zukin, 1995, 12).

Während also die Kultur und die kreativen Kräfte für die Ökonomie eine immer wichtigere Rolle zu spielen begonnen haben, scheint sich dies auf die Einkommenssituation der kreativen UnternehmerInnen kaum auszuwirken. In Britannien verdienen 62 % der KünstlerInnen weniger als 10'000 Pfund pro Jahr (Griffiths, 1998, 465). Die Frage der Kreativwirtschaft und des Selbstständigenerwerbs wird im Vereinigten Königreich seit einigen Jahre intensiv diskutiert. In einem Green Paper hält die New-Labour-Regierung ihre Vorstellungen der kulturellen Entwicklung fest: „Jeder ist kreativ!" Sozial Benachteiligte werden darin ermutigt, eigene kreative Fähigkeiten zu entwickeln. McRobbie (2001) kritisiert die Politik der Regierung im Vereinigten Königreich in Bezug auf die im Green Paper festgehaltene Förderung der Cultural Industries in mehrfacher Hinsicht: Abbau von Subventionen und Investitionen der öffentlichen Hand in die Kultur, Ersetzen von Beschäftigungsprogrammen und Arbeitsbeschaffungsmassnahmen durch Propagieren der neuen kulturellen Selbstständigkeit, Unterbeschäftigung, keine sozialen Sicherheiten, Multi-Tasking, kreatives Potenzial wird in Richtung wirtschaftlicher Aktivität kanalisiert und zugleich der Übergang vom Massenarbeiter zum individuellen Freiberufler bewerkstelligt. Der kulturelle Sektor wird in Britannien als Möglichkeit angesehen, im globalen Wettbewerb die nationale Wirtschaft wieder zu beleben, indem man sowohl auf eine einheimische wie auch von MigrantInnen getragene Tradition der populären Arbeiter- und Jugendkultur zurückgreift (McRobbie, 2001). Trotz dieser britischen Prägung sind in anderen Ländern ähnliche Prozesse im Gang und es darf nicht vergessen werden, dass Britannien in Westeuropa in Bezug auf Deregulierungen eine Schrittmacherrolle hatte.

3.4 Globalisierung der Kulturproduktion

Die Prozesse der Kulturalisierung und der Globalisierung der Ökonomie haben es mit sich gebracht, dass auch die Kultur selber in die globalen ökonomischen Prozesse eingebunden worden ist. Die Diffusion von neuen Stilen und Moden über die codifizierten Produkte und entsprechender Werbung über zunehmend konzentrierte globale Medienunternehmen geht einher mit der Globalisierung der Kulturindustrie selber. Produktion und Distribution von Kulturprodukten im weitesten Sinne sind heute in weltweiten Netzwerken transnationaler Unternehmen organisiert. Die Filmindustrie nimmt darin eine Leitstellung ein, da sie die Grundlage der audio-visuellen Produktionszweige darstellt, welche ausgedehnte Vermarktungsketten nach sich zieht und den Stoff für die Programmangebote der TV-Sender erstellt (Krätke, 2002, 92). Kennzeichen der globalisierten Kulturproduktion sind eine Verschiebung vom öffentlichen zum privaten Mediensektor mittels Liberalisierung und Deregulierung, die fortschreitende Kapitalkonzentration, die transnationale Organisation der Medien- und Kulturunternehmen sowie die Diversifizierung der Tätigkeitsfelder grosser Medienfirmen (Krätke, 2002, 90). Die Globalisierungsprozesse von Kultur und Medien gehen wesentlich von den westlichen Industrieländern aus, wobei die Kulturindustrie der USA eine herausragende Bedeutung als Exporteur von Produkten, respektive Images über die Filmindustrie (Hollywood) und die Populärkultur generell hat. Das Kulturleben der USA konzentrierte sich schon in den 1970er Jahren in New York mit 30 % der Beschäftigten in der Kulturbranche und 25 % der Einkünfte von Museen (Zukin, 1995, 113). Märkte, in denen die Kulturindustrie schwach ausgebildet ist, werden von Importprodukten aus den westlichen Industrieländern dominiert. Nach Krätke (2002, 93) zieht dies aber nicht ausschliesslich eine Homogenisierung von Kulturproduktion und -konsumption nach sich, da die transnationalen Medien- und Kulturunternehmen ihre Produkte und Programme bis zu einem gewissen Grade regionalspezifisch ausdifferenzieren, indem sie sie den Geschmacksrichtungen der verschiedenen Regionen und Nationen anpassen.

Die internationale Geographie der städtischen Kreativität ist geprägt von der Konkurrenz der Städte. Von den wirtschaftlich mächtigsten Städten, den Global Cities, gehen die stärksten kulturellen Impulse aus, die sich ökonomisch durchsetzen und weltweit verbreiten. Insbesondere hat – wie in anderen wirtschaftlichen Aktivitäten – eine Konzentration von Entscheidungs- und Kontrollfunktionen der Kulturökonomie in den Global Cities stattgefunden. Sie sind demnach die lokalen Verankerungspunkte der Unternehmen, welche in weltweiten Netzwerken operieren. Städte wie New York, Los Angeles, London und Paris sind als Standortzentren der Kulturproduktion die Kultur-Metropolen im globalen Städtesystem. Weltweit operierende Konzerne binden lokale Cluster der Kulturökonomie in ihre Tätigkeiten ein. Gleichzeitig geht es den Unternehmen auch darum, möglichst nahe bei den neuesten Modeentwicklungen und damit den potentiellen Märkten zu sein. Die Bedeutung Londons und New Yorks in der kulturellen Entwicklung ist überragend. Die Nähe eines Absatzmarktes für die mit coolen Zeichen besetzten Produkte von vielleicht zwei oder drei Millionen Jugendlichen und Junggebliebenen allein in New York und Dutzenden von Millionen an der US-Ostküste lohnt das Ingangsetzen von grossangelegten Werbestrategien.

3.5 Fazit

Die Kulturwirtschaft ist zu einem festen Bestandteil wissensbasierter Ökonomien geworden. Mit fünf und mehr Prozent der Beschäftigten in vielen Städten bildet sie in zunehmendem Masse einen eigenen Wirtschaftssektor, der unterschiedlichste Aktivitäten in der industriellen Produktion genauso wie bei den Dienstleistungen umfasst. Mit diesem breiten Fächer von Aktivitäten hängen auch die Schwierigkeiten zusammen die Kulturwirtschaft zu definieren, abzugrenzen und zu systematisieren. Grosses Gewicht in der Ökonomisierung der Kultur haben die Medien. Als Teil der Kulturwirtschaft fragen sie einerseits permanent nach Kulturprodukten audiovisueller Art nach, andererseits beeinflussen sie Käufermärkte und kreieren Anreize durch Trendsetting in der Berichterstattung. Die Medien sind wie andere Branchen in den Globalisierungsprozess involviert. Ihre Standortwahl in den Städten der Kulturproduktion folgt der Logik, am Puls des Geschehens und damit der gesellschaftlichen und kulturellen Innovation sein zu wollen.

Das Produktionssystem der Kulturwirtschaft ist in hohem Grade flexibilisiert. Kreative innovative Kleinstunternehmen, auch Culturepreneurs (Lange und Steets, 2002) oder Kulturdienstleister (Helbrecht, 2001) genannt, sind eines der Charakteristiken dieses flexibilisierten Wirtschaftsbereiches. Als ProduzentInnen von neuen Zeichen und Codes (vgl. Kapitel 4.1) bilden sie ein grundlegendes Element der kreativen Produktion, der kulturellen Innovation, die von Unternehmen, Privatpersonen und öffentlichen Institutionen in zunehmendem Masse nachgefragt werden. Kreativität ist kein standardisiertes Produkt, welches fixen Abgeltungsregeln folgt und ist deshalb anfällig auf Ausbeutungsverhältnisse.

Kapitel 4

Kulturalisierung der Ökonomie

Der Aufstieg der Kulturwirtschaft und die grossen Beschäftigungszunahmen in der Kulturproduktion (vgl. Kapitel 3.1) sind Ausdruck eines Prozesses, der Kultur – im weitesten Sinne verstanden – in die verschiedensten gesellschaftlichen und wirtschaftlichen Bereiche vorstossen liess: die Popularisierung der Kultur. Die Popularisierung der Kultur ist mit einem Wertewandel einerseits und einer sich transformierenden Ökonomie andererseits verbunden, in der die Nachfrage nach kulturellen Produkten und Dienstleistungen gestiegen ist und dementsprechend auch das Angebot und die Produktion von Kultur. Die Popularisierung der Kultur ermöglichte die Kulturalisierung der Ökonomie, den Einsatz der Kultur in der Wirtschaft. Kulturalisierung der Ökonomie bedeutet Zeichen- und Imageproduktion zur Verbesserung der Wettbewerbsbedingungen. Der Aufbau von Images hat bei Firmen und Städten einen zentralen Stellenwert erhalten. Sponsoring, Werbung und Imageproduktion regen die kulturelle Produktion an und lassen die verschiedenen Branchen der Kulturökonomie wachsen. Hinter der Imageproduktion steht der Versuch von Unternehmen und Städten, auf sich aufmerksam zu machen und für sich und ihre Produkte zu werben. Ebenso ist es für Städte zur Selbstverständlichkeit geworden, ein marketingfähiges Image aufzubauen, um Investitionen anzuziehen und TouristInnen zu gewinnen. Die Imageproduktion erfolgt über Zeichen. Wie dies geschieht und welche Implikationen für Wirtschaft und Gesellschaft resultieren, soll in diesem Kapitel ausgeführt werden, durch einen Zugang über die Ökonomie der Zeichen über die Symbolische Ökonomie.

4.1 Zugang über die Ökonomie der Zeichen

Lash und Urry (1994) bringen die Semiotik, die Lehre von den Zeichen, in den Zusammenhang wirtschaftlicher Entwicklungen. Dieser Ökonomie der Zeichen liegen zwei Prozesse zu Grunde: einerseits die zunehmende Produktion von Zeichen anstelle von materiellen Objekten, andererseits die Zunahme der Ästhetisierung von materiellen Objekten. Die vermehrt produzierten Zeichen haben entweder einen kognitiven Inhalt und sind post-industrieller oder informationeller Art, oder sie haben einen ästhetischen Inhalt und sind postmoderner Natur. Dies betrifft nicht nur immaterielle Objekte wie Pop-Musik, Kino, Video usw., sondern auch einen zunehmenden Anteil von Zeichenwerten in materiellen Objekten. Dieser zweite Prozess der Ökonomie der Zeichen, die Zunahme der Ästhetisierung von materiellen Objekten, kann sowohl in der Produktion und der Vermarktung als auch im Konsum der Güter stattfinden. Das bedeutet, dass Verkaufsstrategien und die Herstellung von Gütern und Dienstleistungen auf Produktion, Diffusion und Konsum von Zeichen ausgerichtet werden. Dadurch sollen in differenzierter Art und Weise Käuferkreise angesprochen und auf individuelle Kundenbedürfnisse zugeschnittene Produkte und Dienstleistungen angeboten werden. Produkte werden mit Zeichen versehen, welche in einem bestimmten Design bestehen können. Oder es werden über Werbemassnahmen Verknüpfungen generiert, so dass die KonsumentInnen sich durch ausgelöste Zugehörigkeitsgefühle mit den Produkten identifizieren können und dadurch zum Konsum angeregt werden. Repräsentationen von Klassen, Gruppen, Subkulturen usw. zeigen sich in der Alltagskultur insbesondere in Kleidermoden, Accessoires und im Musikgeschmack. Es ist daher leicht nachzuvollziehen, weshalb die Kulturproduktion hin zur Populär- und Massenkultur von einer massiven Industrialisierung begleitet wurde.

Die Lehre und die Produktion von Zeichen

Kultur wird in den verschiedensten wirtschaftlichen Bereichen und Tätigkeiten eingesetzt und greift über Produkte und Konsum auf die Alltagsästhetik zu, welche meist über soziale Semiotik erschlossen wird. Zeichen sind ein Schlüssel zur Analyse der Prozesse der Kulturalisierung der Ökonomie: „Um alltagsästhetische Schemata und soziale Milieus zu verstehen, muss man mit sozialer Semiotik operieren» (Schulze, 1996, 88). In der Kultursoziologie war die Analyse von gesellschaftlichen Verhältnissen, Strukturen oder Systemen durch Zeicheninterpretation immer ein wichtiger Gegenstand, wie zum Beispiel die Arbeiten von Eco (1972), Barthes (1981), Halbwachs (1985), Bourdieu (1987), Hamm (1996) zeigen. Zu den zentralen Fragen gehören: Welche Zeichen senden Kunstobjekte aus? Welchen Ausschlusscharakter haben sie? Welche sozialen Gruppen werden angesprochen? Welche gesellschaftlichen Reflexionen enthalten sie? Einen wesentlichen Beitrag leistete Bourdieu, indem er der Kunst die ausschliesslich elitäre Zugänglichkeit, das heisst die gebildeten und damit Personen mit hohem Sozialstatus vorbehaltene Auseinandersetzung, absprach, unter anderem mit der Aussage, dass „jede Betrachtung von Kunstwerken eine bewusste oder unbewusste Dekodierung enthält" (Bourdieu, 1987, 420). Seine gesellschaftlichen Analysen über Moden und Kulturkonsum hatten das Ziel, die Alltagsästhetik als Kultur zu verstehen: „Ein umfassendes Verständnis des kulturellen Konsums ist … erst dann gewährleistet, wenn ‚Kultur' im eingeschränkten und normativen Sinn von ‚Bildung' dem globaleren ethnologischen Begriff von ‚Kultur' eingefügt und noch der raffinierteste Geschmack für erlesenste Objekte wieder mit dem elementaren Schmecken von Zunge und Gaumen verknüpft wird" (Bourdieu, 1987, 17).

Der Prozess der Interpretation von Zeichen ist geprägt von Bedeutungszuweisungen: „Das Subjekt interpretiert das Objekt als Zeichen, es ordnet ihm einen Komplex von Bedeutungen zu. … Zeichen können beliebige Manifestationen sein (Texte, Geräusche, Personen, Skulpturen, Gemälde, Bauwerke, Denkmäler, Handlungen, Mimik, Gebärden, Parkanlagen – Objekte, Situationen und Ereignisse aller Art), sofern sie von Sendern als Zeichen gemeint und / oder von Empfängern als Zeichen interpretiert werden" (Schulze, 1996, 94). Zeichen sind also Vermittler von Zugehörigkeiten, indem die Träger, seien dies Sachen oder Personen, ganz bestimmte Codes signalisieren, die Macht, Status, Privilegien oder das Gegenteil bedeuten können. Vom Kreuz der katholischen Kirche bis zur Muschel des Ölkonzerns Shell lösen Zeichen bei den EmpfängerInnen Assoziationen und Decodierungsmechanismen aus. Zeichen, Signale, Codes sind Bedeutungsträger, Botschaften und Stellvertreter. Dies gilt nicht nur für Insignien, Staatswappen und Firmenzeichen, sondern auch für den Alltag, denn „mit der Frisur, der Kleidung, dem bevorzugten Musikstil oder der Art zu essen setzt man Zeichen", wie Schulze (1996, 100) schreibt, und Helbrecht (2001, 215): „Mit der Wahl der

Turnschuhmarken, Fahrradmodelle und Haarschnitte gibt der Kunde ein Statement ab über seine persönliche und soziale Identität." Zu den zentralen Kategorien der Semiotik gehören die Begriffe Distinktion oder Abgrenzung auf der einen und Zugehörigkeit auf der anderen Seite. Distinktion ist die Symbolisierung von sozialen Unterschieden (Schulze, 1996, 94). Die Träger von Zeichen signalisieren mit ihrer Kleidung, mit ihrem Auto usw. zu welcher gesellschaftlichen Schicht oder Gruppe sie gehören oder gehören möchten, und von welchem sozialen Milieu sie sich abgrenzen wollen. „Konsumgüter sind für ihre Besitzer mal als Statussymbole, Kultgegenstände oder Abgrenzungssymbole – symbolisches Kapital im Konkurrenzkampf um gesellschaftliche Anerkennung" (Helbrecht, 2001, 215).

Logos, Brands und Labels in der Ökonomie der Zeichen

Die Analyse und die Interpretation von Zeichen als Bedeutungsträger sind Inhalte der Semiotik. Uns interessiert aber darüber hinaus, wie, wo, warum und von wem Zeichen produziert werden, was direkt zu Prozessen der kulturellen Innovation führt. Schnittstellen von Design, Kunst und Alltagskultur sind für die Verantwortlichen in den Absatzmärkten und die Werbestrategen zentral. Moden, Trends und Coolness unterliegen wechselnden Geschmäckern, die potentiellen KundInnen reagieren auf Neuerungen durch Kauf oder Nichtkauf. Der Aufbau von Labels ist seit vielen Jahren eine Schlüsselgrösse im Marketing, deren Einsatz in den 1990er Jahren gemäss Klein (2001) intensiver denn je betrieben wurde. Logos, Brands und Labels sind Zeichen, die explizit als Zeichen eingesetzt werden. Das heisst im Unterschied zum Design eines Produktes, welches zwar auch unverkennbar eine Marke repräsentieren kann (z. B. Kühlergrill von Autos), sind Logos dazu da, Attribute zu symbolisieren, die mit den Produkten des Labels verknüpft sind: gute Verarbeitung, Sportlichkeit, Präzision usw. Daneben vermitteln Logos und Labels auch Lebensgefühle, soziale Zugehörigkeit und zunehmend auch Coolness. Die Qualitäten eines Produktes können mit der Adaption des Images durch die KonsumentInnen in den Hintergrund rücken, während das In- und Dabeisein, symbolisiert durch den Besitz eines Produktes, zum zentralen Faktor wird. Der Einsatz von Logos, Brands und Labels ist ein Ausdruck der Kulturalisierung der Ökonomie, indem Kultur zunehmend für den Aufbau der Markenimages gebraucht wurde. Warum Logos eine solche Wichtigkeit zugekommen ist, zeigt Klein (2001, 20) mit folgender Aussage: „Logos kommen dank ihrer Allgegenwärtigkeit einer Weltsprache am nächsten; sie werden an mehr Orten verstanden als Englisch."

Logo

Ein Logo ist ein Grafiksymbol oder eine Kombination aus Grafik und Text. Es stellt ein unverwechselbares, geschütztes Zeichen für ein Unternehmen oder ein Produkt dar. Ausserdem soll es als Blickfang dienen für diejenigen, die es zum ersten Mal sehen, und als direktes Wiedererkennungszeichen für diejenigen, die es bereits kennen. Die eindeutige Erkennung und Zuweisung zur Institution, dem Label oder dem Produkt, welches vom Logo repräsentiert oder symbolisiert wird, ist ein wichtiges Ziel derjenigen, die ein Logo einsetzen (aus: www.dictionary.net).

Brand

Im Deutschen am ehesten als Marke bezeichnet, ist Brand der Name eines Unternehmens oder auch eines Produktes. Die Erkennbarkeit und Unterscheidbarkeit spielt beim Brand wie beim Logo eine wichtige Rolle (aus: www.dictionary.net).

Label

Unter einem Label werden eine Firma (vor allem in der Musikindustrie), ihre Produkte, ihr Name oder Symbol verstanden. Ein Label ist auch der Begriff für Bezeichnung und Benennung. Label wird auch für den Zettel an einem Artikel, Kleidungsstück usw. gebraucht, der Angaben über die Herkunft, Zusammensetzung usw. des Produktes macht (aus: www.dictionary.net).

Klein verdeutlicht die Ökonomie der Zeichen im Zusammenhang mit Marken: „Die im Laufe der letzten 15 Jahre ins Astronomische gestiegene Wirtschaftskraft und der ungeheure kulturelle Einfluss der multinationalen Konzerne können mit einem gewissen Recht auf eine einzige, scheinbar harmlose Idee zurückgeführt werden. Sie wurde Mitte der Achtzigerjahre von Managementtheoretikern entwickelt und lautet, dass erfolgreiche Unternehmen in erster Linie Marken herstellen sollten, keine Produkte" (Klein, 2001, 25). Die Folge davon waren die Anstrengungen der Unternehmen, den Marken entsprechende Gefühle und Identitäten zu konstruieren, wofür der Werbeaufwand im Verlaufe der neunziger Jahre um ein Mehrfaches angehoben wurde. So wurden z. B. die Ausgaben von Walt-Disney für Werbung von 150 Millionen US-Dollar im Jahre 1985 auf 1,3 Milliarden US-Dollar im Jahre 1995 gesteigert (Klein, 2001, 483). Ähnliche Entwicklungen machten auch andere Superbrands wie Coca-Cola, McDonalds, Nike usw. durch „Die Werbung hatte von nun an nicht mehr die Funktion, Informationen über ein Produkt mitzuteilen, sondern für eine mit einem Markennamen versehene Version eines Produkts ein Image aufzubauen" (Klein, 2001, 28).

Artikulationen von Jugendkulturen gehen heute weit über sogenannte Szenen hinaus, in denen sich „unausgesprochene Konventionen über Kombinationen von Sprache, Kleidung, Körper, Konsumstilen, Alter, Bildung, politischen und sozialen Einstellungen, Musikpräferenzen usw. herausbilden, die sich innerhalb von sozialen Milieus verbreiten" (Schulze, 1992, 468). Jugendkulturen können auf lokaler Ebene der Anfang einer kulturellen Innovation sein, die in ein Produkt mündet, welches gemäss dem Produktzyklus von Davelaar (vgl. Kapitel 2.5) sich zur Reife entwickelt und eventuell in einem globalen Markt eine Nachfrage findet. In den neunziger Jahren wurden Jugendliche als Käufermärkte konsequent über Zeichen, Brands und Stile mit neuen Gütern und Dienstleistungen erschlossen. Neben den Produkten der Kulturindustrie wurde auch in die Alltagskultur der Jugendlichen mit einer sich enorm diversifizierenden Sportzubehörindustrie, elektronischen Geräten und Anwendungen wie Handys (Mobiltelefone), Walkplayers, Computerspielen und Gütern des täglichen Gebrauchs vorgedrungen. Dazu nochmals Klein: „Es war an der Zeit, Teenager und ihre überalterten Nachahmer auf der ganzen Welt mit MTV, Nike, Hilfiger, Microsoft, Netscape und Wired zu beglücken ... Im Verlauf des Wandels entpuppte sich der Druck der Jugendlichen untereinander als machtvolle Marktkraft, neben der sich das ‚Mit-den-Nachbarn-Schritt-halten-Konsumieren' ihrer mittelständischen Eltern geradezu schwächlich ausnahm" (Klein, 2001, 85). Labels und Repräsentationen wurden in der Jugendkultur zu zentralen Ausweisen der Zu- oder Nicht-Zugehörigkeit zu bestimmten Gruppen. Die Qualität des Produktes steht im Hintergrund genauso wie die gesamtgesellschaftliche Bedeutung der Güter: „Anfang der neunziger Jahre waren Jugendkulturen noch von einer starken Investition ins Soziale geprägt. Zehn Jahre später sind sie so stark kapitalisiert und die Unter-30-Jährigen von der politischen Debatte so weit abgekoppelt, dass diese soziale Investition im Herzen der Jugendkultur im Koma liegt" (McRobbie, 2001, 17).

Coolness als Vermittlerin von Zeichen kultureller und gesellschaftlicher Zuordnungen

Im Verlauf der 1990er Jahre fand gemäss Klein in den Chefetagen der grossen Unternehmen ein Umdenken statt: „Die doppelte Verheissung des Brandings und des Jugendmarkts löste in der Privatwirtschaft einen kreativen Energieschub aus. Es stellten sich nicht mehr nur die Jugendlichen die Frage: ‚Bin ich cool?', sondern die CEOs fragten sich: ‚Finden die Jugendlichen uns und unsere Produkte cool?'" (Klein, 2001, 86) Die Zeichen der Jugendkulturen wurden darauf ausgerichtet, dass sie cool erschienen. Die sich wandelnden Zeichensprachen der Coolness fanden eine immer grössere Verbreitungsmöglichkeit mit den Entwicklungen in den 1990er Jahren. Massgeblich beteiligt war dabei der Sender MTV, der durch permanente Ausstrahlung von Musikvideos die Jugendkultur mitprägte und immer noch mitprägt. Denn nicht nur die Musik, sondern auch die Performances der MusikerInnen, ihre Frisuren, Kleidung und Accessoires, ihr Verhalten, ihre Erlebnisse oder Geschichten sowie die Umgebung und Quartiere, in denen die Videos handeln, tragen dazu bei Standards zu setzen, was in, hip oder eben cool ist. Diese Zeichen und damit Werte werden durch das Fernsehen weltweit verbreitet, und sie werden weltweit nachgeahmt. Woher aber stammen diese Zeichen und: was ist cool?

Coolsein hat sich über Jahrzehnte mit immer neuen Gesichtern bezüglich Stil, Moden, Images usw. als wichtiger gesellschaftlicher Wert gehalten und erweist sich als Schlüsselbegriff in der Frage von Zugehörigkeit und Distinktion. Zur Coolness gibt es kaum Forschungsarbeiten. Die Literatur ist vor allem durch Publikationen von JournalistInnen wie Tom Frank (2001), Naomi Klein (2001), Alix Sharkey (2002) oder dem Schriftsteller Robert Pirsig (1978) abgesteckt worden. Die Coolness der neunziger Jahre, die ökonomisch so viel in Bewegung setzte, hängt eng mit dem New Yorker Stadtteil Bronx, welcher mehrheitlich von Schwarzen der niedrigsten Einkommensklassen bewohnt ist, und der HipHop-Kultur zusammen: „Die Akzente der Rapper, die textlichen Bezüge auf das Alltagsleben und bestimmte Fernsehsendungen, die technischen Fortschritte, die den DJs und Produzenten ermöglichten Samples bestimmter Funk- und Discoplatten der Siebzigerjahre zu verwenden – sie alle gehörten unverkennbar zu einer bestimmten Zeit, der Gegenwart, und einer bestimmten Gegend, dem New Yorker Stadtteil The Bronx. Doch gleichzeitig hatte der daraus entstandene Sound etwas zutiefst Avantgardistisches" (Sharkey, 2002). Und Sharkey fragt: „Ist das vielleicht die Definition von cool: die Fähigkeit, seiner Zeit gleichzeitig voraus und vollkommen mit ihr in Einklang zu sein. Gleichzeitig das Kind eines bestimmten Viertels und eine Speerspitze der Avantgarde zu sein?"

Cool / Coolness

Cool bedeutet wörtlich kühl oder kalt. Cool wird einerseits verwendet, um etwas Besonderes im positiven Sinne zu betonen, zum Beispiel eine coole Party, eine coole Sonnenbrille usw. Dann wird es auch für Gelassenheit und in diesem Zusammenhang als Einverständnis im Sinne von Akzeptanz verwendet: It's cool if you don't want to talk about it. Im Wörterbuch wird cool nach wie vor als Wort aus dem Slang bezeichnet (aus: www.dictionary.net). Cool ist seit Jahren nicht nur in den englischsprachigen Ländern verbreitet, sondern auch im deutschen, französischen und japanischen Sprachraum. Populär wurde das Wort durch die Beatniks, Schriftsteller wie Jack Kerouac oder William Boroughs. Coolness war in jenen Kreisen, wenn man wusste, was hip war, was lief, wo es abging. In dieser Zeit entstand auch der Cool-Jazz. Eine Art Avantgarde scheint jeweils gewisse Standards zu setzen, was cool ist. Mit diesen Standards sind dann auch die jeweiligen Zeichen verbunden.

Die Kultur der Jugendlichen in der Bronx wurde also zum neuen Standard der Coolness. Es war cool, die Logos der Pariser Haute-Couture von Handtaschen abzulösen und dann als Medaillons, Gürtelschnallen oder anderes zu verwenden (Sharkey, 2002). In den Armenvierteln war es cool und hob den sozialen Status der Träger, mit Luxusartikeln der weissen Reichen zu hantieren und in Golf- und Skibekleidungen herumzugehen. Diese Coolness wurde dann von den weissen Mittelstandsjugendlichen in anderen Quartieren kopiert und später zu weltweiten Moden aufgebaut, indem grosse Labels ihre Produktelinien diesen neuen Strömungen anpassten. Sogenannte Coolnessjäger und Trendscouts durchkämmten die Stadtviertel nach den neuesten coolen Trends in Underground und Subkultur ab. Die wichtigsten Coolness-Beratungsfirmen wurden alle zwischen 1994 und 1996 gegründet. Sie arbeiteten mit Videos, welche sie „zusammen mit so gewagten Äusserungen wie ‚Mönche sind cool' den Kunden wie Reebok, Absolut Vodka oder Levi's" (Klein, 2001, 89) verkauften. Zugleich rieten sie ihren Kunden, Ironie in ihrer Werbung zu verwenden und mit Surrealismus zu arbeiten. Neben Coolness-Jägern, Trendforschern usw. haben die WerberInnen eine grosse Bedeutung beim Transport der Zeichen und, wie weiter oben beschrieben, wurden im Verlaufe der 1990er Jahre die Werbeetats vieler transnationaler Unternehmen um ein Vielfaches erhöht. Die Werber werden von Helbrecht (2001, 216) als Intermediäre bezeichnet, da es ihre Aufgabe ist, „die Bedeutungen von Waren und Dienstleistungen zwischen Produzenten und Konsumenten zu kommunizieren. Sie leisten die Vermittlungsarbeit, um den symbolischen Wert einer Levis- oder Diesel-Jeans, der A-Klasse von Mercedes oder bestimmter Shampoo-Marken zu verdeutlichen."

4.2 Zutritt über die Symbolische Ökonomie

Imageproduktion, Stadtmarketing und Kultur als Standortfaktor

Die Symbolische Ökonomie, wie sie von Sharon Zukin (1995) in *The Cultures of Cities* dargelegt wird, beschäftigt sich mit drei Aspekten: erstens mit der Repräsentation der Ökonomie im öffentlichen Raum, zweitens mit der Symbolik in der Repräsentation, welche in der Konkurrenz der Städte wichtig ist, und drittens mit der Symbolik in Produkten und Dienstleistungen. Der dritte von Zukin dargelegte Aspekt der symbolischen Ökonomie, die Symbolik in Produkten und Dienstleistungen, entspricht weitgehend den Überlegungen von Lash und Urry zur Ökonomie. Zukin (1995) beschreibt, wie Stile, die in den Strassen kreiert werden, durch Magazine und MTV aufgegriffen, millionenfach kopiert und als cool verkauft werden (vgl. auch Kapitel 4.1).

Bei der Repräsentation der Ökonomie im öffentlichen Raum geht es nicht nur um Werbung auf öffentlichen Plätzen, sondern auch um Repräsentation und Imagebildung durch Architektur und Kunst an Gebäuden und auf Plätzen. Ebenso gehört zur symbolischen Ökonomie die Inszenierung von Anlässen kultureller oder quasi-kultureller Art (Ausstellungen, Konzerte, Modeschauen usw.) im öffentlichen, halböffentlichen oder privaten Raum. Zukin nennt als Beispiele Sonys interaktives Wissenschaftsmuseum in New York, wo Video-Produkte ausprobiert werden können. Obwohl nach Gesetz ein öffentlicher Raum, hat Sony es den eigenen Bedürfnissen gemäss eingerichtet (Zukin, 1995, 3). Zunehmend ist öffentlicher Raum für die Repräsentation von privaten Einzelinteressen angeeignet worden. Die Symbolik in der Repräsentation der Städte hat in den vergangenen zwanzig Jahren stark zugenommen. Die Grundfrage lautet: Was zeigen eine Stadt und ihre AkteurInnen?: „Das Aussehen und die Atmosphäre von Städten reflektieren Entscheidungen, was – und wer – sichtbar sein soll und was nicht, was als Ordnung und was als Unordnung zu verstehen ist, sowie über den Gebrauch von ästhetischer Macht" (Zukin, 1995, 7). Stadtregierungen, meist zusammen mit privaten Trägerschaften, arbeiten an den Images der Städte und versuchen diese weltweit zu verkaufen. Dabei ist Kultur zu einem Verkaufsargument geworden, zumal mit dem Niedergang vieler Industrien Symbole kaum mehr mit den jeweiligen Städten verknüpft werden können: Detroit nicht mit der Autoindustrie, Sheffield nicht mit Stahl, Biel und der Jurabogen nicht mehr mit der Uhrenindustrie.

Diese Argumentationslinie reiht sich nahtlos an die Ausführungen von Harvey (1989) an. Beginnend in den 1980er Jahren hat sich demnach ein neues städtisches Unternehmertum herausgebildet. Regierungen verhalten sich wie Unternehmer und versuchen Einnahmen zu generieren, indem sie in unterschiedlichen Kombinationen folgende Varianten anwenden:

1. Förderung von Wettbewerbsvorteilen in der Produktion durch Investitionen in die Infrastruktur, Steuererleichterungen usw.

2. Stärkung der eigenen Position in der Konkurrenz im Konsumbereich durch Allokation von gehobenem Shopping, Unterhaltung, Kulturtourismus oder die Promotion von Gentrification und Anziehung höherer Einkommen als Folge.

3. Konkurrenz um Schlüsselfunktionen des Finanz- oder auch Regierungssektors sowie der Medien- und Kommunikationsbranchen.

4. Verstärkung der Position in der Konkurrenz um staatliche Mehrwerte, welche von nationalen und übernationalen (z. B. EU) Regierungen vergeben werden. Dadurch wurde die Konkurrenz auch innerhalb der Nationalstaaten verschärft.

Entsprechend diesen Konkurrenzsituationen ist es ein Ziel der Stadtregierungen, ihre Stärken und Standortvorteile zu präsentieren und mit Images aufzutreten. Damit wird Imagebildung zu einem wichtigen Element der Stadtregierungen, das mit Marketingstrategien und planerischen Massnahmen unterstützt wird (vgl. Griffiths, 1998; Bianchini and Parkinson, 1993). Standort- und Stadtmarketing sind heute weltweit angewendete Instrumente. Wenn eine Stadt noch kein Image hat, wird eines aufgebaut. Das Beispiel Yverdon im Kanton Waadt zeigt dies gut auf. So wurde aus einem Industriestandort in den 1980er Jahren eine Bäderstadt: Yverdon-les-bains.

Architektur spielt in der symbolischen Repräsentation der Städte eine herausragende Rolle. Kunstmuseen, Theater, Sportstadien sollen durch ihre Architektur zeigen, von welcher Klasse eine Stadt und ihre BewohnerInnen sind. Einer, der sich dieser Symbolik besonders bewusst war und sie konsequent einsetzte, war der französische Staatspräsident François Mitterrand (1916–1996). In Paris liess er etliche Monumentalbauten realisieren, darunter die Opéra und La Grande Arche in der Défense. Images werden aber auch damit verkauft, was sich in den Bauten drin abspielt. Opern, Theater, Konzerte und Ausstellungen von Weltformat setzen die Städte auf die Landkarte der attraktiven Städte. Ziel ist es, die Eliten in anderen Städten auf sich aufmerksam zu machen und Unternehmen mit ihren hochqualifizierten Arbeitskräften anzuziehen. Aber es ist nicht nur die Hochkultur, die ihre Wirkung entfalten soll. Genauso gehören Festivals aller Art, Konzerte und Ausstellungen aus der sogenannten Alternativszene und ein breites Angebot von Bars, Restaurants, Partyorten zum Image, das die Städte von sich verkaufen. Zusammen ergibt sich ein urbanes Setting, welches von verschiedensten Akteuren und den Prozessen der Kulturalisierung der Ökonomie und der Ökonomisierung der Kultur genährt wird. Die Nachfrage nach einem attraktiven urbanen Setting ist in den vergangenen Jahren angewachsen und eine Reurbanisierung hat in vielen Städten stattgefunden.

Mit der Konkurrenz der Städte, die sich mit Deregulierungen und der Integration der Märkte verschärft hat (Rossi, 1995a), wurde die Kultur zu einem wichtigen Standortargument. „In den 1990er Jahren schien es eine offizielle Politik zu sein, die Stadt zu einem Ort der Kunst zu machen und damit eine marktfähige Identität für die Stadt als Ganzes zu schaffen" (Zukin, 1995, 23). In die gleiche Richtung zielt Le Galès (1999, 296): „Die Konkurrenz zwischen den Städten hat zu einem schnellen Wandel von Nachahmung und Abhebung (Distinktion) bei den städtischen Behörden geführt." In vielen Städten wurden die gleichen Strategien verfolgt und Symbolische Ökonomie umgesetzt: Inszenierung von Festivals und Spektakeln, Stadtmarketing, Flagschiffprojekte wie Opern, Theater, Museen, Kongresszentren, wofür international renommierte StararchitektInnen ausgewählt wurden. Diese Strategie der symbolischen Ökonomie wurde nicht nur von Global Cities verfolgt, sondern auch von Städten mit grosser industrieller Vergangenheit, welche in den 1970er und 1980er Jahren einem tiefgreifenden Strukturwandel unterlagen: Bilbao, welches sich mit dem Guggenheim-Museum auf die Weltkarte der Kultur gesetzt hat, oder Glasgow, welches sich als Stadt der Architektur neu positionierte.

Museen haben neben ihrer ursprünglichen Funktion als Bauten für die Ausstellung von Kulturgütern und Kunst Funktionen als *Entertainment Hubs* (Hannigan, 1998) und Kulturshoppingzentren (van Aalst, 2002, 197) übernommen. Museen sind von grosser Bedeutung für den Städte- und Kulturtourismus. Das Ziel, welches mit der Realisierung von Prestigebauten verfolgt wird, ist in allen Städten das gleiche, nämlich BesucherInnen und InvestorInnen anzuziehen. Harvey hatte bereits 1989 auf die Bedeutung von kulturellem Kapital als Attribut eines Ortes oder einer Stadt hingewiesen, das dazu gebraucht wird, Investitionen anzuziehen. Und während jede Stadt versucht, ihre Besonderheiten, ihre aussergewöhnlichsten kulturellen Leistungen darzustellen, gleichen sich die Programme der Inszenierungen immer mehr. Tatsächlich kann irgendein Beispiel von Legislaturzielen, Regierungsprogrammen usw. von Städten genommen werden und die Wahrscheinlichkeit ist hoch, dass die Kultur einen ausnehmenden Stellenwert einnimmt. So besteht zum Beispiel Helsinkis neue Strategie darin, seine Internationalität zu stärken, und sich als Zentrum in Nordeuropa (Skandinavien, baltische Staaten, Nordwesten Russlands) für Forschung, Wissenschaft und wissensbasierte Industrien zu profilieren. Der Ausbau der Verkehrs- und Telekommunikationsnetze, die Entwicklung einer hohen urbanen Qualität, internationales Promoting und die Konsolidierung von Helsinkis kulturellem Profil sind die Kernelemente der Strategie, die zum wirtschaftlichen Erfolg führen soll. „Materialistisch ausgedrückt, bedeuten die Betonung und der

Einsatz von Kultur den gezielten Versuch, die Einzigartigkeit von in der Vergangenheit akkumuliertem Kapital (Monumente, Kunstsammlungen, Aufführungsorten und sogar Einkaufsstrassen), auszubeuten. In diesem Sinne ist Kultur die Summe von städtischen Einrichtungen, welche es ermöglichen, um Investitionen und Arbeitsplätze zu konkurrieren – ein komparativer Vorteil" (Zukin, 1995, 268).

Die Attraktivität der Städte für qualifizierte Arbeitskräfte

In neuerer Zeit ist vermehrt von Creative Cities die Rede (z. B. Hall, 1998; Florida, 1998; Landry, 2000). Unter dem Label Creative Cities werden all jene Aktivitäten und Massnahmen subsummiert, die mittels Kunst, Architektur und anderer Kultur zu einer wachsenden regionalen Wirtschaft führen sollen. Wie Hansen, Andersen und Clark (2001, 854) ausführen, ist das Konzept der Creative Cities sehr neu, wenn auch die Städte eine lange Tradition als Arena für kreative Aktivitäten haben. Die genannten Autoren erachten das Creative-Cities-Konzept als einen Zweig (Offspring) der regionalwissenschaftlichen Konzepte der Lernenden Regionen (Florida, 1995; Simmie, 1997) und meinen, es könnte als neustes Place-marketing-product bezeichnet werden, also als Standortmarketing. Neben VertreterInnen aus Politik und Wirtschaft sind es RegionalwissenschafterInnen, die sich für die Förderung der Kreativität einsetzen, mit welcher regionales Wirtschaftswachstum erreicht werden soll. So z. B. Matthiessen (2000, 7) für Kopenhagen: „Putting Copenhagen on the creative map of Europe" oder Scott: „Trotz seiner vielen sozialen Probleme ist Los Angeles wie Paris, London, Hong Kong, oder Rio de Janeiro eine jener einzigartigen Städte, die sich auf Anhieb erkennen lassen, weil sie eine einmalige kulturelle Ausstrahlung und Mystik besitzen" (1996, 319). Creative Cities sind eine logische Konsequenz aus den bereits beschriebenen Prozessen hin zur symbolischen Ökonomie und zur Ökonomie der Zeichen, wie sie von Zukin, Lash und Urry, Le Galès und anderen dargelegt wurde. Nun ist auch das Label für die Städte geschaffen, die in der Konkurrenz der Städte die kreativsten sein wollen.

Verschiedene Autoren haben untersucht, welche Zusammenhänge zwischen der Anwesenheit von Bohemiens und hochqualifizierten Arbeitskräften bestehen. Egan und Saxenian (1999) zeigen für die Region der San Francisco Bay und dem Silicon Valley auf, wie dieses weltweite Zentrum für

Hard- und Softwaretechnologie sich zu einem Multimedia-Cluster entwickeln konnte. Sie begründen dies mit der guten Verfügbarkeit von kreativen und qualifizierten Arbeitskräften, darunter KünstlerInnen, MusikerInnen und dem Vorhandensein zahlreicher Kunstschulen. Braczyk et al. (1999) haben unter den spezifischen zentralen Standortfaktoren, die zu einem Digital Content Design-Cluster führte, ebenfalls die Kulturszene, welche junge, kreative Arbeitskräfte anzieht sowie die hohe Lebensqualität in den Regionen San Francisco Bay Area, South East (London-Brighton) und München ermittelt. Kotkin (2000) hat die Wechselbeziehungen zwischen Lifestyle-Einrichtungen und Standortpräferenzen einiger Hightech Industrien in New Yorks Silicon Alley, in San Franciscos SOMA (South of Market Street) und Mission District sowie in Pioneer Square in Seattle untersucht und einen positiven Zusammenhang feststellen können. Florida (2002a) hat die Frage untersucht, inwieweit es Tendenzen gibt, dass innovative ökonomische Aktivitäten Cluster in und um Bohemien-Stadtteile bilden und wie eng technologische und kulturelle Entwicklungen miteinander verknüpft sind. Seine These lautete, dass in Städten mit einer überdurchschnittlichen Konzentration von Bohemiens oder KünstlerInnen auch eine höhere Konzentration von Hightech-Beschäftigten zu finden sei. Zu den Bohemiens zählt Florida AutorInnen, DesignerInnen, MusikerInnen, KomponistInnen, SchauspielerInnen, KunstmalerInnen, BildhauerInnen, PhotographInnen, TänzerInnen, KunsthandwerkerInnen. Diese werden in den US-Statistiken auch als solche ausgewiesen. Floridas Auswertung, die alle fünfzig Metropolitan Statistical Areas (MSA) der USA umfasst, zeigt nicht nur eine absolut höhere Anzahl von KünstlerInnen oder Bohemiens, sondern auch relativ zur Bevölkerung höhere Konzentrationen von Bohemiens in bestimmten Städten. New York und Los Angeles, die zu den Alpha World Cities gemäss GaWC (Globalization and World Cities Study Group and Network) gehören (vgl. Tabelle 1, S. 98), haben über 100'000 Bohemiens. In San Francisco (Beta World City) leben 40'000 Bohemiens. Es folgen Chicago (Beta World City) und Washington (Gamma World City) mit über 30'000. Im Verhältnis zur Bevölkerung sind Seattle, New York und Los Angeles zuoberst auf der Liste mit mehr als neun Bohemiens pro tausend EinwohnerInnen. Seattle fällt dabei aus der Reihe, da es im World City Ranking nur als Delta World City ausgewiesen wird. Die Beziehung zwischen der Anzahl Bohemiens und Hightech-Industrien in den MSA hat sich als stark erwiesen, das heisst, wo es überdurchschnittlich viele KünstlerInnen gibt, gibt es auch überdurchschnittliche Konzentrationen von Hightech-Unternehmen. Ausser den Bohemiens hat Florida auch starke Korrelationen des Hightech-Sektors mit dem Gay-Index, also der gehäuften Anwesenheit von Homosexuellen, und dem Talent-Index, in welchem gutausgebildete Personen zusammengefasst sind, als Resultate erhalten. Von diesen Ergebnissen dürfen aber keine kausalen Beziehungen abgeleitet werden, wie Florida (2002a, 67) mahnt. Insbesondere kann nicht gefolgert werden, dass Hightech Industrien sich dort ansiedeln sollen, wo am meisten Bohemiens sind, um Erfolg zu haben.

Produktion und Konsumption Urbaner Settings

Städte wie New York, Los Angeles oder London, haben stärkeren Einfluss als andere, wenn es um das Setzen von internationalen Trends geht. Immer wieder gibt es Städte, die in, hip und cool sind. Zu den wichtigen Faktoren, welche die Städte zum Wohnen für einen Teil der Bevölkerung wieder attraktiv gemacht haben, gehören neue kulturelle Angebote, (Techno-)Parties, Restaurants mit Trend- und Ethnogastronomie, Bars und Clubs, Festivals und Events aller Art, ob in coolen oder anderen Stadtteilen. Das ist das urbane Setting, welches den Leuten das Gefühl gibt, den Zeitgeist einzuatmen und in einer Weltstadt zu leben, in der alle Möglichkeiten für Vergnügen, Bildung, Einkommen, Liebe, Hoffnung offen scheinen. Urbane Settings sind in der Konkurrenz der Städte ein Standortfaktor für eine neue Generation von Menschen, für die Urbanität einen überzeugenden Wert darstellt. In neueren Studien wird nach diesem urbanen Setting mit dem etwas diffusen Begriff *urbanes Leben* gefragt (z. B. Zürcher Kantonalbank, 2001). Urbane Settings zeichnen sich durch eine breite Palette von Codes und Möglichkeiten der Identifikation aus und ihre Organisation liegt in Mischformen zwischen Selbsthilfeprojekt und Marketingkonzept (Klaus, 1996). „Kunstmuseen, Boutiquen, Restaurants und andere auf Konsum ausgerichtete Einrichtungen kreieren einen sozialen Ort für den Austausch von Ideen, die das Geschäftsleben antreiben" (Zukin, 1995, 13).

Grundsätzlich kann unterschieden werden zwischen einem urbanen Setting von oben und einem von unten (top-down und bottom-up). Das urbane Setting von oben ist gewissermassen das offizielle, die Inszenierung von Kultur mittels Architektur, Festivals, Museen usw. Das urbane Setting von unten ist die Kulturproduktion, welche Zeichen und Codes in lokalen Zusammenhängen als kulturelle oder kreative Innovationen produziert. Durch das zunehmende Zusammenspiel von öffentlichen Institutionen, transnationalen Unternehmen und Zeichenproduzierenden kommt es zu vielen Schnittstellen mit fliessenden Übergängen.

Setting / Settings

1   Die Position, Ausrichtung oder die Art wie etwas eingestellt wird, zum Beispiel eine automatische Steuerung.

2 a Der Kontext und die Umgebung, in die eine Situation gesetzt wird; der Hintergrund.

  b Die Zeit, der Ort und die Umstände, in der eine Erzählung, ein Drama oder ein Film spielt.

(Aus: www.dictionary.net)

Im Englischen ist ein Urban Setting ein städtischer Schauplatz, eine Bühne oder ein Ort des Geschehens. Der Begriff Setting wird vor allem in der Literatur und im Theater verwendet. Settings sind auch die Einstellungen an Maschinen, Computern usw., die vorgenommen werden können, um deren Operationen individuell zu gestalten.

Sozio-ökonomisch haben urbane Settings mehrere Implikationen. Sie schaffen Arbeitsplätze, tragen zum Image und der Repräsentation der Städte bei und erhöhen die Lebensqualität. Allerdings profitieren nicht alle EinwohnerInnen gleichermassen. Nach wie vor können viele Menschen die Angebote gar nicht nutzen, weil ihr Einkommen es nicht zulässt. Auch das urbane Setting passt in die Dualisierung von hohen und niedrigen Einkommen in den Städten, wie sie in der Global Cities These vertreten wird, und die zu territorialen Konflikten führt (Sassen, 1998). Während das urbane Setting vor allem von mittleren und hohen Einkommen konsumiert wird, sind es die niedrigen Einkommen, die das urbane Setting sicherstellen. Dies sind nicht nur die Kulturarbeiter wie Theaterleute, MusikerInnen oder bildende KünstlerInnen selber, sondern auch die Türsteher und Sicherheitsleute am Eingang der Parties, das Küchen-, Servier- und Reinigungspersonal in Restaurants und Bürokomplexen, Techniker und VerkäuferInnen.

Die Attraktivität der Metropolen und Städte wird durch ein interessantes, vielfältiges urbanes Setting gefördert. Repräsentation und Imagebildung bleiben nicht ohne Wirkung auf investitionswillige Unternehmen. Wie wichtig das urbane Setting für Unternehmen und qualfizierte Arbeitskräfte ist, wurde in verschiedenen Untersuchungen analysiert. Nicht nur in Studien zur Lebensqualität in den Städten werden weiche Standortfaktoren einbezogen, sondern auch in Studien zur Attraktivität der Städte für die Unternehmen. Eine Untersuchung über neue Informations- und Kommunikationstechnologien in der Region Zürich zeigt, dass der Faktor *kulturelles Angebot/städtisches Leben* sowohl in der Qualitäts- als auch in der Bedeutungsbewertung an zweiter Stelle rangiert (Zürcher Kantonalbank, 2001). Bei der Qualität bekommt nur die *internationale Erreichbarkeit* bessere Noten und bei der Bedeutung rangiert die *Verfügbarkeit an Arbeitskräften mit guter Ausbildung* zuoberst. Interessanterweise messen die Unternehmen dem Faktor *kulturelles Angebot/städtisches Leben* zwar eine hohe Qualität bei, jedoch eine geringe Bedeutung für das Unternehmen. Dieses Resultat ist erstaunlich, da eigentlich die Verfügbarkeit von hochqualifizierten Arbeitskräften mit dem kulturellen Angebot und dem städtischen Leben, dem urbanen Setting zusammenhängen müsste, wie dies nicht nur in der Literatur (Harvey, 1989a; Lash und Urry, 1994; Zukin, 1995; Sassen, 1996; Helbrecht, 2001), sondern auch in den Regierungsprogrammen vieler Städte und Staaten festgehalten wird. Das heisst in Städten und Regionen, die eine grosse Nachfrage nach qualifizierten Arbeitskräften haben, wie dies zum Beispiel in Zürich seit Jahren der Fall ist, müsste der Faktor Kultur und städtisches Leben von den Unternehmen einen hohen Rang zugewiesen bekommen. Erklärbar ist dies damit, dass nicht die Unternehmen selber nach dem attraktiven urbanen Setting nachfragen, sondern die MitarbeiterInnen. Die Unternehmen wiederum bewerten die Anwesenheit von hochqualifizierten Arbeitskräften als wichtigsten Faktor.

4.3 Fazit

Unter dem Begriff der Kulturalisierung der Ökonomie wurden verschiedene Prozesse und Aktivitäten zusammengefasst. In der Konkurrenz der Städte und in der Konkurrenz der Unternehmen hat die Kultur in verschiedenen Ausprägungen eine Scharnierfunktion erhalten, unter anderem die Rolle als Vermittlerin zwischen Angebot und Nachfrage. Die Ausführungen von Klein, Lash und Urry weisen einerseits auf die Genese von

Trends, Moden, neuen Stilen usw. hin, also auf grundlegende gesellschaftliche und wirtschaftliche Innovationsprozesse. Auf der anderen Seite geben sie Aufschluss über die enorme ökonomische Bedeutung, die Jugendkulturen, Design und Werbung in den 1990er Jahren erlangt haben. Eine der treibenden Kräfte in diesen Prozessen ist der Wettbewerb. Bei den Unternehmen ist es der Kampf um die Absatzmärkte, welcher Werbebudgets in die Höhe schnellen und das Sponsoring von Kultur sowie das Design von Produkten bedeutender werden liess. Bei den Stadtregierungen ist es die Konkurrenz um die Ansiedlung von Unternehmen und Investitionen, um hochqualifizierte Arbeitskräfte und um nationale oder internationale Mehrwerte, die von nationalen und übernationalen (z. B. EU) Regierungen vergeben werden, die zu Investitionen in Museen, in auffällige Architektur und in Festivals motivierten. Diese Kulturalisierung der Ökonomie bringt ihrerseits Beschäftigung im Kultursektor und verstärkt dadurch die Ökonomisierung der Kultur.

Als einer der Schlüsselbegriffe in Bezug auf Distinktion und Zugehörigkeit, über die sich Individuen und Gruppen definieren, erweist sich die Coolness. Sobald neuen Moden, Musikstilen, Arten des Designs usw. Coolness zugewiesen wird, haben sie die Voraussetzungen, aus der Avantgarde in die Phase der Vermarktung zu treten und damit Massen- oder Populärkultur zu werden. Culturepreneurs, Kulturdienstleister oder kreative innovative Kleinstunternehmen setzen die neuen coolen Codes und Zeichen in verschiedenste Aktivitäten, Produkte und Dienstleistungen um. Die Brutphase im Produktzyklus beginnt und wird mit der Ausbreitung der Innovation zur Konkurrenzphase übergeführt. Die Kultur ist zum Standortfaktor geworden, der sich einerseits in den kulturellen Angeboten der Städte ausdrückt, andererseits in einem neuen urbanen Lebensgefühl, welches den BewohnerInnen und BesucherInnen der Städte unzählige Möglichkeiten eröffnet sich zu vergnügen.

Die Kultur wurde als Transportmittel für die Verbreitung der Marken benutzt. Aus ursprünglichen Sub- oder Gegenkulturen wie Rock-Musik wurden Mainstreamkulturen, über die sich Produkte und Dienstleistungen sehr gut vermarkten liessen. Das Sponsoring von Kulturveranstaltungen jeder Art steigerte die Präsenz der transnationalen Unternehmen an von Menschenmassen besuchten Anlässen wie Konzerten, Ausstellungen, Technoparties und in den Kinos. Anlässe, die ursprünglich den Status von Underground und Subkultur hatten, wurden als Werbeflächen von Zigaretten-,

Getränke-, Telekommunikations- und anderen Unternehmen entdeckt und zum Teil vereinnahmt (Klaus, 1998). Die weltweiten Sponsoring-Ausgaben der Privatindustrie wuchsen zwischen 1991 und 1999 von 7 auf 19,2 Milliarden US-Dollar an (Klein, 2001, 53). „Der Effekt der neuen Markenpolitik, wenn auch nicht immer ihre ursprüngliche Absicht, besteht darin, die als Gastgeber fungierende Kultur in den Hintergrund zu drängen und die Marke selbst zum Star zu machen. Es geht nicht mehr darum, Kultur zu sponsern, sondern Kultur zu sein" (Klein, 2001, 49).

Die Kultur in ihren vielfältigen Ausprägungen ist ein wichtiger Standortfaktor geworden. Attraktive urbane Settings, bestehend aus den kulturellen Angeboten, Freizeitmöglichkeiten und coolen Quartieren (vgl. Kapitel 5), ziehen hochqualifizierte Arbeitskräfte an. Es wurde festgestellt, dass zwischen der Anwesenheit von Bohemiens und Beschäftigten im High-Tech-Bereich eine Korrelation besteht (Florida, 2002a). Bohemiens und kreative innovative Kleinstunternehmen sind Teil des urbanen Settings und wesentlich an dessen inhaltlicher und gestalterischer Ausformung beteiligt. Der wichtigste aller Standortfaktoren für Unternehmen ist gemäss mehreren Benchmarkingstudien das Vorhandensein von qualifizierten Arbeitskräften (vgl. Zürcher Kantonalbank, 2001a). Damit stellt sich für Unternehmen und Städte die Frage, wie sie qualifizierte Arbeitskräfte anziehen und/oder am Standort halten können. Dadurch ergibt sich bei den emanzipatorischen Ansätzen der Regionalwissenschaften in der Erforschung regionaler Standortprofile oder komparativer Vorteile eine Erweiterung der Faktordiskussion. Durch die grosse Bedeutung des Standortfaktors qualifizierte Arbeitskräfte stellt sich die Frage, unter welche Voraussetzungen dieser Standortfaktor zufriedengestellt werden kann. Zu diesen Voraussetzungen gehört das Urbane Setting, die Einrichtungen und Faktoren, die die Lebensqualität für die qualifizierten Arbeitskräfte in bestimmten Städten besser als in anderen scheinen lassen und die Kreativität, Innovationsbereitschaft oder -fähigkeit verbessern. Bei der Produktion von Urbanen Settings kann unterschieden werden in top-down und bottom-up Strategien und Entwicklungen (Klaus, 2004b), die sich ergänzen können oder in Hoggetts Worten: „Die Kultur einer Stadt ist auch der Ausdruck der Kreativität ihrer Bevölkerung. Das heisst, dass die Leute selber Kultur produzieren, weit entfernt von der Idee, dass Kultur etwas ist, das andere machen. Die Kultur ist nicht primär ein Ergebnis von Anstrengungen seitens der Regierung oder von Bemühungen kommerzieller Art, sondern der manifeste Ausdruck seiner Zivilgesellschaft" (Hoggett, 1999, 389).

Kapitel 5

Kulturelle Innovation und Stadtentwicklung

Die Bedingungen für die kulturelle Innovation liegen im Städtischen, in spezifischen Orten und Quartieren, wo Zeichen entstehen und neue Codes geschaffen werden. 1999 erschien in *The Economist* unter dem Titel *Geography of Cool* eine Reihe von Artikeln über coole Städte. Fünf von ihnen, Amsterdam, London, Paris, New York und Tokyo, wurden darin auf ihre Coolness hin überprüft. Die *Überprüfung* umfasste weniger die Bestückung mit und die Qualität von Theatern, Kinos, Shoppingmöglichkeiten usw., dafür umso mehr die Stadtteile, welche besonders cool sein sollen für den Ausgang, für TouristInnen, für den Einkauf und zum Wohnen. Nachdem Kleidung, Accessoires, Labels, Musikstile und alle Arten von Produkten mit der Bezeichnung cool Distinktion und Zugehörigkeiten signalisieren, sind es nun auch Quartiere oder Stadtteile, die sich durch Coolness auszeichnen. Ausschlaggebend für die Bezeichnung *Cooles Quartier* sind die Anwesenheit von Restaurants, Bars, Konzertspielorten, auch Buch- und anderen Läden. Die von Florida und anderen AutorInnen festgestellte Korrelation der Anwesenheit von Bohemiens und Hightech-Industrie (vgl. Kapitel 4.2) scheint im Zeitalter der Coolness nicht nur für die qualifizierten Arbeitskräfte der Hightech-Industrie zu gelten, sondern generell für Menschen, die auf der Suche sind nach Orten, die cool, in und trendy sind, wo ein Elixier von Lebensgeschichten und Avantgarde auf das Entdecktwerden wartet.

Das kulturelle Leben ist zu einem entscheidenden Teil der Lebensqualität in den Städten des Weltmarktes geworden (Zukin, 1995; Sassen, 1996; Hoggett, 1999). Es wird von den EinwohnerInnen und TouristInnen nachgefragt, weil es heute das Selbstverständnis vieler StadtbewohnerInnen bestimmt. Viele Städte Europas und Nordamerikas, die ab 1960 Bevölkerungsverluste verzeichneten, gewannen in den 1990er Jahren wieder EinwohnerInnen. Mit Beginn der 1990er Jahre hat ein Trend der Reurbanisierung stattgefunden. Nicht nur das Umland der Städte wuchs, sondern auch die Kernstädte selber. London gewann ab 1991 wieder EinwohnerInnen und wuchs von 6,9 Mio. auf 7,4 Mio. im Jahre 2000, New York von 7,3 auf 8 Mio., Hamburg von 1,65 Mio. auf 1,72 Mio. Auch die Bevölkerung der Stadt Zürich nahm seit 1991 wieder von 356'000 auf 361'000 EinwohnerInnen zu. Ein beträchtlicher Teil der Bevölkerungsgewinne sind der internationalen und interregionalen Migration zuzuschreiben. Dies betrifft aber nicht nur einkommensschwache und unqualifizierte, sondern auch qualifizierte und hochqualifizierte Arbeitskräfte, die in transnationalen Unternehmen und in den unternehmensorientierten Dienstleistungen beschäftigt sind. Die Städte werden wieder als lebenswert empfunden und eine wachsende Zahl von gut qualifizierten Arbeitskräften fragt nach Wohnungen im mittleren und oberen Preissegment nach. In den Städten hat sich eine neue Ausgeh- und Freizeitkultur breit gemacht, die auf weite Teile der Bevölkerung eine beträchtliche Anziehungskraft ausübt. Dies zeigt zum Beispiel die Untersuchung von Helbrecht über die Standortwahl von kreativen Dienstleistern in den Städten München (Deutschland) und Vancouver (Kanada): „Man muss da sein, wo ich glaube, dass ich eben am produktivsten bin", und „Ich muss wirklich da sein, wo es passiert. Also wo ich das Gefühl hab, ich kann aufspringen und kann alles machen hier" (Helbrecht, 2001, 218). Die kreativen Dienstleister aus der Werbe- und Designbranche geben als wichtigsten Faktor der Standortwahl an: „sich wohlfühlen". Die Reurbanisierung ist deshalb nicht allein ein quantitativer Prozess, sondern ganz wesentlich ein qualitativer, der Urbanität als neuen, positiv besetzten Wert hervorgebracht hat. Nicht zuletzt die heute häufig benutzten Begriffe *urban* und *Urbanität* zeugen von diesem Wandel, der als *urbanity* auch im englischsprachigen Raum Einzug gehalten hat (vgl. z. B. Latham, 2003).

5.1 Zeichenproduktion in Quartieren

Coole Stadtteile sind zu Beginn fast immer Stadtteile mit hohen Anteilen an einkommensschwacher Bevölkerung. Das bedeutet in den meisten Städten auch hohe Anteile an MigrantInnen – oder wie im Economist über *London*

Cool zu lesen war: „Um zu beginnen, muss ein Gebiet relativ heruntergekommen und arm sein", und „Für echte Bohemia braucht es auch Immigranten. Diese sind wesentlich für die kulturelle Vielfalt und als Herausforderung für die selbstzufriedene Monokultur der englischen Einwohner (in London z. B. Notting Hill und Brixton)." Die Tatsache, dass in diesen Stadtteilen die Wohnungsmieten tief sind, bringt es mit sich, dass junge KünstlerInnen und StudentInnen sich darin niederlassen. Ausserdem sind diese Stadtteile geprägt von einer grossen gegenseitigen Toleranz (Klaus und Wolff, 2002) unter den BewohnerInnen dieser Quartiere. Es sind nicht nur die KünstlerInnen, Studierenden und Bohemiens, die Kultur in den Stadtteilen erschaffen, sondern eben all jene, die neue Moden, Stile und Coolness kreieren. Gerade die Musikszene zeichnet sich durch vielfältige Einflüsse und kulturelle Durchmischungen aus. Die genannten Stadtteile sind Orte, wo KünstlerInnen, StudentInnen und Avantgarde Gleichgesinnte vorfinden, subkulturelle Gruppen zusammentreffen und ein Netz städtischen Lebens bilden. Park hat bereits 1915 die Stadtteile mit ihrer besonderen Zusammensetzung von Menschen beschrieben und die Rolle von Subkultur und Bohemia in der sozialen und räumlichen Struktur von Städten hervorgehoben: Die Grossstadt biete Nischen für exzentrische Lebensstile und alternative Kulturen, Orte an denen subkulturelle Gruppen Identität fänden und in ein breites Schema des Stadtlebens eingebettet würden. Die Toleranz in den Quartieren ist eine wichtige Voraussetzung für Innovation und Kreativität. Gegenkultur oder Subkultur können sich hier am besten entfalten. Die Stadteile werden zu Laboratorien und Freiräumen, wo neue Lebensstile ausprobiert werden, wo neue Codes und Zeichen entwickelt werden, Stile und Geschmäcker neue Definitionen erhalten.

Die Beziehung zwischen Sub- und Gegenkulturen, kultureller Innovation und den benachteiligten Stadtquartieren sind sehr eng. Definitionen von Subkultur knüpfen denn auch oft an städtischen Räumen an: „Subkulturelle Gruppen grenzen sich von anderen ab und schaffen gleichzeitig untereinander eine Identität, indem sie sich Räume aneignen, visuell und aural repräsentieren und selektiv symbolisch untereinander agieren" (Thornton, 1997, 7). Subkulturen zeichnen sich durch gemeinsame Probleme, Interessen oder Praktiken aus, welche sie wesentlich von anderen Gruppen unterscheiden, was ihnen auch die Rolle als VertreterInnen oppositioneller Werte zuweist. Subkulturen werden aber auch mit niedrigem sozialem Status verbunden, welcher durch die Zugehörigkeit zu einer Ethnie, Klasse,

Altersgruppe oder einem Stadtviertel hervorgerufen wird. Die Auseinandersetzungen um Stadträume sind zentrale Inhalte von Subkulturen, wobei es unter anderem um die Aneignung der Räume für die eigene Strassenkultur geht und darüber hinaus um Orte, wo die eigene Kultur selbstorganisiert und unabhängig von ökonomischen Zwängen gelebt werden kann (Thornton, 1997, 2). Das Bedürfnis subkultureller Gruppen, sich über Distinktion und Identität zu definieren, bringt neue kulturelle Formen in den verschiedensten Bereichen hervor, die wiederum mit den Stadtteilen gewisser Städte verbunden sind, in der Musik zum Beispiel *Hip Hop* und die Bronx in New York, *Punk* und Chelsea in London, *Beat* und Mersey in Liverpool. Subkultur äussert sich in der Musik mit neuen Stilen und Texten, die die Ansichten oder Werte der Subkulturen verdeutlichen, in einer dazugehörigen Kleidung und in den Lokalen und Räumen, wo sich die Subkulturen bewegen und treffen. Coolness und Subkultur sind Begriffspaare, die in den 1990er Jahren zusammengekommen sind und in dieser Mischung einen weltweiten Erfolg erzielten. Die Coolness der Subkulturen wurde mit den Accessoires der Jugendkulturen über die Werbung und den Musiksender MTV global verbreitet. Der Geruch von Abenteuer, das Gefühl von Risiko und Freiheit scheinen verheissungsvoll aus den Musikvideos und Filmen, welche in den benachteiligten Quartieren der Grossstädte spielen.

Subkultur

Bezeichnung für die Lebensform eines Personenkreises oder Bevölkerungsteils mit bestimmten Auffassungen, Werten, Normen, ... die von jenen der jeweiligen Mehrheitskultur oder dominanten Kultur erheblich und ggf. in konfliktträchtiger Weise abweichen ... (Vgl. Hillmann, 1994, 850)

Für junge Künstler und Künstlerinnen ist es essentiell in Städten zu leben. Städte bieten Ausbildungs- und Verdienstmöglichkeiten, die die Grundlagen ihrer Karriere bilden. Restaurants im mittleren und oberen Preissegment stellen gerne Studierende der Künste ein, da sie im Unterschied zu MigrantInnen keine Sprachbarrieren zur Kundschaft haben, dafür oft angepasste Umgangsformen. Für die Kundschaft sind sie zum Teil sogar interessante GesprächspartnerInnen, wie Zukin (1995, 154) schreibt. Unterschiedliche

Konzentrationen von KünstlerInnen gibt es aber nicht nur im Vergleich zwischen den Städten, wie Florida (2002) dies beschreibt, sondern auch innerhalb der Städte in den verschiedenen Stadtteilen. Dies wurde schon vielfach beschrieben (Mumford, 1961; Kearns and Philo, 1993).

5.2 Culturepreneurs und die coolen Stadtteile

Die Ökonomie der Zeichen, welche aus der kulturellen Produktion in verschiedensten Bereichen schöpft, ist stark mit den kreativen Kräften in den beschriebenen Stadtteilen verknüpft. Die Stadtteile mit hohen Anteilen einkommensschwacher Bevölkerung und MigrantInnen erfüllen eine wichtige Funktion in der Ökonomie der Zeichen, indem ihre BewohnerInnen, insbesondere Jugendliche und Subkulturen, immer wieder neue Zeichen produzieren, neue Codes entwickeln, die von Jugendkulturen aufgegriffen werden und dann in die Produktion von Gütern und Dienstleistungen einfliessen. Die Zeichen aus den Stadtteilen gelangen wie von Klein (2001) beschrieben durch Coolness-Jäger von den Subkulturen in die Vemarktungsstrategien transnationaler Unternehmen oder finden über andere Kanäle ihren Weg in den Mainstream. Zu diesen Kanälen zählt das Kulturproduktionssystem an sich, welches seinen Anfang bei der kulturellen Innovation hat, bei den KünstlerInnen und bei den kreativen innovativen Kleinstunternehmen.

In Kapitel 3.4 wurde bereits auf die Bedeutung der kreativen innovativen Kleinstunternehmen (KIK) als „massgebende Kraft für künstlerische Innovationen" (Krätke, 2002, 84) und damit die Zeichenproduktion und -verwertung hingewiesen. KIK sind nicht nur in ein komplexes und flexibles Produktionssystem eingebunden, sondern auch in ein Netz lokaler sozialer Beziehungen. Sie bilden dadurch eigene Formen kultureller Cluster über die Grenzen der Produkte hinweg. Die räumlichen Strategien der KIK richten sich nach den Stadtteilen mit zahlbaren Mieten. Genauso wichtig wie diese Viertel sind die brachliegenden Industrieareale, welche nicht nur günstige Mieten, sondern auch für die vielfältigsten Gewerbe oder Kulturproduktionen geeignete Arbeitsräume bieten. In solchen Industriearealen haben sich seit den 1980er Jahren kulturelle Cluster gebildet, die eine Vielzahl von Tätigkeiten in räumlicher Nähe zusammenbringen. Die durch den Strukturwandel der 1970er und 1980er Jahre leer gewordenen ehemaligen Industrieareale grenzen in vielen Städten unmittelbar an die Stadtteile mit einkommensschwacher Bevölkerung, da diese Quartiere früher als Wohnviertel der Arbeiter und Arbeiterinnen in der Nähe der Fabriken erstellt wurden.

Die Eroberung der brachliegenden Industrieareale war über längere Zeit mit städtischen sozialen Bewegungen und Subkultur verbunden. Die ehemals verbotenen Zonen der Fabrikareale wurden von den BesitzerInnen nicht einfach den KIK überlassen, sondern waren zunächst für andere Interessen, insbesondere als Büroimmobilien vorgesehen. Viele Fabriken wurden besetzt. Die illegale Aneignung dieser Räume war Teil einer Subkultur, die sich gegen Spekulation, Diskriminierung, Ausbeutung usw. und für Räume für alternative Kultur einsetzte. Viele Kulturfabriken sind aus dieser Bewegung hervorgegangen (Klaus, 1995). Die Nachfrage nach Büroflächen war in vielen Städten kleiner als von den Fabrikarealbesitzern gewünscht. Damit eröffnete sich die Möglichkeit der sogenannten Zwischennutzungen. KIK konnten zu günstigen Konditionen, d.h. billigen Mieten, in die Industrieräumlichkeiten einziehen, allerdings auf Zeit. Ebenfalls begehrt waren die grossen Hallen der Fabriken von den PartyveranstalterInnen der eben aufkeimenden Technobewegung. Was zunächst *Sauvages*, also wilde illegale Parties waren, wurde zunehmend professionalisiert und erfreute sich einer rasch steigenden Nachfrage. Diese Parties sind seit mehreren Jahren fester Bestandteil des Nachtlebens, der Ausgehkultur und der Kulturökonomie in den Städten (Klaus, 1996).

Die Industrieareale haben oft den Nimbus der Subkultur behalten, obwohl die Aktivitäten längst legal und kommerziell geworden sind. Vielerorts wurde der Anstrich der Subkultur bewusst aufrecht erhalten und inszeniert. Lange und Steets (2002) zeigen am Beispiel Frankfurts die Verortung von Szenen und die Raumkonstitutionsprozesse eines Culturepreneur-Paares im Osten Frankfurts. Mit der Standortwahl zwischen Fabrik- und Lagergebäuden, Leichenhalle und Caritas-Kantine für Obdachlose „kokettieren und flirten (sie) mit der Existenz des sozialen Randes, dessen Vorhandensein als Vorlage zur eigenen Ab- und Begrenzung verwendet wird" (Lange und Steets, 2002, 221). Diese Culturepreneurs vestehen sich als Ideenentwickler und -umsetzer für Wohn-, Büro-, Ausstellungs- und Clubinterieurs, definieren sich aber nicht als MöbelproduzentInnen, sondern „liefern Konzepte, Gegenstände für den Wohngebrauch, deren Besitz als Zeichen der Zugehörigkeit zu den informellen Netzwerken spezifischer Szenen zu verstehen ist" (Lange und Steets, 2002, 221). Die Industrieareale im Frankfurter Osten zeichnen sich dadurch aus, dass sie sich weder als Underground noch als Mainstream kategorisieren lassen: „Die Betreiber und Bespieler der Orte haben einen Reflexionsgrad erreicht, der es ihnen ermöglicht, Verortungstaktiken anzuwenden, die mit den gesellschaftlichen Utopien, den Gegenentwürfen, kulturell und ökonomisch arbeiten und spielen" (Lange und Steets, 2002, 224). Andere Unternehmen arbeiten noch bewusster mit dem Nimbus der Subkultur, wobei sie selber aus der Subkultur der 1980er Jahre (z. B. Break-dance, Graffiti) stammen und nun ihr langjährig erworbenes kulturelles Kapital professionell umsetzen. Dies kann von der Gestaltung von Flyern, Plakaten oder Zeitschriften bis hin zur Imageberatung von Firmen reichen, die über Symbole und Motive bestimmte Käufergruppen ansprechen sollen. Zu diesen Käufergruppen zählen hochspezialisierte PartygängerInnen, sub-kulturelle Gruppierungen oder Jugendszenen. So zeigt sich, dass gewisse KIK sich als Trendscouts betätigen dank ihrer „Fähigkeit, Zeichen, Symbole und Räume dieser Gruppierungen lesen und verstehen zu können" (Lange und Steets, 2002, 227). Solche Unternehmen sind für die Werbebranche von gros-sem Interesse, weil sie das schwierige Aufspüren von Trends in Szenen über-nehmen. Diese Transferleistungen wurden im Kapitel über die Kulturalisie-rung der Ökonomie in Anlehnung an die Arbeiten von Klein (2001) bereits beschrieben. Die ehemaligen Industrieareale, Hafenanlagen usw. sind damit zusammen mit den Arbeitervierteln ein weiterer Teil eines urbanen Settings, welches von all jenen kreativen Kräften mitgestaltet wird, welche neue Kul-turströmungen, neue Moden, neue Trends und damit neue Zeichen setzen. Bei diesem urbanen Setting geht es um Orte, wo neue Musikstile entwickelt werden, wo Bars und Restaurants mit neuartigem Design des Interieurs ent-stehen, wo besondere Formen von Parties stattfinden, wo die Läden ein ganz bestimmtes Sortiment von Waren führen usw. Viele dieser Stadtteile unter-liegen strukturellen und sozialen Prozessen, bei denen sie verschiedene Phasen durchlaufen als Stadtteile, welche vor allem von armen Bevölke-rungsschichten geprägt sind, über In-Quartiere, hin zu coolen und dann zu sogenannten gentrifizierten Stadtteilen.

5.3 Gentrification

Gentrification ist ein Stadtentwicklungsprozess, über den in den vergangenen vierzig Jahren sehr viel geforscht wurde. Die Art der Beschreibung der Pro-zesse geht auf die Chicago Schule der Sozialökologen Robert Park, Louis

Wirth usw. zurück. Der Ausdruck der Gentrification wurde zum ersten Mal von der Soziologin Ruth Glass im Jahre 1964 verwendet, als sie in *Aspects of Change* die Veränderungen in den traditionellen Arbeiterquartieren Londons beschrieb: In einem Quartier nach dem andern zog die Mittelklasse ein. Die bescheidenen bis schäbigen Arbeiterhäuschen wurden renoviert und zu eleganten Wohnhäusern. Die Bodenpreise und Mietzinse stiegen, worauf es für die Arbeiterfamilien nicht mehr möglich war, in den Quartieren zu bleiben. Immer mehr Mittelklassehaushalte zogen zu und der ganze Charakter des Quartiers veränderte sich. Diese Beschreibung kann bis heute auch als Definition von Gentrification verwendet werden. In der deutschen Sprache gibt es keine eigentliche Übersetzung für Gentrification. In der Fachliteratur wird meist der englische Terminus verwendet.

Die traditionellen Arbeiterviertel sind seit dem Abzug der Industrien geprägt von Arbeitslosigkeit, einkommensschwacher Bevölkerung, unqualifizierten Arbeitskräften und hohen Anteilen MigrantInnen. Im Gentrification-Prozess kommt der Bohemia, den KünstlerInnen, eine besondere Rolle zu. Sie sind diejenigen, die als erste in diese Stadtteile ziehen, was mit günstigem Wohnraum zu tun hat, aber auch mit toleranter Atmosphäre, Internationalität und sich bildenden Netzwerken und Projekten. Die Anwesenheit von KünstlerInnen setzt das Quartier auf den Weg zur Gentrification: „Oft drückt deren Anwesenheit den Stempel kultureller Innovation auf ein *heisses* Gebiet, so dass Restaurants, Galerien und Immobilienhändler aktiv werden" (Zukin, 1995, 284). Die Stadtteile werden trendy. Das Gefühl der Sicherheit nimmt zu, die öffentliche Hand beginnt längst nötige Infrastrukturmassnahmen umzusetzen, die ersten Liegenschaften werden aufgekauft, renoviert und zu einem höheren Preis weiterverkauft oder vermietet. „Das Ziel vieler Erneuerungsstrategien ist es, die Gebiete so aufzuwerten, dass die Bodenpreise steigen und Nutzungen mit günstigen Mieten vertrieben werden" (Zukin, 1995, 284). Die Stadtteile werden zu attraktiven Wohnorten für WerberInnen, Medienschaffende, ArchitektInnen usw., die gerne inmitten des Geschehens leben (vgl. Helbrecht, 2002). Es setzt eine regelrechte Verdrängung ein, die zum Teil von der öffentlichen Hand durch Aufwertungsstrategien mitgetragen wird. Eine Folge dieses Prozesses ist auch, dass die Mieten für die meisten KünstlerInnen selber nicht mehr erschwinglich sind und diese ebenfalls wegziehen müssen, wodurch kreative Potenziale verloren gehen. In grossen Städten wie London und New York ziehen die kreativen Kräfte in andere geeignete, arme Stadtviertel um. In kleineren Städten besteht die Gefahr, dass das kreative Potenzial stark beschnitten wird und versiegt, weil es keine Ausweichmöglichkeiten in andere Quartiere gibt.

Ein neuer Aspekt in diesen Prozessen sind die Allokationsstrategien von transnationalen Kulturunternehmen, wie sie Bader (2004) beschreibt. Global tätige Kulturunternehmen suchen sich neue Standorte in Stadtvierteln, die von subkulturellen Artikulationen insbesondere der Musikszene geprägt sind. Dies gilt vor allem für Berlin, welches eine gewisse Tradition eigenständiger und unabhängiger Entwicklungen der Musikszene aus den 1980er Jahren mit internationaler Ausstrahlung mit Gruppen wie *Einstürzende Neubauten, Ideal, Nina Hagen Band* kennt. 2002 verlegte Universal Deutschland seinen Sitz von Hamburg nach Berlin-Friederichshain an das Ufer der Spree, wo die Stadtbehörden die Wasserfront-Entwicklung zum kulturellen Cluster mit dem Namen *Media-Spree* seit Jahren voranzutreiben versuchen. Es wird erwartet, dass weitere transnationale Unternehmen ihre Deutschlandsitze in die Media-Spree verlegen werden, so zum Beispiel MTV Deutschland (Bader, 2004, 73). Diese Allokationsstrategien zeigen im Prinzip die gleiche Logik, wie sie für einen Teil der KIK und die Werbestrategien vieler transnationaler Unternehmen gelten: das Aufspüren, Umsetzen und Verkaufen von Zeichen der Coolness und neuester Trends.

5.4 Kulturelle Cluster als Stadtentwicklungsstrategie

Åke Andersson (1999, 386) nennt unter den wichtigsten Charakteristiken, die kreative Städte auszeichnen, „attraktive und zugängliche Treffpunkte". Wenn wir davon ausgehen, dass kreative Städte auch innovativen Milieus gegenüber offen sind, können wir das Konzept der GREMI beiziehen: „Das Konzept des Milieus zielt auf einen raumgebundenen Komplex, der mit dem Technologie- und Marktumfeld nach aussen offen ist und Know-how, Regeln, Normen und Werte sowie ein Kapital an sozialen Beziehungen integriert und beherrscht." Dies gilt auch für die Kulturökonomie und die kulturelle Produktion. Die Innovationstätigkeiten sind nicht überall gleich. Unterschiedliche Cluster ergeben unterschiedliche Produkte und Grundlagen für die lokale Ökonomie. „*Das Paradigma des Territoire* berücksichtigt diese Unterschiede und zeigt, dass das *Territoire* als Organisation die Ressourcen (Know-how, Kompetenzen, Kapital) generieren kann, die für die Innovation notwenig sind. Know-how entsteht als spezifische Ressource in bestimmten Räumen" (Crevoisier, 2001, 249). Die Rahmenbedingungen für die Entstehung von kreativen Milieus in der Kulturproduktion und der Ökonomie der Zeichen variieren von Stadt zu Stadt oder von Region zu Region.

Kulturelle Cluster haben heute verschiedene Bedeutungen, da sie Teil städtischer Aufwertungsstrategien sein können, Teil von Beschäftigungspolitiken oder Teil von Imagestrategien im Sinne der symbolischen Ökonomie. Ausserdem gibt es Cluster von KIK, die nicht Teil von Strategien lokaler oder regionaler Behörden sind. Für die Förderung der Kulturökonomie bei gleichzeitiger Imageproduktion stehen Beispiele wie das *Museumsquartier* (MuQua) in Wien, *Temple Bar* in Dublin, aber auch das bereits erwähnte Entwicklungsgebiet *Media-Spree* in Berlin oder die *Westergasfabriek* in Amsterdam. Aufwertungsstrategien haben unterschiedliche Hintergründe. Je nach Stadtregierung reichen sie vom Abwenden der Verslummung bis hin zur sozialpolitisch verstandenen Intervention. Sogenannt benachteiligte Stadtquartiere, Problemquartiere oder Stadtteile mit besonderem Erneuerungsbedarf, wie sie zum Beispiel in Nordrhein-Westfalen genannt werden, sind Ziel von Interventionen im Bereich des öffentlichen Raumes wie Verkehrsmassnahmen, Wohnumfeldverbesserungen, sozio-kultureller Infrastruktur oder polizeilicher Massnahmen für die Sicherheit. Die BewohnerInnen dieser Stadtteile haben berechtigten Anspruch auf die genannten Interventionen und somit auf eine Verbesserung der Lebensqualität. Aufwertungen von Stadtteilen bringen allerdings auch einen Mehrwert für die Liegenschaftenbesitzer, wodurch Gentrification-Prozesse ausgelöst werden.

Immer mehr zielen städtische Strategien darauf ab, benachteiligte Stadtteile mit Kultureinrichtungen aufzuwerten (Bianchini and Parkinson, 1997): Kulturmeilen, *Funcities* usw. Museen scheinen sich hierfür besonders gut zu eignen (van Aalst and Boogaarts, 2002). Sie ziehen Galerien, Restaurants und Bars, sowie Büronutzungen an. In den vergangenen Jahren haben etliche Städte ganze Cluster von Museen in bestimmten Gebieten aufgebaut: die *Museumsinsel* in Berlin, das bereits erwähnte *Museumsquartier* in Wien und der *Museumplein* in Amsterdam. In Zürich ist in den vergangenen Jahren die *Kulturmeile* im Kreis 5 entstanden. Im traditionellen Arbeiterviertel wurden das *Migros-Museum*, das Schauspielhaus, die *Kunsthalle* und diverse Galerien angesiedelt. Schon länger ansässig ist das Museum für Gestaltung. In Paris hat das *Centre Pompidou* Ende 1970er Jahre und in London das im

Jahre 2000 eröffnete Museum *Tate Modern* in Southwark zu Gentrification-Prozessen geführt (Hamnett, 2003). Gleichzeitig tragen diese Aufwertungsstrategien dazu bei in der Konkurrenz der Städte zu bestehen.

Die Kulturstrategie als Aufwertungsmassnahme und Imagebildung für die Konkurrenz der Städte hat besonders dann negative Auswirkungen, wenn im gleichen Atemzug andere Politikbereiche vernachlässigt werden. In Birmingham wurden zum Beispiel von 1986 bis 1992 380 Millionen Pfund in Prestigebauten investiert, im Gegenzug aber 123 Millionen Pfund weniger in den Wohnungsbau (Griffiths, 1998, 55). Ebenfalls Kritik an Aufwertungsstrategien durch Kulturinstitutionen üben Hansen et al. (2001, 866): „Was auf den ersten Blick als uneingeschränkt positives Ziel erscheint – die Creative City – wird bei genauerem Hinsehen eine zwiespältige ideologische Rauchschwade, welche die sozialen Kosten, die mit der zwangsläufigen Adaption an die Erfordernisse der neuen flexiblen globalisierten Ökonomie verbunden ist, inklusive reduzierte Transparenz in der Urban Governance, sozialer und geographischer Polarisierung und grossmassstäblichen Veränderungen in der urbanen Landschaft und beträchtlichen Verdrängungen. Es ist kein Akt von Kreativität, diese zu ignorieren."

Shaw (2003) beschreibt Strategien, die den Erhalt von Orten der Subkultur bewahren wollen im Sinne der *Preservation of Cultural Heritage*, der Wahrung des kulturellen Erbes, was in der Schweiz unter den Begriff des Denkmal- oder Heimatschutzes fallen würde. Die von Shaw untersuchten Beispiele, die Innenstadt Amsterdams, das *Esplanade Hotel* im St. Kilda-Quartier in Melbourne (Australien) und das *Tacheles* in Berlin, zeigen, dass die jeweiligen Stadtregierungen bestrebt sind, durch die Bewahrung dieser Orte der subkulturellen Produktion auch die kulturelle Innovation zu erhalten, die ein Teil des Images und der Imageproduktion für die Städte sind. Damit verbunden ist die Hoffnung, die Kulturökonomie weiter mit neuen kulturellen Entwicklungen zu speisen. Die Diskussion bei diesen Versuchen dreht sich um folgende Fragen: „Wenn den Stimmen am Rande (der Gesellschaft, Anm. des Autors) durch die dominante Kultur Werte gegeben werden, sind sie dann noch marginal?", und „Wenn sie Forderungen stellen, die erfüllt werden, sind sie dann noch marginal?" Diese Fragen seien zwar wichtig, so Shaw (2003, 25), zugleich sei aber der nicht-ökonomische Wert dieser Orte, die ohne städtische Interventionen den Investitionen von Immobiliengesellschaften hätten weichen müssen, als Bereicherung der städtischen Kultur der Vielfalt und Unterschiede zu verstehen.

5.5 Fazit

In den flexibilisierten städtischen Produktionssystemen sind neue wirtschaftliche Tätigkeiten entstanden, insbesondere Beratungsdienstleistungen aller Art und vielfältige Aktivitäten in der Kulturökonomie. Zusammen bilden sie ein Konglomerat von Wertschöpfungsketten, dessen räumlicher Niederschlag ebenso komplex wie dynamisch ist. Entwicklungsgebiete, Industriebrachen und Büroleerstände sind nicht nur Zeichen des Strukturwandels, sondern sind Bestandteil neuer Herausforderungen für Stadtentwicklung, -planung und -qualität (Klaus, 2000). Die erwähnten Gebiete eröffnen neue Möglichkeiten der Nutzung von Räumen oder ganzer Stadtteile und sind für die Entwicklung der Kulturökonomie eine wichtige Voraussetzung. Die Geographie der städtischen Kreativität ist einerseits von der Konkurrenz der Unternehmen und Standortregionen um Marktanteile und Diffusion der Produkte gekennzeichnet, andererseits von den Prozessen der Kulturproduktion innerhalb der Städte. Kulturproduktion und Stadtentwicklung sind eng miteinander verbundene Bereiche und Manifestationen der Transformation der Ökonomie. Denn die Ökonomisierung der Kultur greift durch Festivalisierung, Museumsbauten und den Kultursektor als Wachstumsbranche auf verschiedenste städtische Räume zu. Die Kulturalisierung der Ökonomie bringt neue Anforderungen an die Standorte, seien dies die Städte und ihre sozialen, kulturellen und Bildungseinrichtungen oder die Unternehmen in den Städten drin, die eine gute Positionierung in der globalen Konkurrenz sicherstellen wollen. Und schliesslich ist es die Flexibilisierung der Produktionssysteme, welche durch die Splittung von Wertschöpfungsketten auf eine Vielzahl von Unternehmen neue Raumansprüche stellt. Bei diesen Stadtentwicklungsprozessen geht es aber nicht nur um die Standorte von Kulturproduktionsstätten wie Theatergebäude, Konzertsäle, Ateliers oder Tonstudios, sondern auch um die Städte als Bühnen, um die Quartiere als Lebensraum und Experimentierfeld, um das Urbane als Lebensgefühl und als Erlebnisraum.

Die emanzipatorischen Konzepte der Regionalwissenschaften betonen die Bedeutung der Innovation für die wirtschaftlich erfolgreiche Entwicklung von Regionen und Städten. Florida (1995) hat die positiven Korrelationen von Bohemia und Hightech-Industrie aufgezeigt und Helbrecht (2001) die Bedeutung der Anwesenheit von Kulturdienstleistern in den Städten. Gemäss dem International Benchmarking Club ist das Vorhandensein von hochqualifizierten Arbeitskräften der mit Abstand wichtigste Standortfaktor geworden (Zürcher Kantonalbank, 2001a). Dieser Befund beinhaltet einen wichtigen Wandel für die Einschätzung der städtischen Qualitäten, indem die Unternehmen sich in ihrer Standortwahl wesentlich nach den hoqualifizierten Arbeitskräften richten. Zusammen mit lokalen und regionalen Regierungen und Behörden sind sie darum besorgt, dass sich die hochqualifizierten Arbeitskräfte in der eigenen Stadt niederlassen. Hier setzt die Bedeutung von urbanen Settings als vielfältige Strategie in der Umsetzung von Faktoren ein, die die Städte attraktiv machen, da die Ansprüche der hochqualifizierten Arbeitskräfte sich nicht nur am Wohnraum, sondern an den schon vielfach erwähnten Möglichkeiten, die Freizeit zu verbringen und sich wohl zu fühlen, orientieren.

Urbane Settings sind nicht nur eine Bühne, sondern auch ein Werkzeug, das Einstellungen am Lebensgefühl und der Ausstattung der Städte erlaubt. Je nach Stadt und Potenzial können die entsprechenden Einstellungen vorgenommen werden und Regenerationsprozesse in alten Industriearealen, Kulturcluster, Eyecatcher, Festivals usw. realisiert werden. Es kann unterschieden werden in urbane Settings von unten, welche sich aus Subkultur, Eigeninitiative, Selbsthilfe, sozialen Experimenten entwickeln und oft Pionierfunktion haben. Auf der anderen Seite gibt es die urbanen Settings von oben, die Interventionen, Massnahmen und Strategien der Stadtregierungen und Unternehmen umfassen.

Die Bildung kultureller Cluster knüpft an den verschiedenen Arbeiten der Regionalwissenschaften an, die die Bildung von Netzwerken, die Nähe des Austauschs von Informationen bis hin zu den lernenden Regionen als erfolgreiche Konzepte beurteilen (vgl. Kapitel 2). Bei den kulturellen Clustern gilt es drei Arten zu unterscheiden:

1. Kulturelle Cluster als Strategien der Imagebildung und der *Aufwertung* (urban regeneration) von Stadtquartieren (z. B. Museumsviertel).
2. Kulturelle Cluster als Wachstums- und Beschäftigungspolitik (z. B. Filmförderung).
3. Coole Stadtteile mit aktiver Subkultur und kreativen innovativen Kleinstunternehmen (KIK).

Die Produktion dieser Cluster kann aktiv betrieben werden, wie dies in einigen Städten geschieht und in diesem Kapitel beschrieben worden ist. Selbst die coolen Stadtteile oder Lokalitäten der Subkultur sind, wie Shaw (2003) aufgezeigt hat, bereits Gegenstand von Förderungen geworden, indem sie in den Städten Amsterdam, Berlin oder Melbourne zum kulturellen Erbe erklärt wurden. Tatsächlich ist es eine Herausforderung für die Städte, Kulturproduktion so zu unterstützen, dass kulturelle Innovation jenseits ökonomischer Verwertungslogik noch möglich ist, nicht zuletzt deshalb, da kulturelle Innovation auch gesellschaftliche Innovation ist. Kulturelle Cluster in den coolen Stadtteilen bilden mit ihrem vielfältigen Know-how und ihrer Kreativität nicht nur ökonomisches Kapital für die Kulturwirtschaft und die Ökonomie der Zeichen, sondern soziales Kapital für die Städte, welches entsprechend sozialräumliches Kapital genannt werden müsste.

Kapitel 6

Zürichs Entwicklung von der Industriestadt zur Finanz- und Partymetropole

Dieses Kapitel gibt einen Überblick über die neueren wirtschaftlichen und kulturellen Entwicklungen in der Stadt Zürich, ergänzt mit einem Einstieg über die Industrialisierung im 19. Jahrhundert. Kapitel 6.1 ist ein wirtschafts-historischer Abriss über die hauptsächlichen wirtschaftlichen Tätigkeiten, die Zürichs Einkommensbasis bildeten, begonnen bei der Seidenindustrie bis hin zu den heutigen Finanzdienstleistungen und der Headquarter-Wirt-schaft. In Kapitel 6.2 werden Zürichs Standortfaktoren und die Stellung der Wirtschaftsregion in der Konkurrenz der Städte aufgezeigt, um dadurch ein Bild davon zu gewinnen, warum der Kultursektor in Zürich einen so wich-tigen Stellenwert bekommen hat. Das Kapitel 6.3 beschäftigt sich mit der Eigendarstellung Zürichs, insbesondere mit der Werbung von Zürich Touris-mus und Standortmarketing. Wie sich die wirtschaftliche Entwicklung in der Stadtentwicklung ablesen lässt, wird in Kapitel 6.4 aufgezeigt. In Kapitel 6.5 wird ein kurzer Überblick über das Kulturgeschehen im 20. Jahrhundert und die Bedeutung der sozialen Bewegung der 1980er Jahre für den kulturellen Aufbruch der Stadt Zürich gegeben sowie die Veränderung im Angebot und den Institutionen in verschiedenen Kulturbereichen beschrieben.

Abbildung 1: Zürichs Stadtkreise und Quartiere

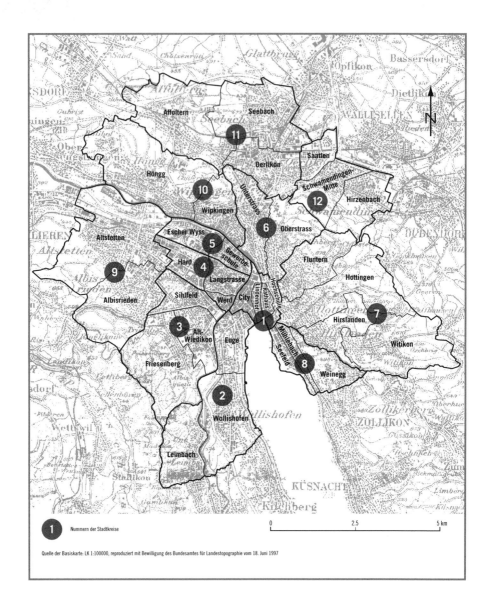

Quelle der Basiskarte: LK 1:100000, reproduziert mit Bewilligung des Bundesamtes für Landestopographie vom 18. Juni 1997

6.1 Von der Industrialisierung zur Headquarter Economy

Zürich ist mit über 360'000 EinwohnerInnen (2003) und rund 340'000 Beschäftigten (2001) die grösste Schweizer Stadt. Mit ihrem international bedeutenden Finanzsektor hat die Zürcher Wirtschaft eine führende Stellung in der Schweiz. Zur Zeit der französischen Revolution war Zürich lediglich die fünftgrösste Stadt in der Schweiz und im Vergleich mit anderen Schweizer Städten wirtschaftlich und politisch relativ unbedeutend. Mit der Industrialisierung änderte sich dies grundlegend. Die Industrialisierung fasste in der Stadt Zürich selber lange nicht Fuss. Die Funktion der Stadt war vorerst vor allem die der Kontrolle (Firmensitze), der Dienstleistungen und des Handels. Aufbauend auf der im Kanton Zürich weit verbreiteten verlagsmässigen Heimarbeit, setzte zu Beginn des 19. Jahrhunderts die industrielle Revolution im Kanton mit besonderer Wucht ein (Bärtschi, 1994). Neben dem Wasser, welches an vielen Flüssen für den Energiebedarf reichlich zur Verfügung stand, waren die zuverlässigen und geschickten Arbeitskräfte die wichtigsten Standortfaktoren für die Industrie. Die Mechanisierung von Arbeitsabläufen durch Innovationen führte in den folgenden Jahrzehnten zum Ersatz von Arbeitskräften, so dass die Beschäftigung in der Baumwollverarbeitung zurückging. 1832 wehrten sich die Fabrikarbeiter von Uster im Zürcher Oberland gegen die Einführung von Webmaschinen und es kam zum einzigen gewalttätigen Maschinensturm der Schweiz. Die Ustermer Fabrik ging dabei in Flammen auf, der Aufstand wurde niedergeschlagen. Bis zum ersten Weltkrieg war die Textilindustrie die führende Branche. Neben der Baumwollverarbeitung war es die Seidenproduktion, die die Industrialisierung des Kantons prägte. 1872 wurde sie zur führenden Industrie und beschäftigte 40'000 Personen im Kanton Zürich, was einem Drittel aller in dieser Branche Beschäftigten in der Schweiz entsprach (Bärtschi, 1994, 141).

Ab 1873 unternahm die Stadt grosse Anstrengungen, um die Industrie in der Stadt und in Aussersihl anzusiedeln. Textilveredelungsbetriebe wurden entlang der Limmat bis zum Escher Wyss-Platz eröffnet sowie in Höngg eine Seidenweberei. 1893 wurde am Ufer des Zürichsees in Wollishofen die Rote Fabrik eröffnet, welche ebenfalls der Seidenverarbeitung diente und seit 1980 ein alternatives Kulturzentrum mit internationaler Ausstrahlung ist. Nach 1870 verlor die Baumwollspinnerei ihre volkswirtschaftliche Vorrangstellung. Die Textilindustrie wurde zunehmend von der

Metall- und der Maschinenindustrie abgelöst. Turbinen, Elektrotechnik, Müllereitechnik, Dampf-, Spinn-, Web-, und Stickmaschinen waren wichtige Exportprodukte und erreichten zeitweise bis zu 50 % der weltweiten Produktion (Bärtschi, 1994, 53). Die Stadt Zürich unterstützte die Ansiedlung von Industrien, indem sie Kraft- und Gaswerke erstellte, sowie eine Industriebahn. „Gleisanschluss, Energieversorgung und ein naher, grosser Arbeitsmarkt waren zu jenem Zeitpunkt die entscheidenden Standortbedingungen" (Bärtschi, 1994, 249). 1891 errichtete Escher Wyss eine grosse Fabrikanlage in Aussersihl, welches zwei Jahre später in Zürich eingemeindet wurde. Unter anderem wurde eine Schiffsmontagehalle erstellt. Sulzer Escher Wyss war führende Turbinenherstellerin. Seit dem Jahre 2000 dient die unter Denkmalschutz stehende *Schiffbauhalle* als zweiter Spielort des Zürcher Schauspielhauses.

Ein zweites grosses Industriegebiet wurde in Zürich Oerlikon entwickelt. Die Maschinen Fabrik Oerlikon MFO gehörte zu den grossen Industrieunternehmen und war vor allem in der Bahnelektrifizierung und im Lokomotivenbau tätig. Von 1901 bis 1905 elektrifizierte sie weltweit zum ersten Mal eine Eisenbahnlinie, nämlich die Strecke von Seebach (Stadt Zürich) nach Wettingen (AG), welche 22 Kilometer mass. 1967 wurde die MFO von der BBC (Brown-Boveri-Companie) Baden aufgekauft, welche 1989 wiederum mit dem schwedischen Konzern ASEA zum Elektroweltkonzern ABB fusionierte. Andererseits entwickelte sich aus der MFO zu Beginn des 20. Jahrhunderts eine der bedeutenden Waffenfabriken Europas, die Oerlikon-Bührle. Der Eisenbahnbau, sein Bedarf an Metallprodukten, Waggons und Lokomotiven unterstützte die Entwicklung der Metall- und Maschinenbauindustrie in der zweiten Hälfte des 19. Jahrhunderts. Gleichzeitig wurde die Eisenbahn, das heisst der Anschluss an das Eisenbahnnetz zum Standortfaktor für die Industrie. Dieses wechselseitige Verhältnis führte zu Machtkonzentrationen. Der Industrielle und Politiker Alfred Escher war sowohl in der Führung der Nordostbahn und der Gotthardbahn vertreten, als auch in der Kreditanstalt (heute Credit Suisse), welche die Finanzierung der Bahnwerke sicherstellte. Ebenso war Escher in entsprechenden politischen Gremien vertreten, die die Entscheidungen für das Anwachsen seines Imperiums trafen. Die Zürcher Industrie genauso wie der ganze Werkplatz Schweiz profilierten sich als Hersteller von Qualitätsprodukten, eine Spezialisierung, die bis in die 1970er Jahre die Basis der exportorientierten Volkswirtschaft bildete (Hitz et al., 1995, 212). Hand in Hand mit der Industrie entwickelte

sich der Bankenplatz Zürich. Entscheidend für die Prosperität des Finanz-
platzes waren unter anderem die Wahl Zürichs als Standort des Direktori-
ums der Nationalbank und das schweizerische Bankkundengeheimnis (Odermatt et al., 2003).

Strukturwandel, aufstrebender Finanzplatz und die neuen Branchen

Die Maschinenindustrie als Hauptpfeiler der Zürcher Industrie erlitt seit
Ende der 1960er Jahre immer grössere Einbrüche. Sie verlor aufgrund des
starken Schweizerfrankens zunehmend ihre internationale Konkurrenzfähig-
keit. Der Finanzplatz aber erhielt entscheidende Impulse. So wurde Zürich
während der vorübergehenden Schliessung des Londoner Goldmarktes 1968
durch die Schaffung des *Zürcher Goldpools* zu einem der wichtigsten Gold-
märkte der Welt (Odermatt et al., 2003). Neben dem Finanzplatz verzeichnete
die gesamte Dienstleistungswirtschaft starke Beschäftigungszunahmen.

Abbildung 2: Beschäftigte in der Stadt Zürich von 1975 bis 2001

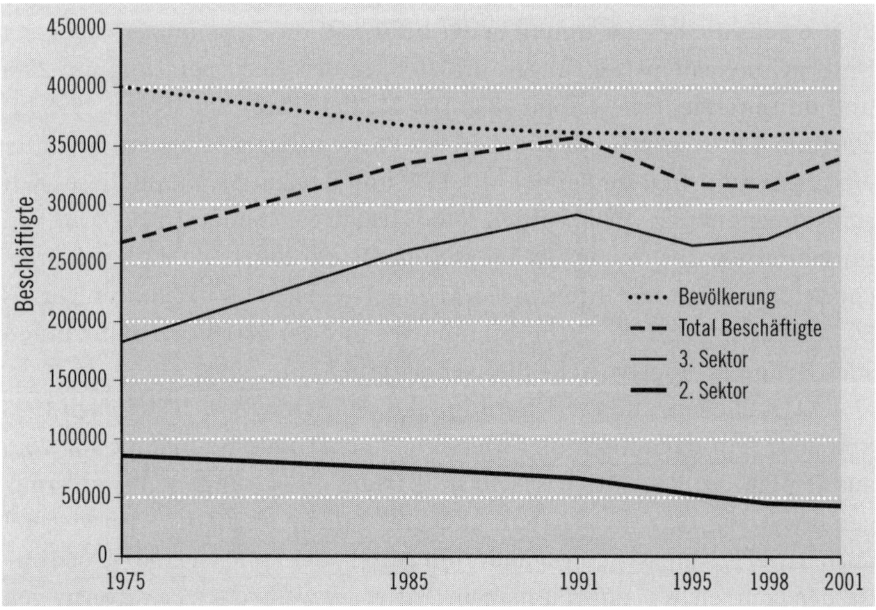

Quelle: BfS, Betriebszählungen.

93

Zu Beginn der 1990er Jahre setzte eine mehrjährige Rezession ein. Diejenigen Industrieunternehmen, die ihre Produktion noch nicht aus der Stadt verlagert hatten, holten dies nun nach oder stellten ihre Produktion im Zuge von Restrukturierungen oder Firmenschliessungen ganz ein. Der Maschinenbau büsste zwischen 1985 und 2001 drei Viertel aller Beschäftigten ein (vgl. Abbildung 3). Während der Rezession erschütterten auch grosse Fusionen die Firmenlandschaft. Der Maschinenkonzern Brown Boveri & Cie (BBC) fusionierte mit dem schwedischen ASEA-Konzern zur ABB, einem der weltgrössten Elektro-Industrieunternehmen. 1997 fusionierten zwei der drei verbliebenen Grossbanken, der Schweizerische Bankverein und die Schweizerische Bankgesellschaft zur UBS AG. In den Rezessionsjahren 1991 bis 1998 sank die Beschäftigung im zweiten und im dritten Sektor um je fast 21'000 (Bundesamt für Statistik, 1991/1998). Die Stadt Zürich verlor also in wenigen Jahren über 40'000 Arbeitsplätze (vgl. Abbildung 2). Die Arbeitslosigkeit wuchs in der Folge zum ersten Mal in der Nachkriegszeit auf über 5 % an (Statistik Stadt Zürich, 1999). Ab 1998 erholte sich die Zürcher Wirtschaft und wies jährliche Wachstumsraten der Beschäftigten von rund 1 % auf. Die in den 1990er Jahren vollzogene Transformation bestand nicht nur in der weiteren Ablösung der Zürcher Wirtschaft von der Industrie, sondern auch im Wachstum neuer Branchen wie Hightech und Medien. Von 1995 bis 2001 wuchs die Beschäftigung in der Informatikbranche um 81 %, bei den Unternehmensdienstleistungen um 26 %, in der Werbeberatung um 20 % und im Unterrichtswesen um 18 %. Der Mediensektor wuchs von 1998 bis 2001 um 8 Prozentpunkte. Die Zahl der Firmenneugründungen, darunter ein grösserer Anteil im Bereich von EDV und E-Business, hat in dieser Zeit stark zugenommen. 1998 wurden 2'400 Firmen gegründet, 1'500 davon von JungunternehmerInnen (Zürcher Kantonalbank, 2001). Die Hightech-Branche zeichnet sich mit ihren vielen Kleinbetrieben (90 % haben weniger als 50 Beschäftigte) durch Clusterbildung aus und verlässt sich auf die innerstädtischen Standortvorteile (Bretschger und Klaus, 1998).

Der Banken- und Versicherungssektor entwickelte sich zwischen 1995 und 2001 sehr dynamisch und wies eine Beschäftigungszunahme von 20 % aus. Der Finanzplatz Zürich ist sehr stark in die Verwaltung von Privatvermögen involviert. 1998 verwalteten Schweizer Banken im Inland – vorwiegend an den drei Private-Banking-Standorten Zürich, Genf und Lugano – 3'000 Milliarden Franken, was ungefähr einem Drittel der weltweiten Privatvermögen entspricht (Odermatt et al., 2003). Die 17 % der in der Finanzbranche Beschäftigten in der Stadt Zürich erwirtschaften rund einen Drittel der städtischen Wertschöpfung. Damit ist der Finanzsektor der wichtigste Wirtschaftszweig. Weitere 12 % der Beschäftigten in den Bereichen Informatik, Treuhand und Beratung hängen vornehmlich vom Finanzsektor ab (Odermatt et al., 2003). Nach der wirtschaftlichen Erholung seit 1998 wuchs von Mitte 2001 an die Zahl der Arbeitslosen wieder. Im Juli 2004 liegt sie mit 4,6 % deutlich über dem Schweizerischen Durchschnitt. Diese neue Krise hat einerseits mit dem Abflauen der New Economy und Umstrukturierungen im Bankensektor zu tun, wo inzwischen auch viele Fach- und Führungskräfte ihre Stelle verloren haben. Andererseits wurden Stadt und Region Zürich durch den Zusammenbruch der Fluggesellschaft Swissair stark getroffen. Trotz enormen staatlichen Stützmassnahmen für die neue Airline Swiss gingen viele Arbeitsplätze verloren, insbesondere auch bei Zulieferfirmen.

Zürich ist die dominante Wirtschaftsmetropole der Schweiz. Dies drückt sich in der Konzentration des Finanzsektors in Zürich aus. Rund 30 % aller Beschäftigten im Finanzsektor der Schweiz sind in der Stadt Zürich tätig. Daneben haben in den 1990er Jahren Konzentrationsprozesse in verschiedenen Branchen stattgefunden. Zum einen hat die Branche der neuen Informations- und Kommunikationstechnologien (NIKT) stark zugelegt. 1998 waren 31 % aller Beschäftigten der Schweizer NIKT-Branche im Kanton Zürich konzentriert, die Hälfte davon in der Stadt Zürich (Zürcher Kantonalbank, 2001, 73). Auch die Schweizerische Medienlandschaft konzentriert sich zunehmend in der Stadt Zürich (vgl. Kapitel 7.5). Eine zusätzliche Grossbühne des Schauspielhauses, verschiedene neue Museen, Konzertlokale und Dutzende von Galerien zeugen zudem von starken Veränderungen im Bereich der Kultur (vgl. Kapitel 6.5). Die Ausgehfreudigkeit der Bevölkerung schlägt sich in der Verdreifachung der Beschäftigung bei Bars und Parties (Diskotheken) nieder. Der Einzugsbereich für die Kultur- und Freizeitangebote greift weit über die Kantonsgrenzen hinaus. Insgesamt hat der Kulturindustriesektor seit 1995 um über 10 % zugenommen. Allein die Zahl der Designer oder Grafiker hat sich seit 1995 verdoppelt (vgl. Kapitel 7.3). Die Stadt Zürich nimmt auch im Kanton eine herausragende Stellung ein. Obwohl die Umlandgemeinden, insbesondere in der Flughafenregion, seit rund zwanzig Jahren Beschäftigungszuwachse verzeichnen können, haben Ende 2001 41 % aller Firmen des Kantons ihren Sitz in der Stadt Zürich. Sie weisen 72 % des eingetragenen Kapitals aus (Statistik Stadt Zürich, 2002).

Abbildung 3: Entwicklung der Beschäftigung in den Branchen Maschinenbau, Textil und Bekleidung, Banken und Versicherungen in der Stadt Zürich von 1975 bis 2001

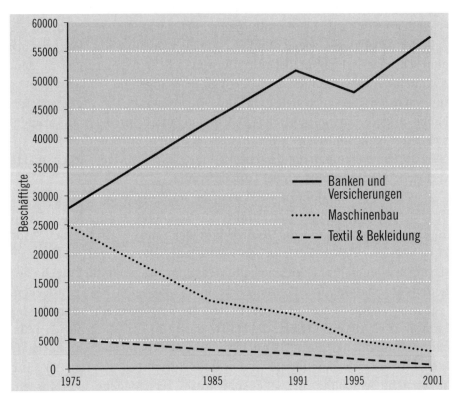

Quelle: BfS, Betriebszählungen.

Die bisher regionalwirtschaftlich und finanzpolitisch wenig kritisierte Ballung hochwertiger und wertschöpfungsintensiver Dienstleistungen des Finanzdienstleistungssektors, die als Monostruktur bezeichnet werden müssen, impliziert eine hohe Verletzlichkeit des Standorts Zürich. In Zeiten der Krise wirkt sich dies nicht nur auf Wertschöpfung und Beschäftigung aus, sondern auch auf den Handlungsspielraum der öffentlichen Hand. Durch die stark schwankenden Unternehmenssteuererträge, die in der Stadt Zürich einen Anteil von 30–40 % der gesamten Steuereinnahmen ausmachen, kann die Stadt innerhalb weniger Jahre ihren finanzpolitischen Spielraum verlieren (Janos et al., 1997, 178). Verliert der Finanzplatz Zürich im Vergleich zu seinen Konkurrenten im Zuge der Integration in Europa mit der von der Europäischen Union mittelfristig geforderten Aufhebung des Bankkundengeheimnisses an Attraktivität, verengt sich der Handlungsspielraum der städtischen Politik Zürichs weiter (Odermatt et al., 2003).

Headquarter-Economy und Global City

In den 1980er Jahren siedelten sich europäische und globale Headquarter transnationaler Unternehmen in der Stadt Zürich und zunehmend auch im Umland, insbesondere zwischen Flughafen Kloten und Stadtgrenze, an (z. B. General Motors Europe, Microsoft). Viele ausländische Unternehmen in der Schweiz stehen in der Entscheidungshierarchie weit oben (Steiger, 1998, 167). Die Unternehmen konzentrieren sich in den Kantonen Zürich und Genf (neben US-, auch französische Unternehmen), wobei die Ansiedlung in und um Zürich vor allem in den 1980er Jahren vollzogen wurde. 1993 befanden sich über 40 % aller US-Unternehmen (637) in der Schweiz im Kanton Zürich, 20 % in Genf, 8,5 % in Zug (Steiger, 1998, 159). 1990 konzentrieren sich 30 % der 500 grössten Unternehmen der Schweiz in der Agglomeration Zürich (Hitz et al., 1995, 219). Die amerikanischen Unternehmen in Zürich sind vor allem auf den Schweizer Markt ausgerichtet, unterhalten aber auch Forschungs- und Entwicklungsabteilungen für den ganzen Konzern und nehmen teilweise internationale Leitungsfunktionen für das Niederlassungsnetz des entsprechenden Unternehmens in Europa wahr (Steiger, 1998, 159).

Der Standort Zürich entwickelte sich dadurch zu einer Global City, definitionsgemäss Standort von Kontroll- und Entscheidungsfunktionen global tätiger Unternehmen. Dies ist eine recht ungewöhnliche Entwicklung für eine Stadt und Region der Grösse Zürichs. Mit Ausnahme von Frankfurt sind alle Städte, die in der gleichen Rangierung der Global und World Cities stehen, bezüglich Bevölkerung, Ausdehnung und Arbeitsplätzen deutlich grösser (vgl. Tabelle 1). Die Rangierungen der Global Cities resp. World Cities kommen nach der Anzahl von Headquarters von weltweit tätigen Unternehmen zustande. Ausschlaggebend für Zürichs Position ist wiederum der Finanzsektor mit seiner Spezialisierung auf die Verwaltung von Privatvermögen.

Tabelle 1:   Übersicht über Alpha- und Beta-World-Cities

A.	**Alpha world cities (full service world cities)**
A1.	London, New York, Paris, Tokyo
A2.	Chicago, Frankfurt, Hong Kong, Los Angeles, Mailand, Singapur
B.	**Beta world cities (major world cities)**
B1.	San Francisco, Sydney, Toronto, Zürich
B2.	Brüssel, Madrid, Mexico City, Sao Paulo
B3.	Moskau, Seoul

Quelle: Taylor (2003).

6.2 Zürich in der Konkurrenz der Städte

Die Attraktivität einer Stadt oder Region als Standort für wirtschaftliche Aktivitäten wird in der Regel aufgrund der Qualität und dem Vorhandensein von Standortfaktoren gemessen. Generell wird in sogenannt harte und weiche Standortfaktoren unterschieden. Unter harten Faktoren werden das Angebot an Verkehrs- und Telekommunikationsinfrastruktur, die Erreichbarkeit, Flächenverfügbarkeit, Arbeitsmarkt, Steuern usw. verstanden. Bei den weichen Standortfaktoren geht es um Bereiche wie Lebens- und Wohnqualität, Freizeitangebote, Kultur, Image. Die Bedeutung von Standortfaktoren verändert sich im Verlauf der Zeit (Klaus, 2004b). Weiche Standortfaktoren haben mit der Umstrukturierung der Wirtschaft in den entwickelten Ländern zu Dienstleistungsökonomien generell an Bedeutung gewonnen. Diese variiert aber erheblich zwischen verschiedenen Branchen, Betriebsgrössen und -typen (Grabow, Henckel, Hollbach, 1995). Die Beurteilung von Standortfaktoren kann einerseits über Befragungen von Unternehmen erfolgen, andererseits über die Ermittlung von Indikatoren wie zum Beispiel Steuerbelastung, Erreichbarkeit usw.

Es wurde bereits in Kapitel 4.2 und 5.4 auf die Kultur als Standortfaktor eingegangen. Insbesondere wurde aufgezeigt, dass der wichtigste aller Standortfaktoren, nämlich die qualifizierten Arbeitskräfte einen starken Einfluss auf die Bedeutung weicher Standortfaktoren hat, namentlich von

Tabelle 2: Rangierung der Zürcher Standortfaktoren nach Bedeutung (B) und Qualität (Q) in verschiedenen Studien

	1)		2)		3)		4)	
	B	Q	B	Q	B	Q	B	Q
Verfügbarkeit von qualifizierten Arbeitskräften	1	7	1	7	2/4	2/4	1	22
Lebensqualität	3	4	4	3	•	•	16	1
Internationale Erreichbarkeit	8	1	8	1	8	7	13	5
Verfügbarkeit an NIKT-Fachkräften	9	9	2	8	•	•	•	•
Steuerbelastung für Unternehmen	11	13	6	9	•	•	5	18
Bewilligungen	10	11	3	13	6	14	3	38
Kulturelles Angebot / städtisches Leben	12	2	13	2	13	10	•	•
Verfügbark. / Preise von Räumlichkeiten	6	10	5	12	•	•	17	11
Telekomangebot	2	3	6	4	•	•	2	15
Voraussehbarkeit des rechtlich-politischen Umfeldes	4	6	11	6	•	•	6	16
Steuerbelastung für qualifizierte Arbeitskräfte	5	12	10	10	•	•	12	34
Innovatives Klima / Risikokultur	6	8	8	10	•	•	•	•
Tradition des Standortes	•	•	•	•	5	3	•	•

1) **ZKB / Infras** (2000) Umfrage bei 225 Unternehmen aller Branchen.

2) **ZKB / Infras** (2000) Umfrage bei 35 Unternehmen der NIKT-Branche. Kulturelles Angebot ist der Standortfaktor mit der zweithöchsten Qualitätsbewertung in beiden Umfragen nach der internationalen Erreichbarkeit. Der wichtigste Faktor ist in beiden Umfragen die Verfügbarkeit von Arbeitskräften mit guter Ausbildung. In Umfrage 1 ist die Lebensqualität der drittwichtigste Standortfaktor, in Umfrage 2 belegt sie Rang 4. Der Faktor innovatives Klima/Risikokultur wird punkto Qualität in Zürich als schlecht beurteilt.

3) **Werkplatz Stadt Zürich** (1998): Umfrage bei 232 Industriebetrieben der Stadt Zürich. Das kulturelle Angebot steht in Bezug auf Wichtigkeit (Rang 13 von 15) und Qualität (Rang 10 von 15) weit hinten. Grossbetriebe (über 500 Beschäftigte) stufen Qualität (Rang 5 von 15) und Bedeutung (Rang 9) des Faktors Kultur viel höher ein als Kleinbetriebe, ebenso die Hightech-Branche höher als die anderen Branchen.

4) **Wirtschaftsraum Zürich** (1995): Es wurden 52 Faktoren erhoben (S. 49). Die Studie enthält u.a. eine Beurteilung der Lebensbedingunen im Kt. Zürich für die Angestellten aus dem Mutterland der Unternehmung (S. 53, nach ORL-Studie) und einen Innovationspositionen-Vergleich (S. 62).

• Keine Befragung zum Standortfaktor.

Kultur und urbanem Setting. Weiter wurde auf Studien hingewiesen, die zeigen, dass ein lebendiges kulturelles Leben und die Anwesenheit von Bohemiens (Florida, 2002a) eine grosse Anziehungskraft auf die Arbeitskräfte im Hightech-Sektor haben. Im Folgenden soll die Standortattraktivität Zürichs anhand mehrerer Studien evaluiert werden. Die Standortattraktivität Zürichs wird des Weiteren auch in Kapitel 8 aus der Sicht der untersuchten kreativen Kleinstunternehmen beurteilt.

In allen Benchmarkingstudien zeigt sich das gleiche Bild: der mit Abstand wichtigste Standortfaktor sind die gut ausgebildeten und hochqualifizierten Arbeitskräfte (vgl. Tabelle 2). Weitere sehr wichtige Faktoren sind das Telekomangebot, die Bewilligungen für ausländische Arbeitskräfte und für Bauten sowie die Lebensqualität. Sowohl der Faktor Lebensqualität als auch Bewilligungen für ausländische Arbeitskräfte hängen wiederum mit dem Faktor der hochqualifizierten Arbeitskräfte eng zusammen. Am Standort Zürich zeigen sich die befragten Unternehmen aber nicht zufrieden mit der Verfügbarkeit von hochqualifizierten Arbeitskräften, wie aus der Qualitätsrangierung zu ersehen ist.

Damit zeichnet sich bei den Standortfaktoren eine Wirkungskette ab. Denn auch der nächste wichtige Standortfaktor, die Lebensqualität, hängt mit den hochqualifizierten Arbeitskräften zusammen. Denn je höher die Lebensqualität an einem Standort ist, desto besser sind die Voraussetzungen für die Ansiedlung von hochqualifizierten Arbeitskräften. Im Unterschied zur Qualität der Faktoren Verfügbarkeit von hochqualifizierten Arbeitskräften und Bewilligungen wird die Qualität des Faktors Lebensqualität für Zürich als sehr gut bewertet. Ebenso wird die Qualität des kulturellen Angebotes als sehr gut eingeschätzt. In der Studie des global tätigen Beratungsunternehmens Mercer liegt Zürich punkto Lebensqualität in den Jahren 2001 bis 2004 auf Rang 1 vor Genf, Wien und Vancouver (vgl. Tabelle 3).

In fast allen Kategorien schloss Zürich mit Bestnoten ab. Die schlechtesten Bewertungen gab Mercer für das Klima und die Leichtigkeit der Ein- und Ausreise. Die Kategorie Freizeit wurde folgendermassen kommentiert: „In Zürich gibt es eine gute Auswahl von qualitativ hochstehenden Restaurants und ein breites Angebot von Kinos und Theatern. Zürich ist bekannt für Outdoor-, Berg- und Wassersport" (Mercer, 2004, 8). Allerdings wurden im Gegensatz zu den anderen Kategorien, wo fast immer die 10 vergeben wurde, im Freizeitbereich *nur* die 9, bei den Kinos gar nur die

8 vergeben. Das Consulting-Unternehmen Healey & Baker wählte aus den 15'000 grössten Unternehmen Europas 506 aus, um deren Beurteilung von 30 europäischen Metropolen einzuholen. Die Städte wurden von Personen beurteilt, welche alle Städte kennen. Hier rangiert Zürich punkto Lebensqualität nicht so weit vorne und liegt auf Rang 9 (vgl. Tabelle 4). Für die Attraktivität zur Ansiedlung eines Unternehmens erhält Zürich Rang 10. Bei der Qualität der Telekommunikation erhielt Zürich Rang 6. Beim wichtigsten aller Faktoren, den qualifizierten Arbeitskräften, wurde für Zürich Rang 11 vergeben (vgl. Tabelle 5).

Tabelle 3: **Rangierung von Städten nach Lebensqualität 2003 und 2004 nach Mercer, top 10 (New York = 100)**

Rang		Stadt	Land	Index	
2004	2003			2004	2003
1	1	Zürich	Schweiz	106.5	106.5
1	2	Genf	Schweiz	106.5	106.0
3	2	Vancouver	Kanada	106.0	106.0
3	2	Wien	Österreich	106.0	106.0
5	5	Auckland	Neuseeland	105.0	105.0
5	5	Bern	Schweiz	105.0	105.0
5	5	Kopenhagen	Dänemark	105.0	105.0
5	5	Frankfurt	Deutschland	105.0	105.0
5	5	Sydney	Australien	105.0	105.0
10	10	Amsterdam	Niederlande	104.5	104.5
10	10	München	Deutschland	104.5	104.5

Quelle: Mercer Human Resources. Quality of Life 2004.

Hochqualifizierte Arbeitskräfte fragen kulturelle Angebote, attraktive Städte und Erholungsräume nach. Nicht der regionale Verkehr und auch nicht die tiefen Steuern sind für die Unternehmen zentrale Standortfaktoren, wie die Studien zeigen. Da die Verfügbarkeit von qualifizierten Arbeitskräften der wichtigste aller Standortfaktoren ist, ist Zürich darauf angewiesen, diese Position zu verbessern. Im Prinzip stehen die Chancen gut, da Zürich über ein attraktives urbanes Setting verfügt. Dieses ist aber entweder zu wenig bekannt, oder aber dann ist die Branchenvielfalt zu klein, um die Bedürfnisse verschiedenster Wirtschaftsakteure zu befriedigen. Das heisst, dass die am stärksten vertretenen Branchen der Finanz- und Versicherungsdienstleistungen zwar über qualifizierte Arbeitskräfte verfügen, für andere Branchen der Arbeitsmarkt aber zu klein ist.

Tabelle 4: **Rangierung europäischer Städte nach Lebensqualität 2002 nach Healey & Baker**

1. Barcelona	6. Genf
2. Paris	7. London
3. München	8. Rom
4. Stockholm	9. Zürich
5. Madrid	10. Dublin

Quelle: Healey & Baker (2003): European Cities Monitor.

Tabelle 5: **Rangierung europäischer Städte nach Verfügbarkeit qualifizierter Arbeitskräfte 2002 nach Healey & Baker**

1. London	5. Brüssel
2. Paris	11. Zürich
3. Frankfurt	23. Genf
4. München	

Quelle: Healey & Baker (2003): Euopean Cities Monitor.

6.3 Zürichs Image

Tourismuspromotion

In der Konkurrenz der Städte sind Stadt- und Standortmarketing zu verbreiteten Instrumenten der Eigenwerbung und Imagepflege geworden. Wie in Kapitel 4.2 ausgeführt, setzen die Städte dabei auf herausragende Architektur, Festivals, Sportanlässe und Kultur. Diese neue Art von Standortfaktoren ist im

Theorieteil als urbanes Setting bezeichnet worden. Sie ist auch die Grundlage für das Wohlbefinden und die Lebensqualität von EinwohnerInnen und TouristInnen. Es stellt sich nun die Frage, wie die Stadt Zürich für sich wirbt, welche Eigenschaften und Charakteristiken sie verkaufen möchte und damit, welches Image sie pflegt. Zu diesem Zweck wurden die Broschüren der offiziellen Tourismusstelle *Zürich Tourismus* sowie die Internetseiten der Standortpromotion untersucht. Zürich Tourismus arbeitet seit einigen Jahren mit dem Slogan *Zürich – Downtown Switzerland* und dem Zusatz *Live it, love it*, nachdem Jahrzehnte lang das Motto *Little big city* Beschaulichkeit und Überschaubarkeit einer Beinahe-Weltstadt ausstrahlten. „Die Bemühungen von Zürich Tourismus, die Stadt anstatt als verstaubt, langweilig und kalt neu als offen, bunt und fröhlich bekannt zu machen, zeigten erste Erfolge" (NZZ, 7.6.2000). Der offizielle City Guide von Zürich Tourismus bildet denn auch auf der Titelseite nicht das Grossmünster ab, sondern zeigt eine Luftaufnahme der Street Parade am Zürichsee. Die Rubrik *United World* bildet die Börse neben dem *Longstreet Festival* ab. Die Bahnhofstrasse wird als *schönste Einkaufsmeile der Welt* bezeichnet. Daneben kommen aber auch die neuen coolen und trendigen Läden zum Zug, so dass Zürich als eine Stadt für Trend- und Lifestlye-Shopping dargestellt werden kann. Dem *Nightlife* wird eine eigene Seite gewidmet, was vor zehn Jahren noch unvorstellbar war. Es werden neunzehn Clubs aufgelistet, darunter auch die in den 1980er Jahren so umstrittene Rote Fabrik. Ihr wurde der Untertitel *Pausenlos Kultur aller Art* gegeben.

Standortmarketing

Das Standortmarketing versteht sich weniger als Dienstleistung für TouristInnen, als vielmehr für Unternehmen und Personen, die sich mit dem Gedanken tragen, sich in Zürich niederzulassen. Unter den verschiedenen Standortfaktoren werden *urbane Vorteile* (www.zuerichstandort. ch) genannt und damit ein Bekenntnis zur Stadt und zum städtischen Leben geleistet. Zu diesen Vorteilen *gehören auf kleinem Raum die grösstmögliche Vielfalt von Kultur- und Freizeitangeboten, eine pulsierende Weltstadt mit ruhigen Polen. Wer mehr das Abenteuer sucht, kommt vor allem nachts auf die Rechnung: Das Nachtleben Zürichs ist über die Landesgrenzen hinaus bekannt. Unzählige Konzertlokale, Tanz-Clubs in Fabriken, lauschige Bars, kleine Refugien für Nachtschwärmer: Hier findet man alles. Ob still oder laut, klein oder gross; in Zürich wird jeder Wunsch erfüllt.* Es wird betont, dass Unternehmen ein kreatives, urbanes Umfeld brauchen: *Unternehmen leben nicht nur von Gewinnen und Börsenkursen. Unternehmen brauchen im ureigensten Interesse ein kreatives, urbanes Umfeld, damit sie attraktiv für hochqualifizierte Mitarbeiter sind.*

Zur Werbung neueren Datums gehört auch Folgendes: *In Zürich werden Trends gesetzt. Dies beweisen die zahlreichen Trendboutiquen und lokalen Labels für exklusive Accessoires. Staunen Sie über die Präsenz aller internationalen Marken auf einer der berühmtesten Shoppingmeilen der Welt, der Bahnhofstrasse. Stöbern Sie auf dem Flohmarkt am Bürkliplatz oder unternehmen Sie einen Einkaufsbummel durch die Altstadt. Zürich bietet Shoppingerlebnisse in allen Preisklassen.* Zu den urbanen Vorteilen, die den Unternehmen angepriesen werden, gehören die hohe Lebensqualität, die jährlich von Mercer Human Resources attestiert wird (vgl. Kapitel 6.2) und das vielfältige Kulturangebot: *Das kulturelle Angebot Zürichs zeichnet sich aus durch eine breite und multikulturelle Auswahl: Kleintheater, Musik- und Spielbühnen, Jazzlokale, alternative Kulturszenen und ein vierzehntägiges Theaterspektakel an idyllischer Lage direkt am See. Internationale Beachtung finden die Inszenierungen des Opernhauses Zürich und die Konzerte in der Tonhalle Zürich. In Kinos werden Filme traditionell immer in der Originalsprache mit Untertiteln gezeigt.*

Medienberichte

In Zürich hat sich offensichtlich ein Lebensgefühl breit gemacht, welches sich im Label Trendstadt ausdrückt und für viele Leute Lebensqualität bedeutet. Die Printmedien geben dieses Bild wieder. Es sind einerseits Lifestyle-Magazine im In- und Ausland, aber auch die einheimische Tagespresse (Neue Zürcher Zeitung und Tages-Anzeiger), die die Berichterstattung auf das neue Zürich abstellen: „,Zürich ist eben eine absolute Trendstadt' sagt Modedesigner und Geschäftsinhaber Hannes B. (Bühler). ‚Sie ist international, urban, multikulturell, oberflächlich, schnelllebig, mit einem kräftigen Schuss Erotik'. Zürich, das Weltdorf, hat die höchste Dichte unterschiedlichster Geschäfte auf kleinem Raum. Und nirgendwo gibt es so viele Plattformen, wo am Abend die Mode ausgeführt und das Ego gepflegt wird. Die Jungen reisen viel, sie wissen, was in den Metropolen der Welt gerade in ist. Zum Beispiel Plastiklatschen mit Blumen zwischen den Zehen, orientalische Ohrringe und Täschchen, Häkeltops mit garantiertem Durchblick und – immer noch – zu eng geratene Jeans. In Basel und Bern – man hat's vermutet – ist die Strassenmode weit weniger spektakulär, der Auftritt weniger schrill. Weniger Bäuche, mehr Mittelmass" (Tages-Anzeiger, 31.5.2003).

Das Bild von Zürich als Partystadt mit subkulturellem Anstrich scheint sich zunehmend zu bestätigen. Es sind nicht allein die Produkte von Zürich Tourismus und dem Standortmarketing, die dieses Image fördern, sondern auch die Lifestyle-Magazine und Reiseführer weltweit, wie die NZZ berichtet: „Die Leute von Zürich arbeiten zwar wie bekloppt. Aber genau so heavy fahren sie dann ins Vergnügen ein. – So und ähnlich heisst es in internationalen Trendzeitschriften wie *ID-Magazine, Wallpaper* oder *Coolguide*. 900 Medienbeiträge sind im vergangenen Jahr über Zürich erschienen und verändern das Image der Stadt: jung, originell und partyversessen statt *Needlepark*, Business und Zwingli" (NZZ, 17.1.2000). Die NZZ betont auch die Bedeutung für den Tourismus und titelt: *Subkultur als Tourismus-Magnet / Zürich – Trendstadt für ein internationales Publikum.* Die Mischung der subkulturellen Ambiance, Nonkonformität und Selbstverständlichkeit wird im selben Artikel folgendermassen beschrieben: „Zwar dürfte Zürich für viele einst rebellischer gewesen sein als heute. Doch hat sich dank einem neuen Gastgewerbegesetz und Freiräumen vor allem in den Aussenquartieren eine Szene etabliert, die alles andere als konform wirkt und doch inzwischen zu einem Bestandteil der Stadt geworden ist. Gemeint sind eine ganze Reihe von Restaurants mit zumindest teilweise innovativen Konzepten, junge Designergeschäfte und eine lebendige Partyszene" (NZZ, 17.1.2000).

Die Subkultur ist als Markt schon vor Jahren erkannt worden und soll weiter für den Tourismus bearbeitet werden: Die Schwulen- und Lesbenszene ist denn ein Markt, auf den sich Zürich Tourismus noch vermehrt konzentrieren will, nachdem vor allem im letzten Jahr ein gestiegenes Interesse unter den *Gay-Magazinen* auszumachen gewesen sei, wird eine Fachfrau von Zürich Tourismus zitiert (NZZ, 30.5.2003). Ergänzt wird das Bild der Trendstadt durch ein neu erwachtes Selbstbewusstsein in Zürich, welches Vergleiche mit Metropolen wie London und Berlin nicht mehr scheut: „Doch für italienische, deutsche, englische, ja gar für israelische Magazine besteht der Reiz der Zwinglistadt im unzwinglianisch Ausgelassenen, eben in jenen sogenannten Megaevents wie der Street-Parade inklusive der dazugehörigen

Begleitveranstaltungen, einer Kultur des Designs und der Mode oder in einer Kunstszene, die mit ihren Museen für Gegenwartskunst, einer Messe und einer Vielzahl von Galerien selbst neben London und New York nicht schlecht dasteht. Die Aufmerksamkeit, welche Zürichs ‚trendiger‘ Seite international zuteil geworden ist, beruht nicht allein auf dem Zufall" (NZZ, 17.1.2000). Eine wichtige Rolle spielen dabei die coolen Stadtteile Kreis 4 und 5. Vom Kreis 4 wird mit seinen vielen Galerien sogar ein Bild als Quartier Latin vermittelt (NZZ, 14.3.04): „Zürich Tourismus hat in den letzten Jahren den Rayon ihrer Pressetouren bewusst auf die Stadtkreise 4 und 5 erweitert. Zu einer Journalistenreise durch Zürich gehört – je nach Publikum – nicht mehr nur der Besuch von Landesmuseum und Grossmünster, sondern auch ein Nachtessen im Trendrestaurant Les Halles oder das Frühstück im Back und Brau, Parties im Palais X-Tra werden besucht oder im Rohstofflager. Und ein Blick in die Werkstatt des Trendmodelabels Freitag darf ebensowenig fehlen wie eine Visite im Löwenbräuareal. Und das Interesse an Zürich scheint nicht nachzulassen. ‚Im Gegenteil‘, meint Helen Meyer, zuständig für Medien und PR bei Zürich Tourismus, ‚die Zahl der Pressereisen nimmt von Jahr zu Jahr zu‘ " (NZZ, 17.1.2000).

6.4 Stadtentwicklung

Zürichs Wachstum und seine zunehmende wirtschaftliche Bedeutung war stark mit der Ansiedlung von Industrie und dem Ausbau des Eisenbahnnetzes im ausgehenden 19. Jahrhundert verbunden. Die Bevölkerung der Stadt Zürich wuchs in dieser Zeit, also von 1870 bis 1920, stark an. Ganze Stadtteile wurden in die Nähe der Fabriken gebaut, vor allem Aussersihl und grosse Teile Oerlikons entstanden in jener Phase. Gewerbetreibende liessen Häuser in Blockrandbebauungen erstellen und betrieben ihre Läden und Werkstätten in den Erdgeschossen. In den oberen Stockwerken mieteten sich die Arbeiterfamilien ein, die aus den ärmeren Gegenden der Schweiz und aus Italien zuwanderten, um die Nachfrage nach Arbeitskräften zu decken. Vielerorts herrschten desolate Wohnverhältnisse. Mit den Eingemeindungen angrenzender Gemeinden 1893 und 1934 wurde die Stadt wesentlich erweitert. Der kommunale und genossenschaftliche Wohnungsbau wurde in den 1920er und 1930er Jahren stark vorangetrieben (vgl. Koch, 1990), eine zweite Welle wurde in den 1950er Jahren in Aussenquartieren wie Albisrieden, Leimbach, Schwammendingen und Seebach realisiert. Heute beträgt der Anteil der Wohnungen von Genossenschaften und öffentlicher Hand am gesamten Wohnungsbestand rund einen Viertel (Odermatt et al., 2003).

Die Stadtentwicklung der 1960er und 1970er Jahre war gekennzeichnet von grossen Verkehrsvorhaben, der U-Bahn und dem Nationalstrassenbau. Die U-Bahn wurde in einer Volksabstimmung 1973 abgelehnt. Die Versuche, die Nationalstrassen in der Stadtmitte mit dem sogenannten „Y" zu verknüpfen, misslangen aufgrund starker Opposition aus der Bevölkerung. Die Verknüpfung wurde mit Provisorien (Westtangente) vollzogen, die bis heute bestehen und die betroffenen Quartiere stark belasten. Diese Zeit war auch geprägt von einer starken Stadtflucht der Bevölkerung und damit der Suburbanisierung.

In den 1980er Jahren stiegen die Bodenpreise immer stärker an und es folgte eine eigentliche Spekulationswelle, die bis ca. 1990 andauerte. Die Mietzinse für Wohnungen (rund 90 % der Bevölkerung in der Stadt Zürich sind MieterInnen) wurden für einen Teil der Bevölkerung unerschwinglich. Ebenfalls Mühe sich in der Stadt zu halten hatte das Gewerbe, da es nicht mit der Zahlungsbereitschaft der Dienstleistungsunternehmen für die nachgefragten Flächen Schritt halten konnte. Auch viele der verbliebenen Industriebetriebe konnten ihren Standort in der Stadt nicht halten. Auf die Suburbanisierung der Wohnbevölkerung folgte die Suburbanisierung von Gewerbe- und Industriebetrieben, zum Beispiel die Seifenfabrik Steinfels verlagerte 1986 ihren Produktionsstandort nach Wetzikon im Zürcher Oberland. Der Strukturwandel, mit dem viele Industrieunternehmen die Produktion, falls sie sie nicht ganz aufgaben, aus Zürich ins Umland oder ins Ausland verlagerten, führte zur Brachlegung von Fabrikgebäuden und -arealen. Gesellschaftlich wurde die Stadt von den sogenannten Jugendunruhen von 1980 bis 1982 bewegt, die von Forderungen nach Freiräumen und Unterstützung der nicht-etablierten Kultur gekennzeichnet waren. Die politische Kontroverse um diese Bewegung, die Tausende von Leuten auf die Strassen an Demonstrationen und Strassenschlachten mit der Polizei trieb, spaltete Zürich in SympathisantInnen und Hardliner. Mitte der 1980er Jahre entstand die Wohnungsnotbewegung, welche sich vor allem gegen Spekulation und den damit zusammenhängenden Anstieg der Mietzinse und knapper werdenden Wohnraum wehrte.

Zu Beginn der 1990er Jahre setzte eine schweizweite Rezession ein. Die Nachfrage nach Büroräumlichkeiten brach ein. Dies wirkte sich auch

auf die Industriezonen aus, welche 1995 nach längerem politischem Tau-
ziehen, zwar für vielfältige Nutzungen geöffnet wurden, jedoch nur zögerlich neue Entwicklungen anzogen. Im Wesentlichen wird von zwei Entwicklungsgebieten gesprochen, Zürich-Nord in Oerlikon und Zürich-West im
äusseren Kreis 5. In Zürich-Nord wurden sich Grundbesitzer, Stadtvertre-
terInnen und Investoren schnell einig, was auf den ehemaligen Industriearealen geschehen solle. Die Planungen wurden zügig vorangetrieben, so
dass 2002 ein grosser Teil der Um- und Neubauten realisiert waren. Anders
in Zürich-West, wo inzwischen zwar auch etliche Bauten fertiggestellt sind,
verschiedene Gebiete aber nach wie vor keine Investoren gefunden haben
(vgl. Eberle, 2003).

1990 wurde die Zürcher S-Bahn eröffnet, welche sich mit ihrer Effizienz zu einer eigentlichen Erfolgsgeschichte entwickelte. Die Stadt Zürich
war nun von vielen Umlandgemeinden in viel kürzerer Zeit erreichbar. Dies
bewirkte nochmals einen Suburbanisierungsschub in entlegenere Gemeinden. Die Bevölkerung des Kantons Zürich wuchs zwischen 1990 und 2000
von 1'179'000 auf 1'249'000 EinwohnerInnen. Andererseits erlebte die Stadt
einen starken Zustrom von MigrantInnen, insbesondere aus Südosteuropa,
wo der Krieg die Menschen vertrieb. MigrantInnen liessen sich vornehmlich
in den Stadtkreisen 3, 4, 5, 9 und 11 nieder, den ehemaligen Arbeiterwohn-
vierteln. Die durch die Rezession verursachten sinkenden Einnahmen der
öffentlichen Hand und die Zunahme der in soziale Not geratenen Bevölke-
rungsteile wurden zu einer neuen Herausforderung für die Stadt. Ausserdem
entwickelte sich die Drogenszene in zuvor nie gekanntem Ausmass. Von diesen Entwicklungen waren vor allem die Kreise 4 und 5 betroffen, indirekt
natürlich die ganze Stadt.

Die Rezession machte sich auch in der Flächennachfrage bemerkbar. Während noch in den 1980er Jahren die Dienstleistungsunternehmen in die freiwerdenden Industriegebiete drängten, so kam diese Nachfrage in den 1990er Jahren fast vollständig zum Erliegen. Vielmehr lagen
Mitte der 1990er Jahre auf Stadtgebiet neben all den Industriearealen eine
halbe Million Quadratmeter Büroflächen brach (Wüest, 1996). Die Indus-
triareale wurden zwischengenutzt, zum Teil auch besetzt, wie im Fall
der Wohlgroth-Fabrik inmitten des Kreis 5 (1991–1993). Viele Zwischennutzungen hatten eine kulturelle Ausrichtung. Die Fabrikräumlichkeiten
eigneten sich sehr gut als Ateliers, Probe- und Aufführungsräume (vgl.
Klaus, 1995, 1996a).

6.5 Kulturelle Entwicklungen im 20. Jahrhundert

Wie in Kapitel 6.2 gezeigt wurde, ist die Kultur auch in Zürich zu einem Standortfaktor geworden. Fast in allen Bereichen der Kultur kann die vergleichsweise kleine Stadt heute attraktive Angebote vorweisen, darunter viele, die weltweit zu konkurrieren vermögen. Auch Lifestyle- und Trendshopping sind seit einigen Jahren in Zürich möglich. Dies war nicht immer so. Zürich war bis zur Industrialisierung eine eher unbedeutende Stadt, auch auf kulturellem Gebiet. Bis in die 1980er Jahre konnte sie in kaum einem Kulturbereich mit anderen europäischen Städten mithalten. Im ausgehenden neunzehnten und zu Beginn des zwanzigsten Jahrhunderts wurden verschiedene Institutionen wie das Opernhaus, die Tonhalle und das Kunsthaus realisiert, die aber eher wenig internationale Ausstrahlung hatten. Während des ersten Weltkriegs verbrachten viele KünstlerInnen im Exil ihre Zeit in Zürich und befruchteten das Kulturleben der Stadt, unter ihnen Hans Arp, Sophie Taeuber, Emmy Hennings, Hugo Ball, Tristan Tsara, Richard Huelsenbeck usw., die die Dada-Bewegung in Zürich initiierten. Die ersten Cabarets entstanden um 1900. Keines wurde aber so berühmt wie das Cabaret Voltaire (1916–1919), wo die Aufführungen der Dadaisten für Aufsehen und Skandale sorgten. Von hier gingen künstlerische Impulse von internationaler Bedeutung aus. „Heterogenität und Internationalität sind wesentliche Kennzeichen der Zürich belebenden Dada-Bewegung" (Meyer, 1986, 29). Allerdings scheinen die Bevölkerung und die Presse ebenso wie die Schweizer KünstlerInnen den DadaistInnen mit äusserster Zurückhaltung begegnet zu sein. Entsprechend zerstreute sich die Bewegung nach dem Krieg wieder in alle Welt und geriet in Zürich in Vergessenheit. Erst 2002 wurde das Cabaret Voltaire an der Spiegelgasse mit einer Besetzung durch KünstlerInnen wieder aktuell und fand dadurch nicht nur Aufmerksamkeit, sondern eine Trägerschaft für neue Aktivitäten als Dada-Haus.

Auch im zweiten Weltkrieg fand sich in Zürich eine Exilgemeinde zusammen, die insbesondere im Schauspielhaus eine aktive und engagierte Rolle spielte. Das Schauspielhaus wurde dadurch zu einem international bekannten Theater, welches an Nazi-Deutschland Kritik übte. In den 1960er Jahren folgte der allgemeine gesellschaftliche Aufbruch, von dem auch Zürich erfasst wurde. Allerdings schlug sich dies nur sehr beschränkt in einer breiten kulturellen Entwicklung nieder, anders als in anderen Städten von Bedeutung in der Weltwirtschaft. Zürich hielt kulturell nicht mit der Zeit mit, obwohl Zürichs Bankensektor bereits eine Position unter den weltweit führenden Finanzplätzen einnahm.

Heute ist die Förderung von Stadt und Kanton Zürich sowie von privaten Institutionen für das Kulturleben fundamental. Die Stadt Zürich wendete im Jahr 2003 rund 110 Millionen Franken für die Kulturförderung auf und erzielte gleichzeitig Einnahmen von rund 50,6 Millionen Franken (Stadt Zürich, Geschäftsbericht 2003). Der Kanton Zürich gab im Jahr 2003 ebenfalls fast 110 Millionen Franken aus, die Einnahmen beliefen sich auf ca. 32 Millionen Franken (Kanton Zürich, Tätigkeitsbericht Fachstelle Kultur 2003).

Kultureller Aufbruch und die „Bewegung" von 1980

Die kulturelle Entwicklung der Stadt Zürich ist einerseits unter dem Aspekt der weltweiten Prozesse der Kulturalisierung der Ökonomie und der Ökonomisierung der Kultur zu sehen. Andererseits ist der kulturelle Aufbruch in Zürich nicht ohne die urbane soziale Bewegung der frühen 1980er Jahre zu verstehen. Denn auch wenn dies heute nicht allgemein anerkannt wird, so legte die Bewegung von 1980 das Fundament für Zürichs Entwicklung zu einer Stadt, die kulturell und gesellschaftlich zu den internationalen Metropolen gehört und sich auch im Bereich von Lifestyle und Trendshopping profiliert. Thomas Wagner, der in den Jahren 1982–1990 Stadtpräsident von Zürich war, äusserte sich in einem Interview mit dem *Wirtschaftsmagazin* der Zürcher Kantonalbank folgendermassen: „Zu Beginn der 80er Jahre nahmen wir eine Standortbestimmung vor. Um ganz offen zu sein: Das hatte auch einen Zusammenhang mit den damaligen Unruhen in der Stadt Zürich. Da wurden plötzlich neue Bedürfnisse artikuliert und in der Öffentlichkeit registriert. Diese Entwicklungen haben wir ernst genommen: Kultur darf sich nicht nur auf die traditionelle Kultur der grossen Institute beschränken. Es braucht eine Ausweitung, es muss auch die sogenannte Basiskultur – wie man damals sagte – zum Zuge kommen. Diese Bewegung ist damals sehr stark spürbar gewesen und hat uns im Rahmen dieser Standortbestimmung massgeblich geprägt" (Zürcher Kantonalbank, 1999, 13).

Die in Wirtschaftsbelangen starke Internationalität Zürichs hatte bis 1980 in der gesellschaftlichen und vor allem der kulturellen Entwicklung kein Spiegelbild. Neuere kulturelle Entwicklungen wurden in Zürich „unter dem Deckel gehalten", wie dies ein Interviewpartner beschrieb. Es gab kaum Aufführungsorte für lokale Bands oder Musik- und Theatergruppen. Staatliche Beiträge wurden fast ausschliesslich an die etablierten Kulturinstitutionen ausgerichtet. „Der Freiraum für eine eigene Kultur war gerade in der Schweiz, und insbesondere in Zürich, wo die städtische Kulturpolitik die Anliegen jugendlicher Subkulturen seit Jahren ignoriert hatte, besonders eingeschränkt. Hinzu kommt, dass sich die City zu Beginn der Achtzigerjahre in Richtung der von der Szene bevorzugten Stadtkreise (Kreise 3, 4, 5, Anm. d. Autors) auszudehnen begann und ihren Lebensraum auf noch grundsätzlichere Weise bedrohte" (Kriesi, 1995, 83). Die Unrast in der jungen Bevölkerung der Stadt wurde immer grösser und fand eine erste Entladung am 30. Mai 1980, als sich die Demonstration vor dem Opernhaus gegen die dem Volk zur Abstimmung vorgelegten 60 Millionen Franken für das Opernhaus zur Krawallnacht entwickelte. Einmal mehr sollte öffentliches Geld für eine etablierte Kulturinstitution eingesetzt werden, während alle anderen Formen von Kultur nicht nur nicht gefördert, sondern auch unterdrückt wurden (Schmid, 2004). Es entwickelte sich die Protestbewegung der 1980er Jahre. Zu den Forderungen dieser Bewegung gehörte ein autonomes Jugendzentrum (AJZ) und die Rote Fabrik als alternatives Kulturzentrum am Zürichsee, sowie eine generelle Unterstützung der nichtetablierten Kultur. Das AJZ wurde 1980 in einer kleinen ehemaligen Fabrik hinter dem Hauptbahnhof in Beschlag genommen, zunächst geduldet, dann für mehrere Monate geschlossen, dann wieder geöffnet. Das Experiment scheiterte bereits im Frühjahr 1982, wofür hauptsächlich die Vereinnahmung durch den Handel und Konsum harter Drogen verantwortlich war, aber auch die politische Nichtakzeptanz dieses Freiraumes. Die Rote Fabrik nahm ebenfalls im Jahre 1980 ihren Betrieb auf und ist heute eine weit herum etablierte Kulturinstitution von internationaler Ausstrahlung (vgl. Wolff, 1999).

Kriesi (1995, 84) untersuchte unter anderen Bewegungen auch die 1980er Bewegung von Zürich und klassierte sie als Autonomie-Bewegung, die sich gegen die herrschende Kultur (countercultural) richtet, und ihre kollektive Identität aus Konfrontation und Konflikten bezieht. Er bezeichnete die Bewegung als wenig erfolgreich, weil sie ihr Ziel, die Einrichtung eines AJZ nicht erreichte. Das AJZ wurde im Verlaufe der Auseinandersetzungen auch von den Medien in den Vordergrund gerückt. Die Bewegung hatte ihren Anfang aber in der kulturellen Frage. Auf den Spruchbändern des allerersten

Demonstrationszuges vom Mai 1980 war zu lesen: *Wir sind die Kulturleichen der Stadt!* Die soziale Bewegung von 1980, verstand Kultur als Teil eines politischen Aufbruchs, was Behörden und Öffentlichkeit sehr viel Mühe bereitete, zumal sie auch mit einer seit langem nicht mehr gekannten Gewaltbereitschaft einherging. Die politischen Forderungen der Bewegung wurden oft kulturell oder kreativ verpackt und waren die Vorläufer von Events wie sie später von privaten und öffentlichen Veranstaltern legal organisiert wurden. Das AJZ ebenso wie viele spätere Hausbesetzungen waren kulturelle und subkulturelle Orte, an denen Konzerte, Ausstellungen und Performances stattfanden. Die Erfolge der 1980er Bewegung gehen damit weit über das von Kriesi aufgrund von Zeitungsberichten festgestellte Mass hinaus, weil sie als Katalysator für eine kulturelle und urbane Entwicklung der Stadt Zürich wirkte, bis hin zur Party- und Trendstadt von heute (vgl. Kapitel 6.3).

Im Gefolge der Jugendunruhen von 1980 erhöhte die Stadt ihre Ausgaben für die sogenannte Alternativkultur von 1 auf 11 Millionen Franken. Ab 1985 kommt der sogenannte Rock- und Pop-Kredit mit Fr. 500'000 jährlich zum Tragen. Auch andere Institutionen, Stiftungen und Private bemühten sich in dieser Zeit, nicht nur die Wogen zu glätten, sondern auch finanziell zur weiteren kulturellen Entwicklung in der Stadt Zürich beizutragen (z. B. der Gretler-Fonds). In dieser Szene erwarben sich viele Personen organisatorische und Management-Fähigkeiten, und bewiesen mit Tatkraft und Eigeninitiative unternehmerische Qualitäten. Es wurden unzählige kulturelle Anlässe wie Konzerte und Performances in Kellern, illegalen Bars, leerstehenden Fabrikhallen und besetzten Häusern veranstaltet. In der Roten Fabrik entfaltete sich in kürzester Zeit ein äusserst aktives Kulturleben mit jährlich Dutzenden von Konzerten, Theatern, Lesungen, Diskos usw. „Die oppositionelle Kultur entwickelte sich zu einem konsumierbaren kulturellen Angebot, das nicht nur von der Szene, sondern auch von Angestellten der Headquarter Economy frequentiert wird: Das prickelnde *Feeling* von illegalen Diskos oder das Avantgardekonzert, das für kurze Augenblicke den Groove New Yorks vermittelt, bilden das Ferment, das Zürich erst zu einer globalen Metropole werden lässt. Im Spannungsfeld von Widerstand und Integration wurde die von der 80er Bewegung geforderte und gelebte kulturelle Öffnung so selbst zu einem Faktor der ökonomischen Attraktivität Zürichs" (Hitz et al., 1995, 247).

Die kulturelle Öffnung, die zu einem beträchtlichen Teil dank der Bewegung erfolgte, wurde zum anderen Teil durch die weltweiten Entwicklungen im Kultursektor, die Ökonomisierung der Kultur und die Kulturalisierung der Ökonomie ermöglicht, die nicht mehr ohne Einfluss auf Zürich blieben. Zürich holte kulturelle Entwicklungen nach, die in andern Städten längst eine Selbstverständlichkeit waren. Die Bewegung von 1980 war der Katalysator. Aus den illegalen Aktivitäten entwickelten sich zunehmend legale. In den nunmehr verlassenen Industriearealen richteten KünstlerInnen Ateliers und Übungsräume ein, Theaterschulen, Tanzschulen und Aufführungsorte breiteten sich aus. Zusammen mit den Entwicklungen der Partyszene, die ebenfalls mit illegalen Veranstaltungen in unzähligen Kellern begann, entstand in Zürich im Verlaufe der 1980er Jahre ein reiches kulturelles Leben, welches in den 1990er Jahren zur Blüte fand.

Entwicklung kultureller Angebote

Im Folgenden werden diverse Entwicklungen der Kultursparten in der Stadt Zürich aufgezeigt. Diese Aufzählung erhebt keinen Anspruch auf Vollständigkeit. Die Aufzählungen werden unterteilt in die Zeiten vor 1980, ab 1980 und ab 1990, so dass das seit 1980 stark gewachsene Kulturangebot ersichtlich wird. Die Angaben sind kumulativ zu verstehen, das heisst, dass diejenigen Lokale, Ensembles, Einrichtungen usw., die vor 1980 gegründet wurden, auch heute noch bestehen, ausser wenn anders angegeben. Die folgenden Ausführungen basieren zum Teil auf eigenen Internetrecherchen im April 2004, etliche Fakten stammen auch aus den Interviews, die mit KIK geführt wurden sowie aus eigenen Recherchen im Zusammenhang mit früheren Publikationen (Klaus, 1996, 1998).

Entwicklung in den Bereichen Theater, Musical und Tanz

Vor 1980: Schauspielhaus, Bernhardtheater, Theater am Hechtplatz, Theater an der Winkelwiese, Neumarkt-Theater, Theater Stok, Theater Weisser Wind, Cabaret Voltaire, Casino Aussersihl, Stadthof 11.

Ab 1980: Fabriktheater (Rote Fabrik), Theater Stadelhofen, CH-Tanztheater (Schöller-Areal), Rigiblick, Depot Tiefenbrunnen (bis 1991).

1980 wurde zum ersten Mal das Theaterspektakel durchgeführt, welches ein Festival für freie Theatergruppen aus der ganzen Welt ist (s. unten Grossanlässe). Immer wieder gab es vorübergehende Einrichtungen für Theater und Musicals. Dazu zählen temporäre Musicals im ABB-Areal in Oerlikon oder im Maag-Areal im Kreis 5 sowie verschiedene Ensembles wie das CH-Tanztheater und die Schule für Tanz, Theater und Artistik Comart, welche im Schöller-Areal ihre Wirkungsstätten hatten. Dieses wurde 1998 abgerissen und auf dem Gelände die Überbauung Limmatwest realisiert. Zu erwähnen sind auch Entwicklungen wie das Zirkustheater Federlos und viele andere Unternehmen, die auf private Initiative in den 1980er Jahren entstanden sind.

Entwicklung in den Bereichen Musik, Orchester, Bands

Vor 1980: Opernhaus, Tonhalle, Kongresshaus, Kirchen, Hallenstadion, Volkshaus, Schützenhaus Albisgüetli, Drahtschmidli, eine Hand voll Clubs mit Live-Musik.

Ab 1980: Rote Fabrik, Kaufleuten, WIM (Werkstatt für improvisierte Musik), Drahtschmidli (Neubau), Moods, Kanzleizentrum (bis 1992), AJZ (bis 1982), Bazillus, Gemeinschaftszentren (Buchegg, Heuried, Riesbach, Wipkingen, Wollishofen, Hirzenbach), zunehmend Clubs und illegale Bars mit Live-Musik.

Ab 1990: Wohlgroth (bis 1993), Das All (1993–95), Maag-Music-Hall, (Palais) X-tra, Kanzleiturnhalle, div. Clubs, illegale oder besetzte Orte mit Live-Musik (z. B. g'stoert, Sihlpapier oder ego-city).

Zürich als Musikstadt bestand über längere Zeit ausschliesslich aus den traditionellen Spielstätten Tonhalle, Opernhaus und Kongresshaus mit ihren Orchestern. In den 1960er Jahren kamen mit der Pop- und Rockmusik Aufführungsorte wie das Hallenstadion oder das Volkshaus hinzu. Die Jazzszene war klein und unbekannt. Konzertlokale waren ausserordentlich schwierig zu unterhalten. Versuche, Restaurants mit Live-Musik zu betreiben, wurden von der öffentlichen Hand nicht unterstützt (z. B. Bazillus). Die Rock- und Popszene Schweiz war sehr klein. Die bekanntesten Bands, Liedermacher, Singer and Songwriter oder Rockbands kamen nicht unbedingt aus den Städten (z. B. Krokus). Nur in Bern gelang es eine zunehmend erfolgreiche Mundartrockszene aufzubauen. Mit dem Einzug von Punk und New Wave in der Schweiz Ende der 1970er Jahre änderte sich die Situation grundlegend. Bands schossen wie Pilze aus dem Boden. Gerade Zürich hatte eine sehr lebendige Punk- und New Wave-Szene mit sehr vielen Bands. Die Musikszene und die Jugendlichen orientierten sich schon länger an den Grossstädten, insbesondere an London und seiner Clubszene und der aufkeimenden Punkbewegung. Was allerdings in Zürich nach wie vor fehlte, waren Konzertlokale und Übungsräume. Keller von Mittelschulen, das Schindlergut und ein paar wenige Clubs halfen beschränkt aus. Es wurde versucht, gewisse Orte wie das *Polyfoyer* als Konzertlokale zu etablieren. Diese Ansinnen wurden aber unterbunden und 1979 alle Lokale geschlossen. Dadurch wurde das Gefühl der Ausgrenzung der Jugend und der neuen Kulturformen verstärkt. Es fehlten Ateliers, Übungsräume, Konzertlokale und Treffpunkte. In den 1980er und 1990er Jahren wurden immer mehr Konzerte in Clubs, illegalen Bars und besetzten Häusern organisiert. Daraus entwickelte sich Zürichs Techno- und Partybewegung. Auch der Jazz in seinen verschiedenen Ausprägungen erhielt in Zürich zunehmend Raum. Fabrikjazz in der Roten Fabrik wurde zum Label für Avantgardejazz von hoher Qualität, weiter gelang es dem Jazzclub *Bazillus* sich zunehmend zu etablieren, seit Ende der 1980er Jahre unter dem Namen *Moods*. Einen Rückschlag erlitt das Zürcher Jazzfestival, welches Ende der 1990er Jahre keine Finanzierung mehr fand und als schlanke Variante im *Jazz no Jazz* aufging. Die freie Szene installierte sich in und um die Werkstatt für improvisierte Musik WIM. Bleiben noch die Tage für Neue Musik zu nennen, die seit den 1980er Jahren der modernen Musik zu neuer Aufmerksamkeit verholfen haben. Die 1980er Bewegung konnte einige Erfolge erzielen, insbesondere das alternative Kulturzentrum *Rote Fabrik*, das Quartierzentrum *Kanzlei*. Die Rote Fabrik zählt heute zu den Standortfaktoren Zürichs. Die beiden etablierten Stätten für klassische Musik machten ebenfalls bemerkenswerte Entwicklungen durch. Das Tonhalleorchester errang in den 1990er Jahren internationale Bekanntheit und Anerkennung. Eben-

falls schuf es das Opernhaus aus der Provinzialität in die Liga der europa-
weit bekannten Häuser aufzusteigen.

Entwicklung in den Bereichen Kino, Film und Video

Im Jahre 2004 laden 58 Kinosäle mit 10'500 Plätzen zum Filmeschauen
(Tages-Anzeiger, 16.4.04). Dies sind bereits 600 Plätze und 5 Kinosäle mehr
als 2001. Das Jahresmittel liegt mit mehr als 8 Kinoeintritten pro Einwoh-
nerin und Einwohner um das Vierfache über dem Landesdurchschnitt.
Die Stadt Zürich hat mit ihrem breiten Kinoangebot grosse Anziehungskraft auf die ganze Region und darüber hinaus. Zürich gehört zu jenen
Städten in Europa, in deren Kinos neue Filme als erste gezeigt werden.
Ausserdem hat sich in Zürich die Einrichtung von temporären Open-
air-Kinos etabliert. Die allerersten in Zürich waren *Film am See* auf dem
Gelände der Roten Fabrik, das Kino *Röntgenplatz* und das Kino *Xenix* (ehemals AJZ-Kino), die ihre Leinwände draussen aufspannten und dadurch
kulturelle Innovation und urbanes Setting aus der alternativen Szene
manifestieren.

Ebenfalls viele ZuschauerInnen ziehen das *Filmfluss* in der Bade-
anstalt Unterer Letten (seit 1994) und das kommerzielle *Kino am See* am
Zürichhorn (seit 1989) an. Die Filmproduktion in Zürich ist genauso wie in
der ganzen Schweiz geprägt von der sehr knapp bemessenen Filmförderung
durch die öffentliche Hand. Eine Filmindustrie konnte sich nie etablieren.
Trotzdem haben sich einige Schweizer Filmemacher wie Rolf Lyssi, Daniel
Schmid, Alain Tanner und andere einen Namen machen können. Ende der
1970er Jahre entstand der *Videoladen*, der das damals neue Medium Video
dafür einsetzte, Filme sozialkritischer Art oder mit Bezug zu den Ereignis-
sen der sozialen Bewegung von 1980 mit sehr kleinem Budget zu realisieren. Aus dem Videoladen und seinem Umfeld in der 1980er Bewegung ging
eine neue Generation von Filmern wie der bekannte Filmemacher Samir
oder die Videokünstlerin Pipilotti Rist hervor, die heute weltweite Anerkennung geniesst. In der Schweiz gibt es zwei Schulen mit Ausbildungsange-
boten für den Film, eine in Lausanne (Ecole Cantonale de l'Art Lausanne,
ECAL) und die andere in Zürich (Filmklasse der Hochschule für Gestaltung
und Kunst, seit Mitte der 1990er Jahre). In neuerer Zeit hat die Filmproduktion Aufwind bekommen. Sowohl die eidgenössischen Räte (Filmgesetz

vom 14.12.2001) als auch Stadt und Kanton Zürich (Volkabstimmung vom 26.9.2004 über die Einrichtung einer Zürcher Filmstiftung) haben beschlossen, das Filmwesen stärker zu unterstützen.

Entwicklung in den Bereichen bildende Kunst, Design, Architektur

Bereits in der Einleitung zu diesem Kapitel wurde auf die Bedeutung der Dada-Bewegung hingewiesen. Offenbar schien die Stadt Zürich die grössere Bedeutung für die Dada-Bewegung zu haben als umgekehrt. Erst in den 1980er Jahren wurde der Bewegung wieder grössere Aufmerksamkeit zuteil. Dies geschah einerseits mit der Adaption dadaistischer Elemente in der 1980er Bewegung, andererseits mit einer Ausstellung im Kunsthaus im Jahre 1985. Genauso wie es an Übungsräumen für Musikgruppen mangelte, so fehlten Ateliers für die zunehmend grösser werdende Künstlerszene. In der Roten Fabrik konnten ab 1980 eine Reihe von Ateliers bezogen werden. Noch mehr Ateliers konnten ab Ende der 1980er Jahre in verlassenen Industriearealen in Beschlag genommen werden (z. B. SRO, Sulzer-Escher-Wyss, Steinfels, Giesshübel), nachdem Besitzer und Verwalter dieser Areale festgestellt hatten, dass die Umnutzung der Flächen nicht so einfach sein würde. Grund dafür war einerseits die damalige Bau- und Zonenordnung und vor allem die 1991 einsetzende Rezession. Nicht zuletzt die Angst vor Besetzungen veranlasste die Grundbesitzer Zwischennutzungen zuzulassen. Dutzende von vormals der industriellen Produktion dienenden Gebäuden ermöglichten nun die Nutzung als Ateliers zu günstigen Konditionen. Mehrere hundert KünstlerInnen und DesignerInnen fanden hier ihre Wirkungsstätten. Die Arbeiten von in Zürich wirkenden KünstlerInnen fanden auch zunehmend auf internationalem Parkett Beachtung. Dafür stehen Namen wie Fischli/Weiss, Biefer/Zgraggen, Lutz/Guggisberg. Zürich kannte keine eigentliche Kunsthochschule wie andere Städte. Eine Ausbildung konnte nur an der Kunstgewerbeschule absolviert werden, wo die Kunstausbildung eng mit Design und der angewandten Kunst verbunden war. Auf private Initiative wurde 1971 die F+F Schule für Form und Farbe gegründet. In den Jahren 2002 bis 2004 wurde in Altstetten das Projekt *Fuge* von der Stadt Zürich in Zusammenarbeit mit der HGKZ durchgeführt. Dieses bestand in der Bereitstellung von Dutzenden von Wohnungen als Ateliers für KünstlerInnen in den zum Abbruch vorgesehenen Mehrfamilienhäusern des Quartiers Grünau in Altstetten.

Das Schweizer Design hatte bereits in den 1950er Jahren einen international guten Ruf und war eng mit den Industrieprodukten verbunden. „Unter dem kultur- und gesellschaftskritischen Einfluss der Pop Art wandte sich die Gestaltung in den Sechziger- und Siebzigerjahren von der rigiden Doktrin des Funktionalismus ab und dem Experiment mit Farben, Formen und Materialien zu. Diese (Anti-)Haltung hat unser Sehen nachhaltig verändert, Design popularisiert und den Rhythmus der Stilwechsel beschleunigt: Vom Pop- und Antidesign über Memphis, Postmoderne und Hightech zur Neuen Einfachheit, lautet die Kurzfassung der Stilgeschichte der letzten dreissig Jahre" (Bär und Wild, 2001, 96). Auch in der Typographie wird die Arbeit von Schweizern zum Standard, wofür die Namen Helvetica und Frutiger stehen. An der Kunstgewerbeschule (heute Hochschule für Gestaltung und Kunst HGKZ), welche in den 1930er Jahren ihren Platz im Zürcher Kreis 5 fand, wirkten immer wieder bekannte Personen wie Johannes Itten oder Sophie Taeuber. Studierende der HGKZ befruchteten das Szeneleben der letzten zwanzig Jahre, unter anderem mit der Gestaltung von Partyflyern: „Wie sehr die Grafik der Partyflyers vielen Gestalterinnen und Gestaltern als Experimentierfeld diente, hat nicht zuletzt eine Ausstellung im Museum für Gestaltung Zürich gezeigt" (Müller, 2002).

Die Architekturabteilung der ETH Zürich geniesst weltweit ein hohes Ansehen und bringt immer wieder bekannte Architekten hervor. Zu den Zürcher Architekten gehört Max Frisch (1911–1991), der zwar mehrere Bauten (z. B. Freibad Letzigraben in Zürich-Altstetten) realisiert hatte, aber vor allem als Schriftsteller berühmt wurde.

Entwicklung im Bereich Literatur

Max Frischs Werk gehört zur Weltliteratur wie das keines anderen Zürcher Autoren im 20. Jahrhundert. Aber auch andere SchriftstellerInnen haben über die Grenzen Bekanntheit erlangt, unter ihnen Adolf Muschg, Isolde Schaad, Kurt Marti und Peter Zeindler. In den 1990er Jahren begannen verschiedene junge AutorInnen sich zu vernetzen, bestritten gemeinsam Lesungen, z. B. in der besetzten Wohlgroth-Fabrik, und versuchten so, auf sich aufmerksam zu machen, was ihnen auch gelang. Autoren und Autorinnen wie Peter Weber und Ruth Schweikert haben eine über die Landesgrenzen hinausreichende Bekanntheit erlangt. Mit der Eröffnung des Literaturhauses vor einigen Jahren hat Zürich endlich auch eine feste Lokalität für die Auseinandersetzung mit Literatur. In den letzten Jahren hat zudem auch die Slam-Poetry an Beliebtheit gewonnen.

Entwicklung in den Bereichen Museen und Galerien

Vor 1980: Schweizerisches Landesmuseum, Kunsthaus, Museum für Gestaltung, Museum Rietberg, Museum Bellerive, Museum Bärengasse, Haus zum Kiel, Botanischer Garten, Zoologischer Garten, Völkerkundemuseum, Div. Sammlungen von Privaten, Universität usw.

Ab 1980: Kunsthaus Oerlikon (alternativer Ausstellungs- und Performanceort, 1986 bis 1996), Architekturforum, Mühlerama, Shedhalle.

Ab 1990: Kunsthalle, Migros-Museum für Gegenwartskunst, Money-Museum, Giacometti Halle.

In Zürich wurden im Verlauf des 20. Jahrhunderts etliche Museen eröffnet, gemessen an der Grösse der Stadt sogar eine beachtliche Anzahl. Die Zahl der Ausstellungsorte für Kunst, Design, Architektur usw. nahm auch in den 1980er und 1990er Jahren zu. Grössere Anlässe für die Kunst wurden ab 1971 mit der *Kunstszene Zürich* elf Mal veranstaltet. An dieser unjurierten Ausstellung nahmen 2003 571 KünstlerInnen teil. Im Bereich Design, welcher durch das Museum für Gestaltung abgedeckt wird, wurde 1997 die sogenannte *Blickfang* eingerichtet. Diese Messe für Design, Mode, Schmuck generierte schnell eine grosse Nachfrage sowohl bei den AusstellerInnen als auch bei den Besuchenden: 1999: ca. 160 Teilnehmende und 13'000 BesucherInnen, 2003: ca. 200 Teilnehmende und 15'000 BesucherInnen.

In den 1980er Jahren wurden verschiedene Selbsthilfeprojekte für jene Kunst, die nirgends ausgestellt wurde, initiiert. Es entstanden Orte wie das *Kunsthaus Oerlikon*, die *Shedhalle* in der Rote Fabrik und etwas später der *Message Salon*. Hier wurden Ausstellungen organisiert, die sonst nirgends möglich waren. Junge, experimentierfreudige KünstlerInnen präsentierten an diesen Orten ihre Kunst, oft verbunden mit Performances und Installationen, und immer gehörte eine Bar dazu. Die Ausstellungen und Veranstaltungen in der *KLINIK* (ehemaliges Spital Sanitas), waren eine legale Zwischennutzung, die in der Kunstszene weit über die Landesgrenzen hinaus für Aufsehen sorgten (ca. 1997–1999). In traditionellen Arbeitervierteln der Innenstadt (Kreise 4 und 5) wurden in den 1990er Jahren das Migros-Museum, die Kunsthalle und diverse Galerien angesiedelt. Sie demonstrieren, dass Zürich die Ökonomisierung der Kultur vollzogen hatte.

Entwicklung im Bereich der Gastronomie

Trend- und Szenelokale der 1970er Jahre waren das *Malatesta*, die *Kontiki*-Bar, oder die *Bodega* im Kreis 1. Die Altstadt war der Ort, wo sich die Leute trafen, zum Teil noch in Aussersihl in der *Helvetia*. Die meisten anderen Restaurants waren traditionell eingerichtet und geführt, entweder als Speiserestaurants oder als Quartierkneipen (Beizen), welche es noch an allen Ecken gab. Indische, chinesische oder thailändische Restaurants waren die Ausnahme, einzig italienische Restaurants oder Pizzerien wiesen auf die Anwesenheit einer internationalen Bevölkerung hin, die damals noch vornehmlich aus dem südlichen Nachbarland Italien stammten. Die Polizeistunde war auf 24.00 Uhr angesetzt, das heisst, dann mussten die Restaurants schliessen. Nur einige wenige Lokale hatten die Erlaubnis bis 02.00 Uhr offen zu halten. In den 1980er Jahren entstanden unzählige illegale Bars in Kellern, ehemaligen Fabriken und in besetzten Häusern. In den 1990er Jahren vollzog sich die Entwicklung zur Trend-, Ethno- und Szenegastronomie. Türkische Imbissbuden, chinesische und thailändische Take-aways, tamilische Restaurants gehören seither zum Stadtbild.

Entwicklung im Bereich Festivals und Grossanlässe

In Zürich gibt es mehrere traditionelle Grossanlässe und Festivals, darunter das Sechseläuten mit dem Umzug der Zünfte und der Verbrennung des *Böögg* (seit Mitte 19. Jh.), das *Knabenschiessen* (Wettschiessen für Jugendliche und grösster Jahrmarkt der Schweiz), sowie das 1. Mai-Fest (seit 1890) mit Umzug von Gewerkschaften, Parteien usw. Es fanden weitere Grossanlässe in Zürich statt, viele davon nur einmal, wie die Landesausstellung 1939, die Phänomena 1984, die Heureka 1991, usw. Mit den 1980er Jahren setzt die Festivalisierung ein, wie sie in den meisten Grossstädten zu finden ist. Ab 1990 mehren sich ferner die sportlichen Grossanlässe, die auch zu den Attraktionen gehören, mit der eine Stadt auf sich aufmerksam machen kann.

Vor 1980: Zürifäscht (ca. alle drei Jahre, grösstes Volksfest der Schweiz), Seenachtsfest, Zürimetzgete (ProTour-Fahrradrennen), Weltklasse in Zürich (Golden League Leichtathletikwettkampf), Limmatschwimmen (Volksschwimmen, 2003: 4'200 Teilnehmende), Silvesterlauf (Volkslauf und professioneller Wettkampf, 2004: 16'600 Teilnehmende).

Ab 1980: Theaterspektakel (Internationales Festival freier Theatergruppen, Tausende von BesucherInnen, grösstes in Europa in seiner Art), Seeüberquerung (Teilnehmende 2003: über 3'000), Dörflifäscht (Volksfest im Niederdorf der Altstadt), SOLA-Stafette (2004: über 9000 LäuferInnen in 664 Teams), Taktlos-Festival (experimentelle Musik der Off-Szene).

Ab 1990: Street Parade (Umzug mit Technomusik, bis 1 Millionen BesucherInnen), Longstreetfestival (Volksfest in der Langstrasse, Kreise 4 und 5), Christopher Street Day CSD, Festival Tropical Caliente, Zürcher Festspiele (klassische Musik), Lange Nacht der Museen (39 Museen öffnen ihre Türen bis 2 Uhr, zum Teil die ganze Nacht), Zürich Triathlon (2400 Teilnehmende), Open-Air-Konzerte im Leichtathletik- und Fussballstadion Letzigrund, Ironman Switzerland (2003: 1200 Teilnehmende), Swiss-Inline-Cup (2003: 20'000 Teilnehmende), Freestyle.ch (Snowboard-, Skateboard-, Freeski-, FMX-Motorradfliegen-Contests jeweils im September, Zehntausende von ZuschauerInnen).

Ab 2000: Zürichmarathon (2004: über 6000 Teilnehmende), Monday Night Skate (zweiwöchentlich stattfindende Skatetour durch Zürich mit bis zu 8'500 Teilnehmenden).

Entwicklung im Bereich der alternativen Kulturzentren

In Zürich gibt es eine reiche Tradition von Eigeninitiative in Kulturbelangen. Verschiedentlich wurden Räume angeeignet mit dem Ziel, die eigenen Kunstformen realisieren zu können und unabhängig von staatlichen Stellen oder kommerziellen Einrichtungen wirken zu können. Die Zunahme der Industriebrachen erleichterte die Raumsuche. Besetzungen und Zwischennutzungen nahmen immer grössere Ausmasse an. Im Verlauf der 1990er Jahre verloren viele Raumaneignungen den politischen Rahmen.

Abgesehen vom bereits erwähnten AJZ (1980–82) wurden folgende Orte in den vergangenen Jahren besetzt und für kulturelle Zwecke genutzt: Besetzungen: Wohlgroth (1991–1993), Ego-City (2001–04), Glacé-Garten im Steinfelsareal (bis 2001) Sihlpapier (2003), Cabaret Voltaire (2003). Zwischennutzungen als Selbsthilfe und Eigeninitiative: Kunsthaus Oerlikon, Message Salon, All (Zentralstr. 150), Hohlstr. 208, KLINIK. Staatlich unterstützte alternative Kulturzentren: Rote Fabrik, Kanzleizentrum (1984–1992), Jugendkulturhaus Dynamo, Drahtschmidli 1960–1987), Schindlergut (1977–1981).

Die Besetzung der Liegenschaft Spielgelgasse 1 im Jahr 2002, wo das Cabaret Voltaire der Dada-Bewegung war, trägt späte Früchte: Am 29. September 2004 wurde das Cabaret Voltaire offiziell neu eröffnet und dient einer breiten Palette von kulturellen Aktivitäten. Die Trägerschaft wurde aus städtischen Stellen und einem privaten Sponsor gebildet.

Die Bedeutung dieser alternativen Kulturzentren für die Entwicklung des Stadtzürcher Kulturlebens darf nicht unterschätzt werden. Sie sind einerseits als alternative Angebote für ein breiter interessiertes Publikum zu sehen, als Labore der Subkulturen und neuen Entwicklungen, andererseits als Lernfeld für Kulturveranstaltungen (von der Organisation bis zur Technik).

6.6 Zürich wird zur Partymetropole

Unter Parties werden seit Beginn der 1990er Jahre insbesondere Technoparties verstanden, Orte, wo die Ende der 1980er Jahre neu aufgekommene elektronische Musik wie Techno, House, Acid usw. gespielt wird. Was früher Diskos als Tanzveranstaltungen waren, mutierte mit dem Aufkommen der Techno-Musik zu Parties. Im englischen Sprachraum ist für die Veranstaltungen mit elektronischer Musik der Begriff Rave verbreitet. Dieser wird oft auch gebraucht, um Open-Air-Veranstaltungen zu bezeichnen. Techno wurde schon sehr früh als Oberbegriff für die neuen elektronischen Musikrichtungen gebraucht. „Ab 1990 bezeichnete Techno ... jene Art elektronischer Tanzmusik, die aus dem House heraus entstanden war. Auch wenn Chicagos *Acid House* und Detroit Techno um 1987/88 viele Elemente des heutigen Techno enthielten, gilt 1990 als Geburtsjahr des Techno" (Anz und Walder, 1995, 21). Parties haben in Zürich nicht nur gesellschaftlich, sondern auch wirtschaftlich eine aussergewöhnliche Entwicklung erlebt. Vor 1990 gab es zum Tanzen in Zürich vor allem Clubs wie *Dillon's*, *Entertainer*, *Hey*, *Ugly* (in Richterswil ZH), Feste in Gemeinschaftszentren, Turnhallen usw. oder den *Polyball* in den Räumlichkeiten der ETH. Ihre Anzahl war aber überschaubar. Viele Feste wurden im privaten Rahmen organisiert und gefeiert.

„Der soziokulturelle Nährboden der Partykultur ist ursprünglich die alternative Jugendbewegung. Daran muss erinnert werden, wenn heute schreiend volle Plakate, Broschüren und Flyer sich eher an *Beautiful-People* zu wenden scheinen. Was heute erlaubt ist, war damals verboten, und dass es heute erlaubt ist, hat auch mit der Vitalität zu tun, mit der die erste Party-Generation sich über die spröde gewordene Verbote hinwegsetzte" (Kenner und Lichtenstein, 2000, 2). In den 1980er Jahren wurden illegale Parties in besetzten Häusern durchgeführt und zum Teil professionell wie Clubs geführt. Andererseits wurden Parties als Events organisiert, sozusagen aus dem Nichts heraus, oft an so ungewöhnlichen Orten wie z. B. in einem Tunnel der sich in Bau befindenden S-Bahn. Eine Schrittmacherrolle in der Zürcher Partykultur hatten die Diskos *Taifun* und *Dronenhalle* in der Roten Fabrik, die *Kanzleiturnhalle* und die vom sogenannten *Disco-Syndikat* organisierten Anlässe in den ehemaligen Zeughäusern der Zürcher Kaserne. Ebenso waren Anlässe im Provitreff wie die *Boiler*-Disko, wo kein Eintritt verlangt wurde und der Gewinn aus der Bar solidarisch eingesetzt wurde, eine Besonderheit der 1980er Jahre. Die freigewordenen Hallen der stillgelegten Fabriken boten dann ideale Voraussetzungen für die Weiterentwicklung der Partykultur.

Techno gilt, wie ursprünglich HipHop auch, explizit nicht als Produkt der Musikindustrie und hatte nachhaltigen Einfluss auf die meisten anderen Musikstile. „Meist sind es DJs, Idealisten und Musikfreaks, die ein unabhängiges (sogenanntes Independent oder Indie-) Label gründen. Manche schliessen sich aber auch mit einer Major-Plattenfirma zusammen, um dort ein Techno-Label zu gründen (z. B. Harthouse/Eye Q bei Warner Music) ... Mindestens 75 % der Labels beginnen unabhängig" (Fehlmann, 1995, 234 f.). Parties wurden je länger, desto professioneller. Tausende von Leuten besuchten Parties in Zürich und zunehmend in der ganzen Schweiz (vgl. Klaus, 1995). Die grösste aller Parties ist die Street Parade, die jedes Jahr hunderttausende von Menschen nach Zürich lockt. Die Umsätze, die an einem Wochenende erzielt werden, werden mit rund 150 Millionen Franken beziffert (NZZ 11.8.2000). Die Ausgehindustrie ist damit zu einem veritablen Wirtschaftsfaktor Zürichs geworden. Was zu Beginn ein Teil einer Subkultur war, entwickelte sich in raschem Tempo zu einer Massenkultur und zu einem bedeutenden Geschäft. Die Zahl der Personen, die Zürich samstagnachts besuchen, wird im Jahr 2002 auf 100'000 Personen geschätzt (Tages-Anzeiger, 2.10.2002). Diese besuchen Kinos, Bars, Restaurants und Parties. Es kann davon ausgegangen werden, dass an einem Freitag oder Samstag rund 30'000 Personen über 100 Parties besuchen. Die Auslagen pro Nacht und Person bewegen sich für alle Aktivitäten, also Essen, Kinobesuch, Getränke und Parties, zwischen 35 und 200 Franken. Hinzu kommen die Ausgaben für entsprechende Kleidung, Schuhe und sonstige Accessoires. Eine Vielzahl von Erwerbsmöglichkeiten hängen mit dieser Szene direkt und indirekt zusammen: Security-Leute, Techniker, Grafiker, Tänzerinnen und Tänzer. Eintrittsgebühren und Getränkeumsatz sichern den VeranstalterInnen grosse Gewinne. Ebenso entwickelten sich zugeordnete Wirtschaftsaktivitäten sehr rasch, z. B. der Verkauf von CDs: „Der Umfang an Neuveröffentlichungen hat sich seit 1991 schätzungsweise verfünf- bis verzehnfacht. Hinzu kommen der Verkauf von T-Shirts, Slipmats, Kappen und anderen Merchandise-Artikeln: Von solchen Artikeln können oft bis zu fünfstellige Stückzahlen umgesetzt werden" (Fehlmann, 1995, 235). Aber auch andere Branchen profitieren vom Partyfieber: Genuss- und Suchtmittel (Tabak und Getränke), Computer und Software, Presswerke (CD und Vinyl), Druck und Grafik (Flyer, Magazine), Bekleidung, Equipment-Vermieter usw.

Der Beitrag der Street Parade zum Wirtschaftsstandort Zürich ist auf jeden Fall auch auf der Imageebene anzusiedeln, wie dies auch von öffentlichen Stellen eingeräumt wird. „Die Street Parade hat zum neuen Image Zürichs beigetragen', erklärt Richard Diethelm, Informationsbeauftragter des kantonalen Amtes für Wirtschaft und Arbeit. Zürich habe während Jahren ein eigentliches Image- Problem gehabt. Diethelm führt in diesem Zusammenhang die Stichworte *Gnome der Finanzwelt* und *Needlepark* an. In den letzten Jahren habe sich das Image der Stadt gewandelt; Zürich gelte jetzt als modern, trendy, multikulturell, als eine Stadt mit einer lebhaften Partyszene. Wenn eine international tätige Firma vor dem Entscheid stehe, in einer neuen Region eine Niederlassung zu eröffnen oder ganz umzuziehen, spiele immer auch ein psychologischer Faktor eine Rolle. Es gehe um die Frage, mit welchem Image eine Region in Verbindung gebracht werde, welches Lebensgefühl sie ausstrahle. Ein bis weit über die Landesgrenzen wahrgenommener Anlass wie die Street Parade sei in dieser Hinsicht ein Glücksfall, da er fast nur positive Assoziationen wecke" (NZZ, 11.08.2000).

Die im Veranstaltungskalender *Züritipp* des Tages-Anzeigers (z. B. Züritipp vom 15.4.2004) genannten 32 Klubs sind längst nicht alle Clubs, die in Zürich betrieben werden. Nach wie vor gibt es eine stattliche Anzahl nicht wirklich legaler Clubs oder solche, die aus verschiedenen Gründen (Stammkundschaft, keine neue Klientel erwünscht usw.) ihr Programm keinem Veranstaltungskalender melden. Die Verteilung der Clubs über das Stadtgebiet ist sehr ungleichmässig. Von den 32 aufgeführten Clubs sind siebzehn im Kreis 5 (davon neun zwischen Hardbrücke und Hardturmstadion), vier im Kreis 1 und drei im Kreis 6. In den restlichen sind es zwischen 0 und 2 Clubs. Die aufgeführten Clubs sind: Aaah!, Abart, Acqua, Adagio, Aera, BBQ, Code Club, D-33, Dionis, Dynamo/Werk21, Garufa, Herb, Hey, Indochine, K5 Club, Kanzlei, Kaufleuten, Kukuk, Labor, Latin Palace, Labyrinth, Le Bal, Mascotte, Mellow Club, Moods, New Gothic Club, Oxa, Provitreff, Q Club, Rohstofflager, Säulenhalle, Spidergalaxy, Stoffwechsel 15, Supermarket, Tonight, Toni-Molkerei, Tropicana Club, UG Club, X-Tra, Zodiac, Zoo Club.

6.7 Fazit

In diesem Kapitel wurde Zürichs wirtschaftliche und kulturelle, zum Teil auch gesellschaftliche, Entwicklung beschrieben mit dem Ziel eine Grundlage für das Verständnis der nun folgenden zwei empirischen Kapitel zu schaffen. Zu den interessanten Beobachtungen gehört dabei, dass die Stadt Zürich von einer im 19. Jahrhundert selbst im schweizerischen Kontext nicht sehr bedeutenden Stadt im letzten Viertel des 20. Jahrhunderts zur Global City avanciert ist. Mit Maschinenbau- und Textilindustrie begann Zürichs Weg zur Internationalität im ausgehenden 19. Jahrhundert. Der Aufstieg des Finanzsektors ab Ende der 1960er Jahre liess Zürich eine Spitzenposition in der Weltwirtschaft und der Konkurrenz der Städte einnehmen. In den 1980er Jahren siedelten sich verschiedene nationale und globale Headquarter transnationaler Unternehmen in und um die Stadt Zürich an. Während Zürich zu einem wichtigen Glied in der Weltwirtschaft wird, bleiben die kulturellen Entwicklungen hinter den ökonomischen zurück. Erst 1980 beginnt sich dies zu ändern. Einerseits kommen die Defizite durch die Forderungen aus der sogenannten *Bewegung* nach mehr und anderer Kultur in Demonstrationen und Krawallen vehement ans Tageslicht, zum andern beginnen die Prozesse der Ökonomisierung der Kultur und der Kulturalisierung der Ökonomie langsam in Zürich Tritt zu fassen.

Eine kursorische Übersicht über die kulturellen Entwicklungen hat einen starken Anstieg von Einrichtungen, Institutionen und Veranstaltungen ab 1980 gezeigt. Die Fesitivalisierung der Städte und die Symbolische Ökonomie haben damit auch in Zürich ihren Niederschlag gefunden. In den durch den Strukturwandel frei gewordenen Industriearealen kommt es durch die Rezession in den 1990er Jahren nur zu wenigen Investitionen, so dass sich in diesen Gebieten ein vielfältiges Kultur- und Partyleben sowie ein neues kreatives Unternehmertum breit machen kann. Zürich ist so zu einem attraktiven urbanen Setting gekommen, welches auch in der Tourismuspromotion und im Standortmarketing eingesetzt wird. Damit werden Standortfaktoren wie politische Stabilität, gute Infrastruktur, tiefe Steuern usw. durch das Image als Trendstadt mit einem sehr breiten Angebot im Kultur-, Freizeit- und Shoppingbereich ergänzt.

Zürich ist durch diese Entwicklungen als Wohn- und Arbeitsstandort attraktiv geworden. In Umfragen zur Lebensqualität von Mercer Human Resources belegt Zürich seit mehreren Jahren Rang 1. Damit wären eigentlich die Voraussetzungen gegeben, hochqualifizierte Arbeitskräfte anzuziehen. Unternehmenbefragungen ergeben aber Defizite bei der Verfügbarkeit von hochqualifizierten Arbeitskräften. Sowohl Zürich Tourismus als auch die Standortpromotion preisen die neuen Qualitäten der Stadt an und in der Presse sind weltweit hunderte von Berichten über das trendige und weltoffene Zürich erschienen. Studien haben aber auch gezeigt, dass das Bild der Schweiz bei der Bevölkerung im Ausland immer noch von den Klischees vom Land der Berge, Uhren und Schokolade geprägt ist und dass das Image der Schweizer Banken stark negativ besetzt ist (Arend et al., 2000, 11 f.). Wirtschaftseliten haben hingegen ein positives Bild, Politikeliten ein wohlwollend kritisches. Es wird also aus den zur Verfügung stehenden Untersuchungen, abgesehen von der Bewilligungspraxis für ausländische Arbeitskräfte, nicht klar, weshalb dieses Defizit bei den hochqualifizierten Arbeitskräften besteht. Der Zusammenhang von Hightech-Clustern und Bohemienfaktor ist kaum gegeben (vgl. Zürcher Kantonalbank, 2001). Die Kultur- und Partystadt Zürich lebt vom Finanzsektor. Das heisst für Zürich ergibt sich eine bemerkenswerte Mischung eines international aktiven und bedeutenden Bankenstandortes und einer avantgardistischen Kultur und Subkultur. Letzere vermögen wesentlich zu einem positiven weltoffenen Image der Stadt beizutragen. Wie dieser Kultursektor funktioniert und welche Akteure zur kulturellen Produktion und zur kulturwirtschaftlichen Innovation beitragen, ist Gegenstand der nächsten beiden Kapitel.

Kapitel 7

Die Kulturökonomie in der Stadt Zürich – Grössenordnungen und Entwicklungen

Städte wie London, Los Angeles und New York, aber auch Stockholm und andere erlebten in den vergangenen Jahren ein zum Teil starkes Beschäftigungswachstum im Kultursektor (vgl. auch Kapitel 5.3). Die Symbolische Ökonomie und die Ökonomie der Zeichen haben ihren Niederschlag in den Produktionssystemen und den Statistiken gefunden. Zürich hat im Bereich der Kultur keine vergleichbare Reputation wie die Museen, Theater und Orchester in den genannten Städten. Wie im letzten Kapitel gezeigt wurde, hat sich eine breit verstandene Kultur in Zürich vor allem seit 1980 entwickelt. Die kulturellen Angebote und Veranstaltungen haben sich vermehrfacht. Da die Kulturproduktion nicht mehr wie in früheren Jahren eine vornehmlich von Engagement und Freiwilligenarbeit geprägte Angelegenheit ist, sondern eben eine starke Ökonomisierung erlebt hat, ist davon auszugehen, dass in Zürich die Zahl der Unternehmen und der Beschäftigten wie in anderen Städten stark zugenommen hat. Die Entwicklung von Beschäftigung und Arbeitsstätten ist ein Indikator für die Dynamik der kulturwirtschaftlichen Produktion der Stadt.

Produktionssysteme basieren auf einer Vielzahl unterschiedlichster Aktivitäten einer grossen Zahl von Akteuren. Lokale, regionale und internationale Verflechtungen sind nicht einfach nachvollziehbar in ihren Zuliefer-

und Absatzbeziehungen, den Kapitalströmen und Wertschöpfungsketten. Für die Abbildung der Kulturökonomie einer Stadt als Teil eines Produktionssystems ist es notwenig, Abgrenzungen vorzunehmen, die Klarheit schaffen, auch wenn im einen Fall eine wirtschaftliche oder kulturelle Aktivität nicht in die Kulturwirtschaft einbezogen wird, in einem anderen aber schon. In Kapitel 4.3 wurden mögliche Klassifikationen und Abgrenzungsmöglichkeiten der Kulturwirtschaft diskutiert, aber noch nicht auf die Arbeit mit den bestehenden Statistiken hin behandelt. Obwohl sie überhaupt nicht darauf ausgerichtet sind, kulturwirtschaftliche Aktivitäten wiederzugeben, ist mit den Beschäftigungsstatistiken, namentlich den Betriebszählungen des Bundesamtes für Statistik (BfS), ein Instrument gegeben, welches die Einschätzung von Entwicklungen in bestimmten Grössenordnungen zulässt.

7.1 Abgrenzung des Kultursektors

Aufbauend auf den in Kapitel 4.3 gemachten Ausführungen zur Systematik und Klassifikation des Kultursektors sollen nachfolgend die verschiedenen in den Statistiken aufgeführten Branchen im Hinblick auf ihre Eignung für unsere Fragestellung der Ökonomisierung der Kultur diskutiert und eine Auswahl argumentativ hergeleitet werden. Bei etlichen Branchen herrscht weitgehende Einigkeit, dass sie zum Kultursektor gehören. Musik, Malerei, Theater, Photographie, Film, Schriftstellerei. Im Sinne von Throsby (2001) werden nachfolgend jene Branchen ebenfalls einbezogen, die in den äusseren Kreisen der genannten Bereiche Kultur vermitteln, produzieren und ermöglichen: Theater, Konzerthäuser, Kinos. Hier werden auch TechnikerInnen, KassiererInnen, Garderobièren und der ganze administrative Apparat subsummiert. Zum nächsten Kreis gehören die Herstellung von Kulturprodukten (z. B. Tonstudios, Fotolabors, Produktionsstätten) und deren Verbreitung über Ton- und Bildträger. Medien werden als Vermittler von Kultur und Kunst verstanden und deshalb insgesamt zum Kultursektor gezählt: Fernsehen, Radio, Printmedien, ebenso die Werbung. Bei Kleinstunternehmen zeigt sich zusätzlich die Schwierigkeit der Zuordnung in der vorgegebenen Systematik. Im Textilbereich zum Beispiel entwerfen und designen (Grafik und Design) die Ein- oder Zweipersonenbetriebe die Produkte, stellen sie in unterschiedlichem Masse selber her (Herstellung von Textilien), und führen einen Laden (Detailhandel). Zudem erledigen sie die Administration, die Werbung und den Vertrieb. Ein Ein- oder Zweipersonenbetrieb müsste also in mindestens vier verschiedenen statistischen Branchenklassifizierungen erscheinen.

Eine Anlehnung an die Auswahl von Branchen des Kultursektors, wie sie Krätke verwendet, drängt sich auf. Krätkes Untersuchungen basieren auf Daten aus der Umsatzsteuerstatistik, welche gemäss EU-Systematik NACE aufgebaut ist, welche wiederum weitgehend, das heisst bis zur Stufe zwei, mit der in der Schweiz verwendeten Klassierung NOGA identisch und auf den Stufen 3 und 4 weitgehend kompatibel ist. Allerdings weist die Umsatzsteuerstatistik keine Beschäftigtenzahlen aus. Die Beschäftigtenstatistik in Deutschland ist andererseits nicht bis aus Stufe 5 von NACE gegliedert. Immerhin können aber die Ergebnisse in Bezug auf die Anzahl Unternehmen in Deutschland und Berlin mit denjenigen Zürichs verglichen werden. In der Betriebszählung der Schweiz fehlen im Unterschied zu jener Deutschlands die Branchen Musikverlag, Büros für Industriedesign, Sportpromotor und sonstige Sportveranstalter sowie Ateliers für Textil-, Möbel-, Schmucku.ä. Design. Für letztere Bezeichnung gibt es in der Schweizer Systematik das allgemeinere Grafikateliers, Design. Unterschiedliche Bezeichnungen oder Klassierungen finden sich bei Druckindustrie und -gewerbe. Radio- und Fernsehanstalten werden in Deutschland zusammengenommen, nicht aber in der Schweiz. Radio wird in unserer Studie zur Sparte Musikwirtschaft gezählt. Für eine grössere Übersichtlichkeit drängt sich eine Zusammenführung einzelner Branchen, die zu ähnlichen Märkten oder Aktivitäten gehören, zu Sparten auf. Die Sparten wurden in Anlehnung an Krätke (2002) gebildet. Die Sparten 6 Sportveranstalter und Profisport sowie 9 Gastronomie wurden nicht in die Auswahl des Kultursektors einbezogen und werden in den Auswertungen des Kultursektors als Ganzes nicht integriert.

Branchen des Kultursektors: Diskussion und Auswahl

Im Folgenden wird die Auswahl von Branchen aus den Klassifikationen der Betriebszählungen des Bundesamtes für Statistik für den Kultursektor behandelt. Zum einen wird die Auswahl in anderen Studien diskutiert, andererseits die Ausschlüsse, respektive Einbezüge, für die vorliegende Untersuchung begründet. Es werden insbesondere umstrittene Branchen wie Detailhandel oder Architektur erörtert, um so zu einer schlüssigen und nachvollziehbaren Wahl zu gelangen. Die definitiv getroffene Auswahl findet sich in Tabelle 7.

Eine Übersicht über die Branchen, die in vier verschiedenen empirischen Untersuchungen zum Kultursektor beigezogen wurden sind in Tabelle 6 dargestellt. Abgesehen vom unterschiedlichen Detaillierungsgrad der Branchenangaben, zeigen sich zum Teil grosse Unterschiede in der Auswahl der Branchen: Scott zieht Radio, Photographie und Design nicht mit ein, ebensowenig Software oder elektronische Konsumgüter. Pratt (1997) und Krätke (2002) zählen Architektur, Textil und Mode sowie Möbel nicht zum Kultursektor, dafür aber Night Clubs. Der Bericht zur Kulturwirtschaft Schweiz (2003) bezieht sich auf die Betriebszählungen sowie auf die Schweizerische Arbeitskräfterhebung des Bundesamtes für Statistik. Neben der Beschäftigung erfasst der Bericht auch die Umsätze der Unternehmen in der Kulturwirtschaft. Systematisch werden im Bericht die Kulturwirtschaft im engeren Sinne und im weiteren Sinne unterschieden und in Teilmärkte aufgeteilt: Musikwirtschaft, Literatur- und Buchmarkt, Kunstmarkt, Filmwirtschaft mit TV-Produktionen, darstellende Kunst. Die Branchen Architektur, Werbung, Grafikateliers und Design wurden nicht einbezogen (Kulturwirtschaft Schweiz 2003, 51). Auch Unternehmen mit weniger als 50'000 Euro Umsatz pro Jahr wurden nicht in die Untersuchung einbezogen. Dadurch fallen viele Kleinstunternehmen und damit ein beträchtlicher Teil der Beschäftigung im Kultursektor der Schweiz weg, da dieser sich durch hohe Anteile Kleinstunternehmen auszeichnet.

Beim Detailhandel sind die Zugehörigkeiten zum Kultursektor sehr unklar und nur sehr beschränkt aus der NOGA5 Klassifizierung herauszufiltern. Je nach Branche und Grösse eines Unternehmens gelangt der Detailhandel von selbst in die Statistik. Dies trifft z. B. auf die Angestellten eines Museumsshops zu. Andererseits ist zum Beispiel nicht jeder Kleiderladen zum Kultursektor zu zählen. Der Einzelhandel mit Kunstgegenständen und Bildern in Galerien gehören zum eigentlichen Kunstbetrieb und wird deshalb wie der Detailhandel mit Musikinstrumenten und Büchern zum Kultursektor gezählt. Verschiedene Studien, darunter auch der Bericht zur Kulturwirtschaft Schweiz (2003) beziehen den Detailhandel mit Gütern der Unterhaltungselektronik (wie phono-, photo- und videotechnische Geräte) und deren Herstellung mit ein. Diese Branchen können zur Kulturindustrie im weiteren Sinne gezählt werden. Allerdings ergeben sich für die Auswertung Probleme durch die Klassifizierung, da visuelle und Phonogeräte gemeinsam erfasst sind. Dadurch sind sie einer Aufteilung auf die Sparten des Kultursektors unzugänglich.

Tabelle 6: Branchen der Kulturökonomie gemäss den Studien von Krätke (2002), Power (2001), Pratt (1997) und Scott (1996)

Krätke (Berlin / Deutschland)	Power (Stockholm / Schweden)	Pratt (London / SE-England)	Scott (Los Angeles Orange County)
Werbung, Marktforschung	Advertising	Advertising	Advertising
–	Architecture	–	Architectural services
TV- und Radioanstalten	Broadcast media	Radio & TV services, electronic goods	
Büros f. Industrie-Design, Ateliers f. Textil-, Möbel-, Schmuck- u. ä. Design	Design	–	–
Film- und Videofilmherstellung	Film	Film production	Motion-picture production and services
Bildende Kunst, Kunsthandel, Künstler, Schriftsteller usw.	The „finer arts"	Authors & composers	–
–	Furniture	–	Furniture and fixtures
–	Glass, ceramics, cutlery, crafts, usw.	–	
–	Jewelry	–	Costume jewelry & notions, Jewelry, silverware & plated ware
Museen, Kunstausstellungen	Libraries, Museums, heritage	Libraries, museums and art galleries	–
Musikverlage, Tonstudios, Orchester, usw.	Music	Gramophone records, Musical instruments	Producers, orchestras, entertainer; Prerecorded records and tapes
Fotograf. Gewerbe, Laboratorien	Photography	Photographic processing materials, equipment	
Printmedien (Verlage, Druck, usw.)	Print media	Printing and publishing	Printing and publishing
–	Fashion-clothing	–	Textile mill products, Apparel & other textile products, Leather and leather products
–	Software, new media	Electronic consumer goods	–
–	Related industries		–
–	–	Active components	–
–	–		Toys and sporting goods
Diskotheken u. Tanzlokale	–	Night clubs	–
Professionelle Sportmannschaften, Sportpromotion, -veranstalter, Rennställe	–	–	–

Im Unterschied zu Power und Scott ziehen Pratt, Krätke und der Bericht zur Kulturwirtschaft Schweiz die Unternehmen der Architektur nicht in die Untersuchung mit ein. Angesichts der Bedeutung der Architektur in der Konkurrenz der Städte, aber auch als Kultur im öffentlichen Raum, ist ein Einbezug ebenfalls sinnvoll. Architektur bestimmt das urbane Setting in seiner physischen Ausprägung. Dasselbe gilt für die Landschaftsplanung, welche zudem in den letzten Jahren vermehrte Aufmerksamkeit erfahren hat. Ebenso ist die Innenarchitektur als Teil des Kultursektors zu betrachten, da ihre Produktion einerseits eine stark kreative Komponente hat, andererseits mit zunehmendem Gestaltungswillen in den 90er Jahren viele Innenräume markante und duchgestaltete Formen erhalten haben. Der Einbezug dieser drei Branchen scheint legitim.

Die Organisation von Ausstellungen und Messen kann je nach Thema teilweise zur Kulturwirtschaft gezählt werden. Ausstellungen und Messen sind ein Transportmittel für Inhalte und Repräsentationen von Produkten. Der Slogan *Marken nicht Produkte*, wie Klein (2001) dies beschrieben hat (vgl. Kapitel 4.1), wird hier umgesetzt. Ausstellungen und Messen gehören in diesem Sinne zur Kulturalisierung der Ökonomie und werden in die Untersuchung aufgenommen.

Der Einbezug des Kunsthandwerks (Glas, Keramik, Geschirr) wird bei Power (2002) mit der symbolischen und expressiven oder ästhetischen Dimension der Produkte begründet. Scott hingegen verwendet die Branche Jewelry, silverware, and plated ware. Die Herstellung von Musikinstrumenten, Schmuck, Phantasieschmuck fand keinen Eingang bei Krätke, Musikinstrumente nur bei Pratt. Kunsthandwerke wie Glas, Keramik, Geschirr werden nicht in die Zürcher Untersuchung aufgenommen, da sie als eher traditionelle Branchen erachtet werden. Die Herstellung von Schmuck und Phantasieschmuck sind im zürcherischen Kontext zum Teil einem avantgardistischen Design zuzuordnen, weshalb diese Branchen Eingang in die Untersuchung finden.

Textilien – Entwurf und Design von Kleidungsstücken sind kreative Akte, die Modebranche ist Teil der Kulturproduktion. Sowohl bei Kleidung als auch bei Accessoires handelt es sich um Gegenstände der gesellschaftlichen Distinktion. Power (2002) bezeichnet Kleidung als utilitaristische Gegenstände, die aber meist aus nicht-utilitaristischen Gründen gekauft würden. Scott schliesst die ganze Textilbranche ein, Power Teile davon. Die Textilindustrie umfasst im Jahre 2001 in der Stadt Zürich noch 552 Beschäftigte. Design und Entwurf werden aber im Unterschied zu NACE ebensowenig wie Mode gesondert ausgewiesen, so dass es nicht angezeigt erscheint, die gesamte Textilindustrie zu verwenden. In der Befragung der kreativen innovativen Kleinstunternehmen (Kapitel 8) werden verschiedene Betriebe der Textilbranche untersucht.

Ähnliche Argumente wie in der Textilindustrie werden auch für die Möbelbranche geltend gemacht. Möbel (furniture) werden von Power und Scott einbezogen, nicht aber von Krätke und Pratt. Wie bei den Textilien argumentiert Power (2002, 108) mit den nicht-utilitaristischen Aspekten von Möbeln und der Zuweisung von kulturellen respektive gesellschaftlichen Codes, die über das Design der Möbel kreiert werden. Ausserdem weist Power auf die Bedeutung der in verschiedenster Hinsicht wegweisenden schwedischen Möbelindustrie hin. Die Möbelindustrie in Zürich beschränkt sich auf rund hundert Beschäftigte. Ein Teil davon ist zu den Designermöbeln zu zählen. Es ist aber nicht klar, wie gross dieser Teil ist. Eher im Sinne eines Kompromisses wird die Untereinheit Herstellung verschiedener Möbel a. n. g. (anderweitig nicht genannt) in der Grössenordnung von rund 80 Beschäftigten im Jahre 2001 einbezogen.

Sport wird von Krätke einbezogen, nicht aber von Power. Scott übernimmt die Branche Spielzeuge und Sportwaren. Power begründet den Ausschluss damit, dass nur sehr wenige Studien zur Kulturwirtschaft Sport einbeziehen. Der Bereich Sport wird hier ebenfalls der Vollständigkeit halber aufgeführt, da verschiedene Studien diese Sparte als Teil der Kulturwirtschaft verstehen, zumal der Sport sich zu einem wichtigen Element der Unterhaltungsindustrie, der Imageproduktion und der Medienwirtschaft entwickelt hat. Gegen den Einbezug der Sparte Sport in die Zürcher Untersuchung spricht die im Unterschied zur deutschen respektive NACE-Statistik ungenaue Klassifizierung in der NOGA, wo insbesondere Bereiche des Profi-Sports nicht ausgewiesen werden. Um Vergleiche mit Krätkes Untersuchung durchführen zu können, wird der Sport als eigene Sparte aufgeführt, nicht aber in die Gesamtrechnungen des zürcherischen Kultursektors aufgenommen.

Gastronomie – Restaurants, Bars, Caterer usw. werden von keiner Studie einbezogen. Power argumentiert zunächst für den Einbezug dieser Branche, da sie oft eng mit dem kulturellen Leben in den Städten verknüpft sei (2002, 108). Er sieht dann aber davon ab mit dem Argument, dass deren Einbezug die Daten unnötig aufblasen würde und die Idee, dass der Kultursektor eine unterscheidbare Arena von Produktion und Konsumption sei, würde verwischt. Restaurants und Bars seien jedoch weniger direkt mit dem Kultursektor verbunden. Die Wichtigkeit von Restaurants und Bars für die Symbolische Ökonomie der Städte wird von Zukin (1995) herausgearbeitet (vgl. Kapitel 3). Sie sind Orte der Distinktion und Zugehörigkeit, der Freizeit, des Ausgehens und Sich-Treffens. Ihre Inneneinrichtung und ihr Design, ihr Speisen- und Getränkeangebot, die in ihnen verkehrende Kundschaft bis hin zum Personal sind wesentliche Bestandteile der kulturellen Ökonomie, ohne selber Kunst oder Kultur im engeren Sinne zu produzieren. Sie sind wichtig für neue kulturelle Entwicklungen, sie sind quasiöffentliche Institutionen Orte der Code- und Zeichenbildung und gehören zum urbanen Setting. Für den Zürcher Kultursektor und das urbane Setting haben Gastronomiebetriebe eine grosse Bedeutung. Sie werden deshalb wie die Branchen des Sports als Sparte des Kultursektors behandelt, nicht aber in die Gesamtrechnungen einbezogen.

Diskotheken – Pratt und Krätke verwenden Night-Clubs respektive Tanzlokale/Diskotheken, da sie unter anderem eine Plattform für Musik darstellen (Pratt, 1997, 34). Für die Kulturökonomie Zürichs ist der Einbezug gegeben, seit die Stadt sich als Partymetropole profiliert hat. Zudem sind Clubkultur sowie Parties in subkulturellen Zusammenhängen wesentliche Bestandteile der Produktion des urbanen Settings.

Bei Grafik und Design stellt sich das Problem, dass es nicht in allen Statistiken als solches ausgewiesen wird. In der Schweiz wird Design zusammen mit Grafikateliers aufgeführt, in Deutschland als Büros für Industriedesign oder als Ateliers für Textil-, Möbel-, Schmuck- u.ä. Design. Es kommt hinzu, dass eine unbekannte Zahl von DesignerInnen als Angestellte in anderen Branchen tätig sind, z.B. in Banken, Verwaltungen usw. und deshalb nicht als GrafikerInnen oder DesignerInnen in den Statistiken erscheinen.

Tanzschulen werden bei Krätke verwendet, nicht aber die Kunstschulen, das diese in der Systematik der Wirtschaftszweige NACE im Unterschied zur Schweizer Systematik NOGA nicht gesondert ausgewiesen werden. Die Schulen spielen eine sehr wichtige Rolle im System der Kulturwirtschaft, da sie für eine Stadt mit hohen Beschäftigungsanteilen kultursektorspezifische Wissensvorräte beziehungsweise Kreativitätspotenziale bereitstellen, wie Krätke betont (2002, 173).

Tabelle 7: Für die Untersuchung des Zürcher Kultursektors ausgewählte und den Sparten des Kultursektors zugewiesene Branchen

Sparte 1: Film- und TV-Wirtschaft		7440A	Werbeberatung
2232A	Vervielf. von besp. Bildträgern	7440B	Werbevermittlung
9211A	Film- und Videofilmherstellung	**Sparte 5: Kunstmarkt und darstellende Künste**	
9212A	Film- und Videoverleih	5248O	Kunsthandel
9213A	Kinos	9231A	Theater, Ballettgruppen
9220B	Fernsehanstalten	9231B	Orchester, Chöre, Musiker
Sparte 2: Musikwirtschaft		9231C	Selbstständige bildende Künstler
2214A	Verlag bespielter Tonträger	9231D	Sonstige künstlerische Tätigkeiten
2231A	Vervielf. von besp. Tonträgern	9232A	Theater, Oper, Konzerthallen
3630A	Herstellung von Musikinstrumenten	9232B	Sonstige Hilfsdienste der Kultur
5245D	Detailhandel mit Musikinstrumenten	9252A	Museen
9220A	Radioanstalten	**Sparte 6: Sportveranstalter und Profisport***	
9234A	Tanzschulen, Tanzlehrer	9262A	Sportvereine
9234B	Diskotheken, Night Clubs	9262B	Mit Sport verbundene Tätigkeiten a. n. g.
9272A	Sonstige Dienstl. für Unterhaltung	**Sparte 7: Architektur**	
Sparte 3: Printmedien		7420A	Architekturbüros
2211A	Buchverlag	7420B	Innenarchitekturbüros
2212A	Zeitungsverlag	7420G	Landschaftsplanung
2213A	Zeitschriftenverlag	**Sparte 8: Grafik und andere**	
2215A	Sonstiges Verlagsgewerbe	2852B	Schlossereien
2221A	Zeitungsdruck	3614A	Herstellung verschiedener Möbel a. n. g.
2222A	Drucken (ohne Zeitungsdruck)	3622A	Bearb. von Edel und Schmucksteinen
2224A	Satzherstellung, Reproduktion	3622B	Herstellung von Schmuck a.n.g.
2232A	Vervielf. von bespielten Bildträgern	3661A	Herstellung von Phantasieschmuck
5247A	Detailhandel mit Büchern	7483B	Übersetzungsbüros
5247B	Detailhandel mit Zeitungen; Kioske	7484A	Innendekorationsateliers
7481A	Fotografische Ateliers	7484B	Grafikateliers, Design
7481B	Fotografische Laboratorien	7484C	Ausstellungs- und Messeorganisation
7483A	Schreibbüros	8042B	Künstlerische Schulen
9240A	Korrespondenz- u. Nachrichtenbüros	**Sparte 9: Gastronomie***	
9240B	Selbstständige Journalisten	5530A	Restaurants, Tea Rooms
9251A	Bibliotheken, Archive	5540A	Bars
Sparte 4: Werbewirtschaft		5552A	Caterer
7413A	Markt- und Meinungsforschung		

*Diese Sparten sind von Interesse in Bezug auf die Entwicklungen in der Kulturökonomie. In die Berechnungen zum Kultursektor werden sie aber nicht einbezogen.

Datenlage

Es werden nur Daten aus den Betriebszählungen des Bundesamtes für Statistik verwendet. Diese erlauben die Analyse der wirtschaftlichen Entwicklungen in Bezug auf Beschäftigung, Betriebsgrössen und Arbeitsstätten. Diese Indikatoren sollen genügen, wenn es darum geht, die zunehmende Ökonomisierung der Kultur nachzuvollziehen. Pratt hat zusätzlich die Handelsstatistiken im Vereinigten Königreich untersucht, Krätke und der Bericht zur Kulturwirtschaft Schweiz die Umsatzzahlen. Die Betriebszählungen erfassen Betriebe, die im Branchen- und Unternehmensregister eingetragen sind, und entsprechen damit einer Vollerhebung. Mit der Betriebszählung 1995 führte das Bundesamt für Statistik die neue allgemeine Systematik der Wirtschaftszweige ein. Dafür wird die französischsprachige Abkürzung NOGA, Nomenclature Générale des Activités économiques, verwendet. Die Einführung von NOGA brachte die bessere Vergleichbarkeit mit den Statistiken anderer Länder, insbesondere mit der Systematik NACE, welche die EU anwendet, mit sich. Die Daten der Betriebszählungen von 1995, 1998 und 2001 sind mit den Erhebungen der Jahre 1985 und 1991 vergleichbar gemacht worden, allerdings nur bis NOGA Stufe 2. Für den Kultursektor lassen sich aber auf Stufe 2 keine sinnvollen Aussagen machen. Die Entwicklung des Kultursektors seit 1985 wäre äusserst interessant, da der kulturelle Aufbruch in Zürich mit den 80er Jahren begann. Mit den Erhebungen von 1995, 1998 und 2001 kann immerhin eine sechsjährige Periode verfolgt werden, die relevante Aussagen über strukturelle Veränderungen zulässt.

Arbeitsstätte

Als Arbeitsstätte gilt ein Gebäude (bzw. ein Teil davon), ein Grundstück oder eine andere abgegrenzte räumliche Einheit eines Unternehmens, in der eine wirtschaftliche Tätigkeit ausgeübt wird. Für Arbeitsstätte kann auch der Begriff Betrieb verwendet werden.

Beschäftigte

Alle Frauen und Männer, die am Stichtag der Betriebszählung in einer Arbeitsstätte während mindestens sechs Stunden pro Woche eine Tätigkeit ausüben.

Es gibt viele Personen, die ihr Unternehmen noch gar nicht gegründet haben und gar nie in einer Statistik erschienen sind. Sie gehen anderen Tätigkeiten nach, z. B. als Servierpersonal in Restaurants, um sich ihren Lebensunterhalt zu verdienen, oder sind noch in Ausbildung. Mit diesen Tätigkeiten werden aber sehr oft auch keine Löhne erwirtschaftet. Diese Personen schlagen sich ökonomisch auf eigene Art durch das Leben, versuchen möglichst billig zu wohnen, z. B. mittels Hausbesetzungen, erhalten Stipendien oder Sozialgelder, machen, wenn überhaupt, billig Ferien, arbeiten in unterschiedlichen Projekten mit verschiedenen Leuten zusammen, werden von den Eltern finanziert usw. Nicht erfasst werden auch all jene Kulturarbeitenden, welche in grösseren Unternehmen tätig sind, z. B. in der Designabteilung eines Industrieunternehmens oder einer Bank.

Betriebszählung (BZ)

Die gesamtschweizerische Betriebszählung wird in Abständen von drei bis vier Jahren vom Bundesamt für Statistik bei den privaten und öffentlichen Unternehmen und Betrieben der Schweiz als Vollerhebung im 2. und 3. Wirtschaftssektor durchgeführt. Die Betriebszählung wurde erstmals 1905 und danach regelmässig alle zehn Jahre durchgeführt, seit 1991 alle drei bis vier Jahre. 2001 umfasste die Betriebszählung fast 318'000 Unternehmen oder 383'000 Arbeitsstätten. Als Stichtage für die Betriebszählungen wurden folgende festgelegt: Betriebszählung 1995: 29. September 1995, Betriebszählung 1998: 30. September 1998, Betriebszählung 2001: 28. September 2001.

Unternehmensgrössen

Kleinstunternehmen / Mikrounternehmen: 0–9 Beschäftigte. Kleine und mittlere Unternehmen KMU: bis 250 Beschäftigte. Grossunternehmen / Grossbetriebe: mehr als 250 Beschäftigte. Die Unternehmensgrössen werden nach Vollzeitäquivalenten (siehe unten) bestimmt. Beispiel: eine Arbeitsstätte, die der Grössenklasse neun und weniger Beschäftigte zugeordnet ist, kann auch mehr Beschäftigte haben, z. B. drei Vollzeitbeschäftigte und zehn Teilzeitbeschäftigte, insgesamt also 13 Personen.

Unternehmen

Kleinste juristisch selbständige Einheit. Ein Unternehmen kann aus einer oder mehreren Arbeitsstätten bestehen.

Vollzeitäquivalente

In der Betriebszählung 2001 wurden erstmals Vollzeitäquivalente verwendet. Sie fassen die Zeitpensen folgendermassen zusammen: Vollzeit, Teilzeit 1 (zwischen 50 % und 90 % der wöchentlichen Arbeitszeit), Teilzeit 2 (mind. 6 Stunden pro Woche und weniger als 50 % der wöchentlichen Arbeitszeit) werden mit dem mittleren Beschäftigungsgrad multipliziert. Der mittlere Beschäftigungsgrad wird mit Hilfe der schweizerischen Arbeitskräfteerhebung (SAKE) für 11 verschiedene NOGA-Kategorien errechnet.   (Bundesamt für Statistik 2002, 8 ff.)

Durch diese Festlegungen ergibt sich die Problematik, dass in den Betriebszählungen die Kleinstunternehmen, im Sinne rechtlich unabhängiger Einheiten mit neun und weniger Beschäftigten, nicht für sich ausgewiesen werden können. Arbeitsstätten können Produktionsbetriebe grösserer Unternehmen sein, Musik- oder Buchläden Filialen von grösseren Ketten. Es kann aber davon ausgegangen werden, dass im hochgradig flexibilisierten Kultursektor der allergrösste Teil der kleinsten Arbeitsstätten auch Unternehmen sind, so dass in dieser Arbeit Kleinstunternehmen und Arbeitsstätten synonym verwendet werden.

7.2 Grössenordnungen und Entwicklungen

Grössenordnung und Dynamik der Beschäftigung im Kultursektor

In der Stadt Zürich waren im Jahre 2001 28'564 Personen im Kultursektor beschäftigt. Dies entspricht 8,4 % der Gesamtbeschäftigung (vgl. Tabelle 8). In der Zeit zwischen 1995 und 1998 hatte die Gesamtbeschäftigung in der Stadt Zürich um 0,6 % abgenommen. Der Kultursektor hingegen wuchs um 5,3 %. Dies unterstreicht den Pioniercharakter der Branchen des Kultursektors, welche auch in der Periode von 1998 bis 2001 nochmals um 4,6 % wuchsen. Die

Beschäftigung im Kultursektor hat von 1995 bis 2001 um 2639 Personen zugenommen. Dies entspricht einem Wachstum von 10,2 %. Grosse Beschäftigungsverluste innerhalb des Kultursektors von 1995 bis 2001 waren vor allem in den
eher traditionellen Branchen der Printmedien zu verzeichnen, im Druckgewerbe (-1950) und im sonstigen Verlagsgewerbe (-1300). Ebenfalls grössere
Verluste waren bei den künstlerischen Schulen (-470) festzustellen. Grosse
Zunahmen in der Beschäftigung fanden bei den Zeitungen und Zeitschriften
statt (+2500). Grössere Wachstumszahlen waren bei den Architekturbüros
(+290), der Werbebranche (+510), den Fernsehanstalten (+370), den Diskotheken
(+450), der Film- und Videoherstellung (+330) und bei den Grafikateliers (+530)
festzustellen. Bei den letzten drei genannten Branchen bedeutet dies ein
Wachstum um mehr als das Doppelte gegenüber den Zahlen von 1995.

Tabelle 8:   Beschäftigung im Kultursektor der Stadt Zürich 1995, 1998, 2001

	1995	1998	2001
Beschäftigte im Kultursektor	25879	27222	28565
Beschäftigte in der Stadt Zürich total	317288	315287	339529
Beschäftigte im Kultursektor in % der Gesamtbeschäftigung	8.2 %	8.6 %	8.4 %
Beschäftigte im Kultursektor in Arbeitsstätten mit 9 und weniger Beschäftigten	10220	10429	10878
Beschäftigte im Kultursektor in Arbeitsstätten mit 2 und weniger Beschäftigten	4719	4912	4790
Beschäftigte im Kultursektor in Arbeitsstätten mit 9 und weniger Beschäftigten in % aller im Kultursektor Beschäftigten	39.4 %	38.2 %	38.1 %

Quelle: BfS, Betriebszählungen 1995, 1998, 2001, eigene Berechnungen.

1998 waren 8,6 % aller Beschäftigten der Stadt Zürich im Kultursektor tätig,
also 0,2 % mehr als im Jahre 2001. Diese Abnahme ist nur eine relative, da
sich die Gesamtbeschäftigung in der Stadt Zürich von 1998 bis 2001 stärker
entwickelt hat. Zugleich bedeutet dies, dass das Wachstum der Beschäftigung im Kultursektor mindestens drei Jahre vor jenem der Gesamtbeschäftigung startete.

Der Anteil der Beschäftigten in Kleinstunternehmen (Arbeitsstätten mit neun und weniger Beschäftigten) liegt im Kultursektor mit 38,1 %

im Jahr 2001 fast doppelt so hoch wie beim Durchschnitt in der Stadt Zürich von 20,9 %. Diese Zahl zeigt die stark kleinbetriebliche Struktur des Kultursektors und den hohen Grad der Flexibilisierung. Die Anzahl der Beschäftigten in den Unternehmen des Kultursektors mit neun und weniger Beschäftigten hat von 1995 bis 2001 um 658 oder 6,4 % zugenommen (vgl. Tabelle 9). Dies ist deutlich weniger als das Wachstum im Total des Kultursektors von 10,2 %. Die Gesamtzahl der Beschäftigten in Kleinstunternehmen in der Stadt Zürich hat sich von 1995 (70'913) bis 2001 (70'950) kaum verändert. Dadurch ist der Anteil der Kulturkleinstunternehmen von 14,4 % auf 15,3 % gewachsen.

Tabelle 9:   Beschäftigungsdynamik im Kultursektor von 1995 bis 2001

	1995–98	1998–2001	1995–2001
Veränderung der Beschäftigung im Kultursektor absolut	1371	1268	2639
Veränderung der Beschäftigung im Kultursektor in Prozent	5.3 %	4.6 %	10.2 %
Veränderung der Beschäftigung im Kultursektor in Arbeitsstätten mit 9 und weniger Beschäftigten in Prozent	4.3 %	2.0 %	6.4 %
Veränderung der Beschäftigung im Kultursektor in Arbeitsstätten mit 2 und weniger Beschäftigten in Prozent	4.1 %	-2.5 %	1.5 %

Quelle: BfS, Betriebszählungen 1995, 1998, 2001 (an den Stichtagen), eigene Berechnungen.

Bei den Unternehmen mit zwei und weniger Beschäftigten zeigt sich nochmals in aller Stärke die flexibilisierte Ökonomie im Kultursektor: 16,8 % aller Beschäftigten sind in dieser Beschäftigtengrössenklasse tätig gegenüber lediglich 7,7 % in der Gesamtbeschäftigung der Stadt Zürich. Von 1998 bis 2001 hat die Anzahl der Beschäftigten in Unternehmen mit zwei und weniger Beschäftigten im Kultursektor um 2,5 % abgenommen. Hier muss die Dynamik in den Sparten des Kultursektors genauer untersucht werden, da diese Entwicklung vor dem Hintergrund einer These der Zunahme von Brutstätten unerwartet ist. Es ist möglich, dass gewisse Unternehmen gewachsen sind und nun zu einer grösseren Klasse gehören, oder dass Startups mit dem Anziehen der Konjunktur wieder aufgegeben wurden, da die Beschäftigten (in dieser Grössenklasse sind es die UnternehmerInnen selber) einen Job in einem anderen Unternehmen finden.

Grössenordnungen und Dynamik der Arbeitsstätten im Kultursektor

Der Anteil der Arbeitsstätten des Kultursektors am Total der Arbeitstätten der Stadt Zürich beträgt im Jahre 2001 16,6 % (vgl. Tabelle 10) und hat von 1995 bis 2001 um fast 7 % zugenommen (vgl. Tabelle 11). Das heisst, dass die Arbeitsstätten gegenüber der Beschäftigung fast den doppelten Anteil am stadtzürcherischen Total haben. Dies weist wiederum darauf hin, dass die Arbeitstätten im Kultursektor von unterdurchschnittlicher Grösse sind. Seit 1995 sind 275 Unternehmen dazugekommen und ergeben im Jahre 2001 eine Summe von 4312 Arbeitsstätten. Dieses Wachstum unterstreicht die Bedeutung und starke Dynamik des Kultursektors, wie sie bereits bei der Beschäftigung festgestellt werden konnte. Im Vergleich dazu ist die Anzahl der Arbeitsstätten in der Stadt Zürich im gleichen Zeitraum nur um 1,7 % angewachsen.

Tabelle 10: Arbeitsstätten im Kultursektor

	1995	1998	2001
Arbeitsstätten in der Stadt Zürich	25597	25494	26038
Arbeitsstätten im Kultursektor	4037	4183	4312
Arbeitsstätten im Kultursektor in % aller Arbeitsstätten in der Stadt Zürich	15.8 %	16.4 %	16.6 %
Arbeitsstätten im Kultursektor mit 9 und weniger Beschäftigten	3739	3889	3979
Anteil Arbeitsstätten im Kultursektor mit 9 und weniger Beschäftigten an allen Arbeitsstätten im Kultursektor	92.6 %	93.0 %	92.3 %
Anteil Arbeitsstätten im Kultursektor mit 9 und weniger Beschäftigten an allen Arbeitsstätten mit 9 und weniger Beschäftigten in der Stadt Zürich	15.8 %	16.7 %	17.2 %
Arbeitsstätten im Kultursektor mit 2 und weniger Beschäftigten	2782	2956	2948
Anteil Arbeitsstätten im Kultursektor mit 2 und weniger Beschäftigten an allen Arbeitsstätten im Kultursektor	74.4 %	76.0 %	74.1 %
Anteil Arbeitsstätten im Kultursektor mit 2 und weniger Beschäftigten an allen Arbeitsstätten mit 2 und weniger Beschäftigten in der Stadt Zürich	17.6 %	18.6 %	18.6 %

Quelle: BfS, Betriebszählungen 1995, 1998, 2001, eigene Berechnungen.

Noch ausgeprägter als bei der Beschäftigung zeigt sich die kleinbetriebliche Organisationsform der Unternehmen des Kultursektors bei den Arbeitsstätten. 92,3 % der Arbeitsstätten im Kultursektor haben neun und weniger Beschäftigte. Zum Vergleich: im Durchschnitt der Arbeitsstätten in der Stadt Zürich sind es 83,8 %. Die Anteile der Kleinstunternehmen des Kultursektors am Total der stadtzürcherischen Kleinstunternehmen haben von 1995 bis 2001 von 14,6 % auf 15,3 % zugenommen.

Tabelle 11: Veränderungen bei der Anzahl Arbeitsstätten im Kultursektor

	1995–1998	1998–2001	1995–2001
Veränderung der Anzahl Arbeitsstätten im Kultursektor	3.6 %	3.1 %	6.8 %
Veränderung der Anzahl Arbeitsstätten in der Stadt Zürich total	-0.4 %	2.1 %	1.7 %
Veränderung der Anzahl Arbeitsstätten im Kultursektor mit 9 und weniger Beschäftigten in %	4.4 %	3.3 %	7.5 %
Veränderung der Anzahl Arbeitsstätten im Kultursektor mit 2 und weniger Beschäftigten in %	6.0 %	-0.3 %	6.3 %

Quelle: BfS, Betriebszählungen 1995, 1998, 2001 (an den Stichtagen), eigene Berechnungen.

Ebenfalls interessant ist die Betrachtung der Anteile der Beschäftigung in Kleinstunternehmen an der Beschäftigung in den Sparten. Sie unterscheidet sich von den Ergebnissen der Beschäftigten pro Arbeitsstätte, da die Sparten in sich zum Teil sehr unterschiedlich strukturiert sind. Sehr hohe Beschäftigungsanteile bei den Kleinstunternehmen finden sich bei Grafik und verschiedene (71 %) und bei Architektur (66 %), etwas weniger bei der Werbewirtschaft (42 %). In den anderen Sparten finden sich meist grössere staatliche oder öffentliche Unternehmen, die mit ihrer Grösse den Durchschnitt anheben. Es sind dies die Fernsehanstalten in der Sparte Film und TV, Radioanstalten, Theater, Oper, Orchester in der Musikwirtschaft.

In Analogie zur Beschäftigung derselben Grössenklasse ergibt sich für die Arbeitsstätten mit zwei und weniger Beschäftigten das folgende Bild: eine Zunahme von 6,3 % zwischen 1995 und 1998, auf die eine Stagnation (-0,3 %) bis 2001 folgt. Das bedeutet eine unerwartet schwache Dynamik bei den Kleinstunternehmen. Erst eine weitere Aufschlüsselung auf Ein-Personen-Unternehmen ergibt ein leichtes Wachstum von 1,7 % zwischen 1995 und 1998 und 11,1 % von 1995 bis 2001. Die schwache Dynamik ist vor allem auf das Druckereigewerbe, den Detailhandel und die selbstständigen bildenden Künstler zurückzuführen, die alle Abnahmen in der Zahl der Arbeitsstätten mit zwei und weniger Beschäftigten aufweisen. Wie bereits bei den Unternehmen mit neun und weniger Beschäftigten festgestellt wurde, zeigt sich in dieser Klasse nochmals mit aller Deutlichkeit die kleinbetriebliche Strukturierung des Kultursektors. 74,1 % aller Beschäftigten im Kultursektor arbeiten in Arbeitsstätten mit zwei und weniger Beschäftigten. Im Vergleich dazu sind es im Total der Arbeitsstätten in der Stadt Zürich 56,4 %. Der Anteil Arbeitsstätten der Grössenklasse zwei und weniger Beschäftigte an allen Arbeitsstätten derselben Grössenklasse im Kultursektor der Stadt Zürich beträgt 2001 18,6 %. Das heisst jede fünfte Arbeitsstätte dieser Grössenklasse in der Stadt Zürich gehört zum Kultursektor.

7.3 Die Sparten des Kultursektors

In Kapitel 7.1 wurden die Branchen der Kulturindustrie auf dem Level NOGA 5 Sparten zugeordnet und zusammengefasst. Es wurde also eine Vereinfachung vorgenommen, welche es ermöglicht, Entwicklungen in inhaltlich miteinander verhängten Kulturbranchen zusammenfassend zu betrachten. Untenstehend sind zunächst die Übersichten aufgelistet, die einen Vergleich der verschiedenen Sparten in ihren Grössenordnungen und Entwicklungen über die Zeit erlauben. Die weitaus grösste Sparte des Kultursektors bilden die Printmedien mit 11'456, was weit über einem Drittel der Beschäftigung im Kultursektor liegt. Abgesehen von der Sparte Restaurants sind die anderen Sparten deutlich kleiner und beschäftigen zwischen 1'000 und 4'000 Personen. Zum Vergleich seien hier die Grösse von Branchen, die nicht zum Kultursektor gehören, für das Jahr 2001 in Beschäftigten erwähnt: Reparatur von Automobilen, 3'062, Nationale Postdienste, 4'580, Advokatur-, Notariatsbüros, 3'493, Elektroinstallation, 3'634, Reisebüros, 3'752, Primarschulen, 2'036.

Die Beschäftigungsdynamik ist in fast allen Sparten des Kultursektors beachtlich. Einzig die grösste Sparte, die Printmedien, verlor 0,5 % von 1995 bis 2001. In den anderen Sparten sind Zunahmen von bis zu 52,4 %

(Musikwirtschaft) festzustellen. Auch die Film- und TV-Wirtschaft hat mit 38 % stark zugelegt. Ohne die Printmedien hätte der Kultursektor der Stadt Zürich deshalb von 1995 bis 2001 ein deutlich höheres Wachstum als 10,2 % auszuweisen. Die Dynamik bei der Anzahl der Arbeitsstätten unterscheidet sich von der Beschäftigungsdynamik vor allem dadurch, dass die Sparte Kunstmarkt und darstellende Künste im Jahr 2001 weniger Arbeitsstätten ausweist als noch 1995 (-7,1 %). Ebenfalls eine deutliche Abnahme von -2,9 % ist bei den Printmedien festzustellen.

Abbildung 4: Entwicklung der Beschäftigung in den Sparten des Kultursektors in der Stadt Zürich 1995, 1998, 2001

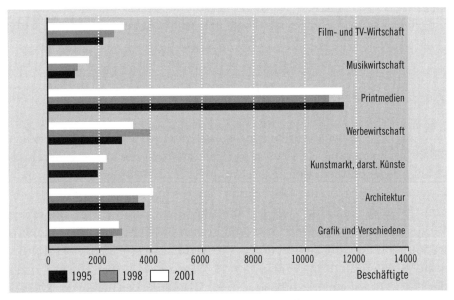

Quelle: BfS, Betriebszählungen 1995, 1998, 2001 eigene Berechnungen.

Film- und TV-Wirtschaft

Die Film- und TV-Wirtschaft hat in den 1990er Jahren ein stark überdurchschnittliches Wachstum erlebt. Zwischen 1995 und 2001 ist sie um 38 % gewachsen. Ausserdem gehört die Film- und TV-Wirtschaft mit 3008 Beschäftigten und 213 Arbeitsstätten im Jahre 2001 zu den grösseren Sparten des Kulturscktors. Rund zwei Drittel der Beschäftigten dieser Sparte sind bei den Fernsehanstalten angestellt, die von 1995 bis 2001 um 23 % gewachsen sind. Die Zahl der Fernsehanstalten ist von 11 (1995) auf 14 (2001) angewachsen, wovon jeweils sieben Kleinstunternehmen sind oder waren. Zwei Unternehmen wiesen 2001 mehr als 500 Beschäftigte aus. Bei den Zahlen zu den Fernsehanstalten muss beachtet werden, dass der private Sender TV3 im Jahre 2002 aufgegeben wurde und das andere landesweit sendende Privatfernsehen, Tele24, im Jahre 2002 stark redimensioniert wurde und heute als TeleZüri regionales Fernsehen produziert. Das bedeutet, dass sich die Zahlen seit der letzten Betriebszählung im Jahre 2001 relativ stark nach unten verändert haben.

Abbildung 5: Entwicklung der Arbeitsstätten in den Sparten des Kultursektors in der Stadt Zürich 1995, 1998, 2001

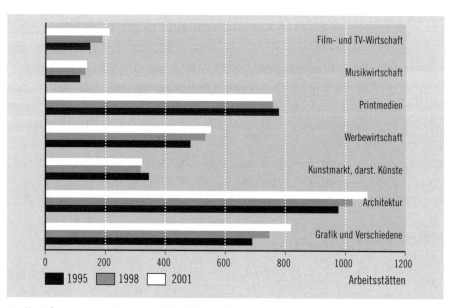

Quelle: BfS, Betriebszählungen 1995, 1998, 2001, eigene Berechnungen.

Sehr dynamisch entwickelte sich die Film- und Videofilmherstellung von 234 auf 563 Beschäftigte. 1995 war fast die Hälfte der Film- und VideofilmproduzentInnen in Unternehmen mit 2 und weniger Beschäftigten tätig gegenüber 32 % 2001 und 90 % in Unternehmen mit 9 und weniger Beschäftigten gegenüber 61 % 2001. Das bedeutet, dass in dieser Branche viele Kleinstunternehmen in den 1990er Jahren wachsen konnten. Von den 156 Unternehmen dieser Branchen sind 147 Kleinstunternehmen, 94 sind Einpersonenbetriebe. Nur zwei Unternehmen haben zwanzig und mehr Beschäftigte (2001). Zweifelsohne sind die Entwicklungen in diesen Branchen in Zusammenhang mit dem Wachstum der Fernsehanstalten zu sehen. Die Film- und Videoproduktion ist stark vom Schweizer Fernsehen abhängig. Die Filmindustrie war in der Schweiz über lange Jahre kaum entwickelt und die Filmförderung im Vergleich zu anderen Ländern sehr gering. Dies ändert sich allmählich. Die eidgenössischen Räte haben 2003 die Erhöhung des Filmkredites beschlossen. Das Schweizer Filmwesen ist vor allem für seine Dokumentarfilme bekannt. Verschiedene Filmemacher konnten sich in den vergangenen Jahren einen Namen machen, was auf die Filmszene Schweiz belebend gewirkt hat. Sowohl die TV-Wirtschaft als auch die Filmwirtschaft sind geographisch nach den Sprachen getrennt. In der Deutschschweiz konzentrieren sich die Unternehmen dieser Sparte auf die Stadt Zürich. Das Schweizer Fernsehen hat hier seinen Hauptsitz und einen Grossteil der Produktionsstätten des Fernsehens der deutschen und rätoromanischen Schweiz (DRS). Die **Kinos** sind in Bezug auf Beschäftigung konstant geblieben (257 und 260). Auch die Zahl der Kinostätten hat sich nicht verändert. Es kann beigefügt werden, dass in den Sommermonaten eine Vielzahl von Open-Air-Kinos eingerichtet werden. Diese werden nur zum Teil von der Betriebszählung erfasst. Diese Open-Air-Kinos, welche aus der Zürcher Szene der 1980er Jahre hervorgingen (vgl. Kapitel 6.5), beschäftigen mehrere Dutzend Personen und sind ein wichtiger Teil eines attraktiven urbanen Settings.

Musikwirtschaft

Von 1995 bis 2001 ist diese Sparte um 52,4 % gewachsen. Im Jahre 2001 sind in rund 140 Arbeitsstätten der Musikwirtschaft 1628 Personen beschäftigt. Das grösste Wachstum ist bei den Diskotheken festzustellen, die um 453 Beschäftigte oder 183 % zugenommen haben. Die Zahl der Diskotheken nahm von 27 auf 47 zu. Davon haben zwanzig Diskotheken zwischen 10 und 49 Beschäftigte (2001), der Rest sind Kleinstunternehmen. Die Diskotheken sind mit ihrer Anzahl und einem Anstieg der Beschäftigten von 248 auf 701 zu einem Wirtschaftsfaktor geworden. Die Diskotheken beschäftigen gleich viele Personen wie die chemische Industrie (710 Beschäftigte 2001) in der

Stadt Zürich und nicht mehr viel weniger als alle Theater sowie die Oper und die Konzerthallen zusammen. Zürich ist auch in Bezug auf die Beschäftigten eine Partystadt geworden. Eine Abnahme der Beschäftigung ist bei den Radioanstalten von 362 auf 292 zu verzeichnen. 1995 gab es vier, 2001 sieben Radioanstalten in der Stadt Zürich. Von diesen sieben sind fünf Kleinstunternehmen, eines ein mittleres und eines ein grosses. Der Verlag von bespielten Tonträgern war 1995 so gut wie inexistent und hat dann relativ stark zugenommen. Vierzehn Beschäftigte waren 1995 ausschliesslich in Ein- oder Zweipersonenunternehmen tätig. 1998 waren es 71 und 2001 wurden 167 registriert. Ein grosses relatives Wachstum haben auch die Orchester, Chöre, Musiker von 32 auf 158 Beschäftigte erlebt. Von diesen 158 sind 128 einer einzigen Arbeitsstätte zugeordnet.

Printmedien

Die Printmedien bilden die grösste Sparte des Kultursektors. Sie machen über 40 % der Beschäftigung im Kultursektor aus. Ihr Anteil sinkt aber relativ zum Wachstum der anderen Branchen des Kultursektors, denn 1995 hatten die Printmedien noch einen Anteil von 44,4 %. Die Printmedien beschäftigen 11'456 Personen in 1072 Arbeitsstätten, was rund 11 Beschäftigten pro Arbeitsstätte entspricht. Das ist für den Kultursektor überdurchschnittlich, liegt aber unter dem Zürcher Durchschnitt von 13. Der Einfluss auf die durchschnittliche Unternehmensgrösse rührt von den grossen Verlagshäusern der Tages- und Wochenzeitungen, die in Zürich ihren Sitz haben. Die Beschäftigung hat in der Sparte der Printmedien von 1995 bis 2001 um 0,5 % abgenommen. Ende der 1990er Jahre wurden verschiedene sogenannte Pendlerzeitungen lanciert, die der Branche Zuwachse in der Beschäftigung brachten. Die Zeitungs- und Zeitschriftenverlage wuchsen um 1100 Beschäftigte. Allerdings haben zwei Pendlerzeitungen nach der Betriebszählung 2001 ihre Produktion eingestellt, so dass hier Abnahmen zu erwarten sind. Im Offsetdruck und im sonstigen Verlagsgewerbe ist von 1995 bis 2001 eine grosse Abnahme von insgesamt 2'600 Beschäftigten festzustellen. Die Zahl der Arbeitsstätten verringerte sich von 164 auf 139. Dabei handelt es sich um sehr viele Kleinst- und Kleinbetriebe. Aber auch bei den Grossunternehmen (250–499 Beschäftigte) ging durch Wegzug oder Aufgabe von 1995–1998 eines verloren, ein weiteres in den folgenden drei Jahren. Der Buchhandel gehört ebenfalls zu den Verlierern im Kultursektor mit einer Abnahme von 13 % in der Beschäftigung und 24 % bei den Arbeitsstätten von 1995 bis 2001. Der grösste Teil der Beschäftigungsverluste geht zu Lasten der Kleinstunternehmen, nämlich 70 von 87, was die Konzentrationsbewegungen in diesem Markt unterstreicht. Die Schreibbüros haben ihre Beschäftigung von 1995 bis 2001 auf 254 verdreifacht. 47 der 48 Schreibbüros sind Kleinstunternehmen, davon wiederum 39 Unternehmen mit zwei und weniger Beschäftigten. Die Zahl der selbstständigen Journalisten hat sich im selben Zeitraum von 126 auf 199 erhöht.

Werbewirtschaft

Die Bedeutung der Werbung in den 1990er Jahren kommt in den Wachstumsraten von 25 % in der Werbeberatung und 12 % in der Werbevermittlung zum Ausdruck. In der Werbeberatung waren 2001 rund 2200 Personen beschäftigt. Die Werbewirtschaft scheint mit 12,8 Beschäftigten pro Arbeitsstätte nicht besonders kleinbetrieblich organisiert. Dieser Durchschnittswert zeigt nicht die duale Struktur dieses Sektors: Auf der einen Seite gibt es sehr viele Kleinstunternehmen (420) und Einzelfirmen (301) bei der Werbeberatung, auf der anderen Seite existieren etliche Kleinunternehmen mit bis zu fünfzig Beschäftigten in der Werbeberatung und vor allem die Markt- und Meinungsforschungsunternehmen mit grossen Beschäftigtenzahlen. Grosse Schwankungen sind in der Markt- und Meinungsforschung festzustellen. Von 1995 auf 1998 ist ein grosser Anstieg in der Beschäftigung von 528 auf 1063 festzustellen und danach wieder eine Abnahme auf 456 im Jahre 2001. Dies kann mit dem Zu- und Wegzug von einem oder zwei grösseren Markt- und Meinungsforschungsunternehmen zu tun haben oder mit einem Eintragungsfehler bei den Arbeitsstätten mit 100 bis 200 Beschäftigten. Bei den Kleinstunternehmen und denjenigen mit 10–19 Beschäftigten gab es Zunahmen von 100 Beschäftigten.

Kunstmarkt und darstellende Künste

Die Sparte Kunstmarkt und darstellende Künste hat in den sechs Jahren von 1995 bis 2001 ein Wachstum von fast 16 % in der Beschäftigung erfahren. Dem steht eine Abnahme von 7,1 % bei den Arbeitsstätten gegenüber. Das heisst, dass die Betriebe in dieser Sparte gewachsen sind und/oder dass vor allem die grösseren Unternehmen die Rezession überstanden haben. 1995 waren es 5,6 Beschäftigte pro Arbeitsstätte, 2001 etwas über sieben. Es zeigt sich die stark duale Struktur dieser Sparte mit den Spielstätten der Theater, Oper und Konzerte auf der einen Seite und den selbstständigen bildenden Künstler-Innen, den im Kunsthandel Beschäftigten, aber auch den Kleinsttheatern und Musikensembles. Mit nur sieben Beschäftigten pro Unternehmen erscheint die Sparte im Vergleich zum Durchschnitt kleinbetrieblich strukturiert. Es zeigt sich aber auch, dass der Anteil der Beschäftigten in Kleinstunternehmen mit 29,6 % in der Sparte gering ist. Die Kleinstunternehmen des Kultursektors haben im Durchschnitt einen Anteil von 35,3 %. Tatsächlich haben die Theater, Oper, Konzerthallen, die eher als grössere Betriebe organisiert sind, nach einem Beschäftigungsrückgang von 90 Personen zwischen 1995 und 1998 wieder um 250 auf 889 Beschäftigte zugelegt. Ein Unternehmen ist dabei von der Klasse 250–499 in die Klasse 500–999 gerutscht, was mit der Eröffnung der zweiten Bühne des Schauspielhauses (Schiffbau) im Jahre 2000 zusammenfällt. Auch bei den Theater- und Ballettgruppen gibt es je eine Arbeitsstätte mit 100–199 und eine mit 250 bis 499 Vollzeitäquivalenten. Die Zahl der selbstständigen bildenden KünstlerInnen sank von 146 auf 109, die der sonstigen künstlerischen Tätigkeiten von 85 auf 65. Leicht zugenommen haben die Theater- und Ballettgruppen um 7 % oder 16 Personen. Um 15 % oder absolut um 44 gestiegen ist die Zahl der im Kunsthandel Beschäftigten auf 331. 32 Beschäftigte beträgt die Zunahme bei den in Museen Beschäftigten, so dass in dieser Branche nunmehr 342 Personen beschäftigt sind.

Architektur

Der weitaus grösste Teil der Beschäftigten (90 %) der Sparte Architektur wird von den Architekturbüros abgedeckt. Die Innenarchitekturbüros machen rund 8 % aus und die LandschaftsplanerInnen 2 %. Traditionellerweise sind die Architekturbüros kleinbetrieblich strukturiert. So sind in dieser Sparte 93,7 % aller Arbeitsstätten Kleinstunternehmen und 66,3 % der Beschäftigten sind in ebensolchen tätig. Nur drei Unternehmen haben 50–99 Angestellte. Grössere Betriebe als diese gibt es nicht. Die Arbeitsstätten in dieser Sparte sind stetig gewachsen. Die Beschäftigung hingegen war zwischen 1995 und 1998 rückläufig (-6,7 %) und wuchs dann bis 2001 um über 500 Beschäftigte

(+14 %) an. Damit widerspiegeln die Architekturbüros den Konjunkturverlauf dieser Jahre. Die Innenarchitekturbüros sind bei der Beschäftigung von 190 auf 228 gewachsen. Das sind zwar kleine Zahlen, aber ein Indiz für die gestiegene Nachfrage nach Raum-Design und gestalteten Innenräumen. Die LandschaftsplanerInnen sind um 21 % auf 120 Vollzeitäquivalente in 24 Unternehmen, wovon 20 Kleinstunternehmen sind, gewachsen.

Grafik und Verschiedene

Die Sparte Grafik und Verschiedene hat ein Wachstum von 9,0 % bei der Beschäftigung und ebenfalls 9,0 % bei den Arbeitsstätten aufzuweisen. Wie in den Sparten Kunsthandel und darstellende Künste sowie bei der Architektur nahm die Beschäftigung von 1995 bis 1998 ab (-4,5 %) und danach wieder zu (12,9 %), während die Zahl der Arbeitsstätten kontinuierlich zunahm (7,6 % und 8,7 %). Das heisst, dass auch in diesen Bereichen des Kultursektors einerseits Entlassungen in den späten Jahren der Rezession vorgenommen wurden, andererseits weiterhin Unternehmen gegründet wurden. Diese Entwicklungen sind Ausdruck der starken Dynamik im Kultursektor. Die Sparte Grafik und Verschiedene ist stark kleinbetrieblich strukturiert und die Entwicklung ist seit 1995 noch stärker in Richtung Kleinstunternehmen gegangen. 96,1 % der Arbeitsstätten sind Kleinstunternehmen. Im Durchschnitt sind nur 3,8 Personen pro Arbeitsstätte beschäftigt. 70,9 % der Beschäftigten sind in Kleinstunternehmen tätig. Diese Zahl ist seit 1995 (+65,8 %) stark gewachsen. Die grössten Zuwächse sind bei Grafikateliers und Design zu verzeichnen. Hier hat sich die Zahl der Beschäftigten in drei Jahren von 1998 bis 2001 mehr als verdoppelt (von 480 auf 1008), die Zahl der Arbeitsstätten stieg von 691 auf 819 (+18,5 %). Die Ausstellungs- und Messeorganisation hat ebenfalls ihre Beschäftigung von 1995 bis 2001 fast verdoppelt (+150). Die Zahl der Arbeitsstätten ist aber nicht im gleichen Mass gestiegen, was darauf hinweist, dass mehrere Unternehmen in diesen Jahren gewachsen sind. Die Kunstschulen, die zu dieser Sparte geschlagen wurden, verzerren das dynamische Bild, da die Statistik grössere Verluste ausweist. Diese starke Veränderung hat aber wenig mit reellen Verlusten zu tun. Vielmehr liegt die Ursache bei der Neuklassifizierung verschiedener Kunstschulen in der Statistik. Der Hauptgrund liegt in der Neuorganisation im Fachhochschulbereich. Das heisst, dass jene Schulen, die 1998 noch als Kunstschulen ausgewiesen wurden, 2001 unter den Fachhochschulen aufgeführt werden und damit nicht mehr im Kultursektor erscheinen. So mutierte zum Beispiel die Zürcher Kunstgewerbeschule im Kreis 5 zur Hochschule für Gestaltung und Kunst Zürich, HGKZ.

Sport

Die Betriebszählungen des BfS kennen für die Sparte Sport nur die Unterscheidung in Sportvereine und mit Sport verbundene Tätigkeiten. Die Beschäftigungszahlen sind eher unerheblich. In der Sparte Sport gab es eine Zunahme von 41,6 % auf 543, die allein auf die Beschäftigung in den Vereinen zurückzuführen ist. Die mit Sport verbundenen Tätigkeiten blieben konstant bei unter 100 Beschäftigten.

Gastronomie

Vorausschickend sei an dieser Stelle nochmals daran erinnert, dass diese Sparte nicht zur eigentlichen Kulturökonomie gerechnet wird, das heisst nicht in die Berechnungen des Kultursektors einbezogen wird. Mit 14'000 Beschäftigten ist die Sparte Gastronomie mit Abstand die grösste, welche hier im Zusammenhang mit dem Kultursektor der Stadt Zürich behandelt wird. Das sind immerhin auch 4,1 % der Zürcher Gesamtbeschäftigung. In den Jahren von 1995 bis 2001 hat in der Sparte Gastronomie ein Wachstum von 13,7 % oder absolut 1'684 Beschäftigten stattgefunden. Die Zahl der Arbeitsstätten hat von 1995 bis 2001 um 10,1 % zugenommen, also etwas weniger als bei der Beschäftigung, aber ebenfalls kontinuierlich (4,2 % bis 1998 und 5,6 % bis 2001). Die Zahl der Restaurants ist von 1995 bis 2001 um 29 oder 3 % gestiegen. In der Beschäftigung kann eine Zunahme von 1'136 Beschäftigten (+9 %) festgestellt werden. Eine sehr hohe Zuwachsrate von 219 ist bei der Zahl der Bars festzustellen. Hier hat mehr als eine Verdreifachung der 26 im Jahre 1995 registrierten Bars bis zum Jahr 2001 stattgefunden. Da Bars kleinbetrieblich strukturiert sind, hat sich parallel zu den Arbeitsstätten auch die Beschäftigung mehr als verdreifacht und zwar von 183 auf 568. Zugenommen haben auch die Caterer. 1995 waren es 25 Cateringbetriebe, 2001 die doppelte Zahl (51). In Bezug auf Beschäftigung sind sie vor allem zwischen 1995 und 1998 gewachsen (von 174 auf 337).

Abbildung 6: Anteile der Beschäftigten in Kleinstunternehmen an den jeweiligen Sparten in Prozenten (2001)

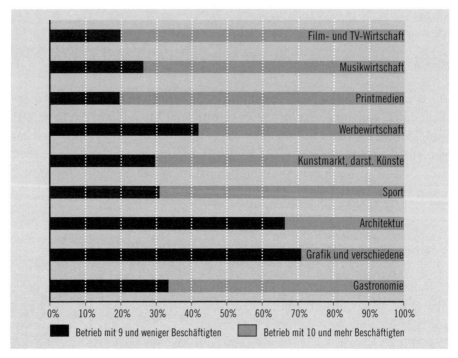

Quelle: BfS, Betriebszählung 2001, eigene Berechnungen.

Die Enwicklung in der Sparte Gastronomie muss im Zusammenhang mit der Liberalisierung des Gastgewerbegesetzes des Kantons Zürich im Jahre 1998 gesehen werden, welche es möglich machte, neu auch ohne Wirtepatent und Bedürfnisklausel einen Restaurationsbetrieb zu führen. Hier sind aber von der Statistik her zwei Anmerkungen zu machen: erstens hat sich die Zahl der Restaurants nicht sehr stark erhöht. 19 zusätzliche Restaurants zu den 1067 im Jahre 1998 bereits bestehenden ist eine eher bescheidene Zahl und bestätigt die oft in den Medien geäusserte Meinung nicht, dass seit der Liberalisierung des Gastgewerbegesetzes sehr viele Restaurants eröffnet wurden (z. B. Tages-Anzeiger, 4.11.1999). Es muss allerdings eingeräumt werden, dass sich diese Entwicklungen von Quartier zu Quartier unterscheiden. Bei den Bars konnte eine Verdreifachung der Arbeitsstätten festgestellt werden und eine sehr starke Dynamik bei der Beschäftigung. Aber, und dies ist die zweite Bemerkung, diese Dynamik ist schon in den Jahren 1995 bis 1998 festzustellen, also vor der Liberalisierung des Gastgewerbegesetzes. In dieser Periode stieg die Anzahl der Bars um 28 von 26 auf 55 und wuchs von 1998 bis 2001 nochmals um 18 Arbeitsstätten.

Die Caterer sind eine typische Entwicklung der 1990er Jahre, in gewissem Sinne symbolisch für die Transformation der städtischen Ökonomie. Viele Caterer bieten Speisen und Getränke aus den mediterranen und asiatischen Kulturräumen an und sind damit Ausdruck der Internationalisierung Zürichs: Fremdländische Speisen sind nicht mehr so fremd wie noch in den 1980er Jahren. Caterer können auch zu den persönlichen Dienstleistungen gezählt werden, als Ausdruck einer zunehmend dualen Einkommensstruktur in Global Cities. Gutverdienende qualifizierte Arbeitskräfte können sich ein Catering für diverse Anlässe leisten, während die Caterer zu jener städtischen Bevölkerung gehören, die in den vergangenen Jahren in die Global Cities gezogen sind, um hier ein bescheidenes Einkommen zu finden (vgl. Sassen, 1996).

7.4 Entwicklungen in den Stadtkreisen

Wie in der Literatur immer wieder aufgezeigt wird, bestehen verschiedenste Zusammenhänge zwischen Kultursektor, kultureller Innovation und Subkultur und den Stadtteilen mit hohen Anteilen einkommensschwacher Bevölkerung mit Migrationshintergrund. Es gehört deshalb zum Kerninteresse dieser Arbeit, die Entwicklungen des Kultursektors in den verschiedenen Stadtteilen zu untersuchen und zu eruieren, welche Unterschiede bezüglich Branchen, Grösse der Arbeitsstätten und der Dynamik von Beschäftigung und Betriebsgrössen bestehen. Vor diesem Hintergrund wurden die Betriebszählungen auf der Ebene der Stadtkreise ausgewertet.

Die Beschäftigungsanteile der Stadtkreise am Kultursektor haben sich von 1995 bis 2001 relativ deutlich verschoben. So haben die Kreise 5, 8 und 11 um mehr als 1 % gewonnen, der Kreis 5 rund 2,6 %. Auf der anderen Seite ist es vor allem der Kreis 7, der mit fast -2 % Verlusten die Liste derjenigen Kreise anführt, die im Verhältnis zur gesamten Beschäftigung im Kultursektor verloren haben. Es sind dies der Kreis 3 (-1.1 %), der Kreis 1 (-1 %) und die Kreise 6, 9, 10, 11 mit Abnahmen zwischen -0.5 % und -0.3 %). All diese Angaben sind relativ zum Kultursektor, dessen Beschäftigung in den Jahren von 1995 bis 2001 um mehr als zehn Prozent zugenommen hat. Die hier aufgeführten Zahlen zeigen einzig die Entwicklung in den Stadtkreisen im Verhältnis zueinander. Bei den Beschäftigten in Kleinstunternehmen im Kultursektor zeigt sich folgendes Bild: Nach wie vor ist es der Kreis 1, der am meisten Beschäftigte in Kleinstunternehmen hat, gefolgt vom Kreis 7 und dann vom Kreis 8. Die grösste Dynamik zwischen 1995 und 2001 konnte aber im Kreis 5 mit 68 % festgestellt werden, gefolgt von den Kreisen 4 (+41 %) und 3 (+37 %). Etwas zurück folgen die Kreise 1 (+23 %) und 9 (+20 %). Die Kreise 2 und 11 haben um rund 13 % zugelegt. Der Kreis 8 bringt es noch auf ein Wachstum von 9 %, genau wie der Kreis 6. Der Kreis 7 aber hat bei den Kleinstunternehmen 5,6 % der Beschäftigten verloren.

Die Untersuchung der Entwicklung der Arbeitsstätten (vgl. Abbildung 8) erlaubt eine weitere Differenzierung in der Art der räumlichen Entwicklung des Kultursektors. Stadtkreise, die Beschäftigung gewonnen haben, haben nicht unbedingt an Arbeitsstätten zugenommen. So zeigen sich in den Kreisen 1, 2 und 11 Abnahmen bei den Arbeitsstätten und im Kreis 8 nur eine leichte Zunahme. Dies sind vor allem Stadtkreise, in denen grössere und etabliertere Kulturunternehmen die Entwicklungen beeinflussen. Umgekehrt verhält es sich in den Kreisen 3, 6 und 10, wobei die Entwicklungen in den beiden letztgenannten eher marginal sind. Im Kreis 3 haben die unternehmerischen Aktivitäten begonnen, schlagen sich aber noch nicht in der Beschäftigung nieder. Die Kreise 4 und 5 sowie in geringerem Ausmass der Kreis 9 haben sowohl bei der Beschäftigung als auch bei den Arbeitsstätten dazu gewonnen. Diese Entwicklungen weisen auf grössere unternehmerische Aktivitäten in den Kreisen 4, 5 und 9 mit Beschäftigungseffekten hin.

Der Kreis 1 weist von allen zwölf Zürcher Stadtkreisen am meisten Beschäftigte im Kultursektor aus, nämlich 4'627 (vgl. Abbildung 7). Dies entspricht rund 7 % aller im Kreis 1 (65'000) Beschäftigten und einem Anteil von 18 % aller im Kultursektor Beschäftigten der Stadt Zürich. Im Kreis 1 sind die Sparten Printmedien (1'479) und Kunstmarkt und darstellende Künste (1'135) gut vertreten. Bei beiden Sparten spielt der Detailhandel (Bücher, Musikinstrumente) eine Rolle, sowie grössere private und öffentliche Institutionen. Bei den Printmedien hat ein Verlagshaus über 300 Beschäftigte, im Kunstbereich das Opernhaus 650 und das Kunsthaus 220 sowie weitere kleinere Theater und Museen. Von 1995 bis 2001 ist der Kultursektor im Kreis 1 um 4 % gewachsen, insbesondere die Sparte Musik (+217/+34 %) und Kunstmarkt (+93/+9 %), aber auch die Sparte Film und TV (+74/+37 %). Abgenommen haben die Printmedien (-120/-8 %) und die künstlerischen Schulen

(-262). Die Beschäftigten in Kleinstunternehmen haben in den Sparten Film und TV (+106/+340 %) und in den Printmedien (+125/+30 %) relativ stark zugenommen, sowie im Total um 23 % (+296).

Abbildung 7: Anzahl Beschäftigte im Kultursektor in den Zürcher Stadtkreisen 1995 und 2001

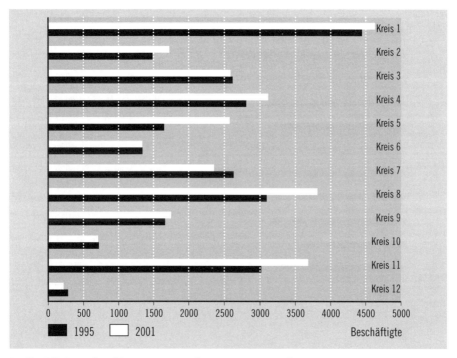

Quelle: BfS, Betriebszählungen 1995 und 2001, eigene Berechnungen.

Im Kreis 2 finden sich rund 5 % (1'725) aller im Kultursektor Beschäftigten der Stadt Zürich, wobei keine Sparte von der Grösse her besonders heraus sticht. Von 1995 bis 2001 hat die Beschäftigung im Kultursektor um 16 % (+238) zugenommen. Die grösste Zunahme ist in der Sparte Kunstmarkt und darstellende Künste (+172/+167 %) zu verzeichnen, was auf das Wachstum der Branchen Kunsthandel und sonstige Dienstleistungen für Unterhaltung zurückzuführen ist. Die Printmedien haben leicht abgenommen, hingegen hat die Sparte Werbung um 50 % auf fast 200 Beschäftigte zugelegt, zwei Drittel davon arbeiten in Kleinstunternehmen. Ebenfalls ist in der

Sparte Architektur eine Zunahme bei den Kleinstunternehmen um 36 % auf 287 Beschäftigte festzustellen, während die grösseren Unternehmen dieser Sparte Beschäftigungsanteile eingebüsst haben, im Total 16 %.

Abbildung 8: Anzahl Arbeitsstätten im Kultursektor in den Zürcher Stadtkreisen 1995 und 2001

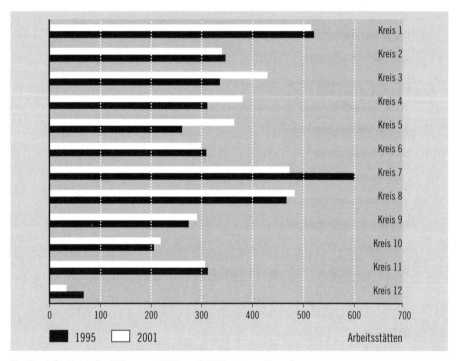

Quelle: BfS, Betriebszählungen 1995 und 2001, eigene Berechnungen.

Der Kreis 3 ist in den Jahren von 1995 bis 2001 bezüglich Beschäftigung im Kultursektor konstant geblieben (2'618/2'587). Die relativ grossen Verluste in den Printmedien von rund 500 Beschäftigten wurden durch die Zuwächse von jeweils mehr als hundert Beschäftigten in den Sparten Musik, Werbung, Kunstmarkt/darstellende Künste und Architektur wettgemacht. Die eher traditionellen Berufe im Kultursektor wie Druckereien wurden im Kreis 3 durch die neueren Branchen abgelöst.

Abbildung 9: Prozentuale Veränderung der Anzahl Beschäftigten im Kultursektor in den Zürcher Stadtkreisen von 1995 bis 2001

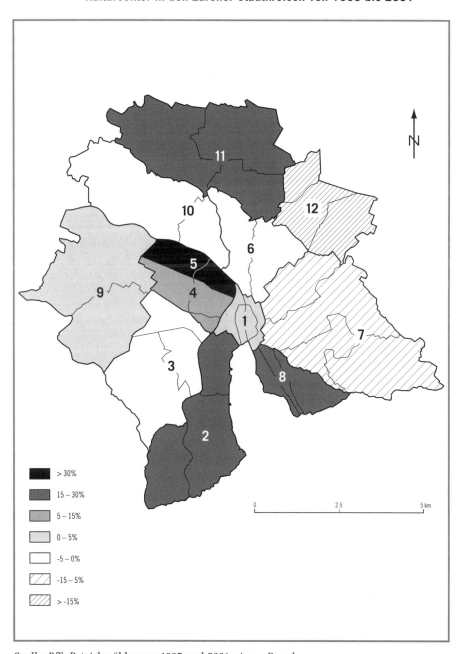

Quelle: BfS, Betriebszählungen 1995 und 2001, eigene Berechnungen.

**Abbildung 10: Prozentuale Veränderung der Anzahl Arbeitsstätten im
Kultursektor in den Zürcher Stadtkreisen von 1995 bis 2001**

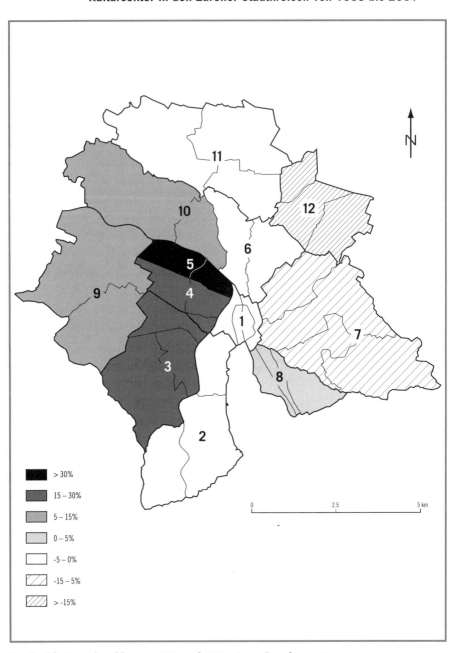

Quelle: BfS, Betriebszählungen 1995 und 2001, eigene Berechnungen.

Der Kreis 4 hat 2001 einen Anteil von über 12 % an der Beschäftigung im Kultursektor in der Stadt Zürich und hat seit 1995 um 11 % auf 3'113 Beschäftigte zugelegt. Dieser grosse Anteil im Kultursektor ist auf die Sparte Printmedien zurückzuführen, die über 2'000 Beschäftigte hat. Diese Sparte hat von 1995 bis 2001 leicht abgenommen. Gleichzeitig hat aber im traditionellen Arbeiterquartier, welches heute zu fast 50 % von MigrantInnen bewohnt wird und das Sexgewerbe sehr präsent ist, die Transformation der städtischen Ökonomie begonnen. So ist die Sparte Grafik und Verschiedene von 65 auf 222 Beschäftigte angewachsen, wobei alle Branchen dieser Sparte am Wachstum teilhatten. Die Sparte Musik ist ebenfalls relativ stark von 79 auf 164 Beschäftigte gewachsen, was auf die Zunahme von Diskotheken und Nightclubs zurückzuführen ist. Aber auch für die Werbung (+33 Beschäftigte) und die Architekturbüros (+93 Beschäftigte) scheint der Kreis 4 attraktiv geworden zu sein. Etwas weniger kommt die heutige Präsenz der Galerien im Kreis 4 in den Beschäftigungsstatistiken bis 2001 zum Ausdruck: die Sparte Kunstmarkt und darstellende Künste ist aber seit 1995 immerhin um 7 Beschäftigte auf 52 gewachsen.

Im Kreis 5 sind im Jahre 2001 2'587 Personen im Kultursektor beschäftigt. Noch 1995 waren es erst 1'652 Beschäftigte. Das heisst, der Kreis 5 hat bis 2001 ein Wachstum von 56 % erlebt. Bei den Kleinstunternehmen des Kultursektors ist eine Zunahme von 68 % festzustellen (vgl. Abbildung 12). Grosse Zuwächse sind bei den Printmedien zu verzeichnen (+433/+69 %), was auf den Zuzug mehrerer Verlagshäuser ins Entwicklungsgebiet Zürich-West zurückgeht. Auch die Sparte TV und Film hat grosse Zunahmen erlebt (+239/+210 %), wofür insbesondere die Branchen Fernsehanstalten (+105), sowie die Film- und Videoherstellung verantwortlich sind, wobei letztere sich auf sechs Unternehmen verteilen. Zwei davon haben 10 bis 49 Beschäftigte, die anderen sind Kleinstunternehmen. Hier hat sich ein Filmproduktions-Cluster gebildet, welches sich vor allem im Kuoni-Haus an der Neugasse, also mitten im Kreis 5 befindet. Ebenfalls zugenommen haben die Kinos und deren Beschäftigte. Die Beschäftigten in der Werbung (vgl. Abbildung 11) sind von 169 auf 333 angewachsen, wobei nur die Hälfte der Zunahmen von rund 160 in Kleinstunternehmen beschäftigt ist. Wie im Kreis 4 hat auch die Zahl der Architekturbüros zugelegt (+136 Beschäftigte) und die der Sparte Kunstmarkt und darstellende Künste (+55). Die Branche Grafik und Design wies 1995 27 Beschäftigte aus, im Jahre 2001 waren es 143. Die Zahl der Arbeitsstätten dieser Branche wuchs von 15 auf 60 an (vgl. Abbildung 13).

Die grössten Verluste im Kultursektor des Kreis 5 waren bei den Kunstschulen zu verzeichnen, welche 2001 mehr als 300 Beschäftigte weniger ausweisen als 1995. Diese starke Veränderung geht, wie bereits erwähnt, auf die Neuorganisation im Fachhochschulbereich zurück.

Abbildung 11: Anzahl der in der Werbung Beschäftigten in den Zürcher Stadtkreisen 1995 und 2001

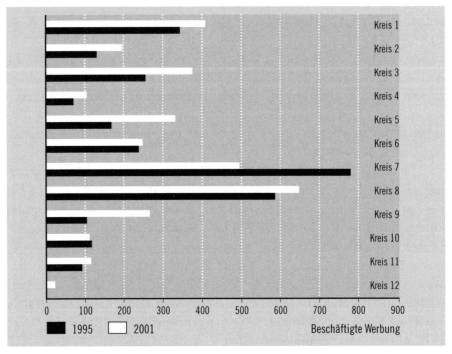

Quelle: BfS, Betriebszählungen 1995 und 2001, eigene Berechnungen.

Der Kreis 6 mit seinen 1'343 Beschäftigten gehört nicht zu den Hot Spots des Kultursektors. Die verschiedenen Sparten weisen in der Zeit zwischen 1995 und 2001 kaum Zu- oder Abnahmen auf. In den Sparten Musik und Architektur gab es Verluste von rund 50 Beschäftigten, bei Grafik und Verschiedene eine Zunahme von 85, davon 31 in der Grafikbranche und 40 in künstlerischen Schulen.

Der Kreis 7 ist der Stadtteil der Architektur-, Werbe- und Grafikbüros. In allen drei Branchen hatte der Kreis 7 1995 die absolut höchsten

Beschäftigtenzahlen aller Stadtkreise mit rund 780 in der Werbung, 660 in der Architektur und 160 in der Grafik, total 2'356. Während sich die Architektur- und Grafikbüros bis 2001 zahlenmässig mehr oder weniger halten konnten, gab es in der Sparte Werbung einen grösseren Einbruch von -36 %, was 285 Beschäftigten entspricht (vgl. Abbildung 11). In den Sparten Film/TV sowie Musik spielt der Kreis 7 mit Anteilen von 2,1 und 0,9 % an der gesamtstädtischen Beschäftigung in den jeweiligen Sparten eine untergeordnete Rolle.

Abbildung 12: Anzahl Arbeitsstätten mit 9 und weniger Beschäftigten im Kultursektor in den Zürcher Stadtkreisen 1995 und 2001

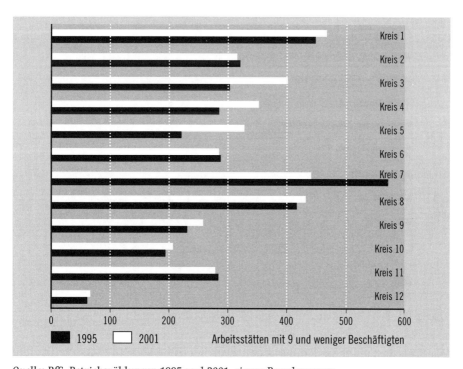

Quelle: BfS, Betriebszählungen 1995 und 2001, eigene Berechnungen.

Weitere Entwicklungen im Kreis 7 sind eine leichte Zunahme beim Kunsthandel und Abnahmen bei den selbstständigen bildenden und den sonstigen künstlerischen Tätigkeiten, deren Anwesenheit ebenfalls zu den Charakteristiken des Kreis 7 gehören. Die kleinbetriebliche Struktur der Branchen mit Beschäftigungsverlusten schlägt sich mit -23 % auf das Bild Veränderung der Arbeitsstätten mit neun und weniger Beschäftigten nieder (vgl. Abbildung 12). Insgesamt wurde der Kreis 7 im Kultursektor in Bezug auf die Beschäftigung wegen seiner Verluste von 10 % vom Kreis 5 überholt (vgl. Abbildung 7).

Abbildung 13: Anzahl der in der Grafik Beschäftigten in den Zürcher Stadtkreisen 1995 und 2001

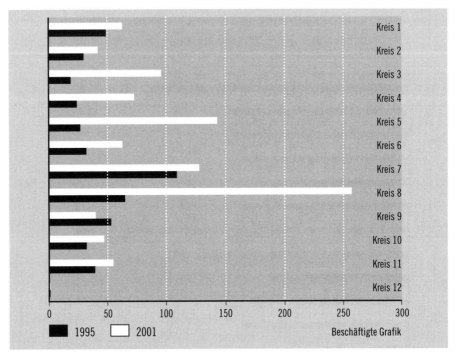

Quelle: BfS, Betriebszählungen 1995 und 2001, eigene Berechnungen.

Der Kreis 8 ist jener Stadtteil mit den zweithöchsten absoluten Beschäftigtenzahlen (3'838) im Kultursektor der Stadt Zürich nach dem Kreis 1. In Bezug auf die Gesamtbeschäftigung im Kreis 8 hat der Kultursektor einen Anteil von über 16 %, was der höchste in der Stadt ist. Die Branchenstruktur des Kultursektors unterscheidet sich deutlich von derjenigen des Kreis 1 und ist jener des Kreis 7 mit hohen Anteilen in Architektur, Werbung und Grafik vergleichbar. Aber der Kreis 8 hat nach dem Kreis 5 in der Zeit von 1995 bis 2001 die grössten Zunahmen (+717/+23 %) in der Beschäftigung im Kultursektor zu verzeichnen (vgl. Abbildung 7). In der Werbung sind es ein Plus von 11 %, im Kunstmarkt und darstellende Künste 20 %, in der Grafik 300 % (vgl. Abbildung 13), so dass im Kreis 8 immer noch fast doppelt so viele Personen (257) in dieser Branche beschäftigt sind wie im Kreis 5 (143). Ebenfalls eine starke Zunahme von 45 auf 117 ist in der Sparte Film/TV zu verzeichnen. Die Beschäftigtenzahlen in der Sparte Architektur sind konstant geblieben, wobei eine Abnahme von 50 Beschäftigten bei den Kleinstunternehmen anzumerken ist.

Abbildung 14: Beschäftigte in Arbeitsstätten mit 9 und weniger Beschäftigten im Kultursektor in den Kreisen der Stadt Zürich 1995 und 2001

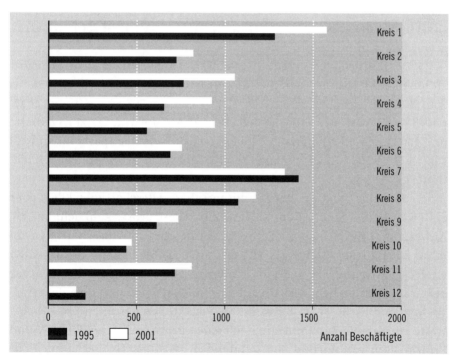

Quelle: BfS, Betriebszählungen 1995 und 2001, eigene Berechnungen.

Der Kreis 9 weist im Jahre 2001 1'751 Beschäftigte im Kultursektor aus, etwa gleich viel wie der Kreis 2. Rund die Hälfte davon sind in der Sparte Printmedien anzusiedeln, welche seit 1995 270 Beschäftigte verloren hat.

Der Kreis 9, der lange Zeit von der Anwesenheit grösserer Industrieunternehmen und in den 1980er Jahren durch die Ansiedlung von Backoffices der Grossbanken geprägt war, hat ein Wachstum von 5 % im Kultursektor auszuweisen, welches auf interessante Entwicklungen hinzuweisen vermag. Das Beschäftigungswachstum ist mehreren Sparten zu verdanken, darunter der Architektur (+103/+190 %), der Sparte Film/TV, welche scheinbar aus dem Nichts hervorgegangen ist (von 5 auf 65 Beschäftigte) und der Sparte Musik, die mit der Ansiedlung zweier Diskotheken 85 Beschäftigte gewann. Aussergewöhnlich ist die Zunahme bei der Sparte Werbung von 105 auf 256 Beschäftigte, wobei die Kleinstunternehmen nur einen Fünftel der Entwicklung ausmachen. Es hat damit eine Verlagerung der Unternehmen in der Werbung vom Kreis 7 in den Kreis 9 stattgefunden, ebenso bei den Architekturbüros, wodurch sich der Kreis 9 als neue Adresse in der Werbe- und Architekturbranche entpuppt. Eine Ursache für diese Entwicklung sind die in den späten 1980er Jahren freigewordenen Industriegebäude.

Der Kultursektor im Kreis 10 ist einer der kleinsten der Stadt. Er gehört zu jenen fünf Stadtkreisen, die im Kultursektor in der Zeit von 1995 bis 2001 Beschäftigung verloren haben (-1,4 %). Von den 708 Beschäftigten gehören 213 zur Sparte der Printmedien, 173 zur Architektur, 112 zur Werbung und 150 zur Grafik und Verschiedene, welche als einzige Sparte im Kreis 10 von 1995 bis 2001 ein, wenn auch bescheidenes, Wachstum von 20 Beschäftigten erlebt hat.

Der Kreis 11 ist von der absoluten Zahl der Beschäftigten (3'680) her ein bedeutender Stadtteil im Kultursektor. Diese grosse Zahl geht auf die Anwesenheit des Schweizer Fernsehens mit über 1800 Beschäftigten im Jahre 2001 zurück. Der Kreis 11 weist auch bei der Sparte Printmedien eineBeschäftigung von mehr als 1'100 aus. Die durchschnittliche Grösse der Arbeitsstätten liegt deshalb mit 13,2 Beschäftigten weit über dem städtischen Durchschnitt im Kultursektor von 7,6 Beschäftigten pro Arbeitsstätte. Ausser den Zunahmen in den beiden grössten Sparten Film/TV und Printmedien von je rund 300, zeigte sich der Kreis 11 überhaupt nicht dynamisch. Auch bei den Kleinstunternehmen sind es einzig die Sparten Printmedien sowie Film/TV, die zugenommen haben, wenn auch nur sehr schwach.

Der Kreis 12 schliesslich ist insbesondere ein Wohnquartier. Sein Kultursektor umfasst 218 Beschäftigte im Jahre 2001, 62 weniger als 1995.

Auch in Bezug auf die Gesamtbeschäftigung bildet der Kreis 12 mit 4,2 % im Kultursektor Beschäftigten das Schlusslicht der Stadtkreise.

7.5 Bedeutung des Zürcher Kultursektors in der Schweiz

Die Vorrangstellung Zürichs in der Schweizer Wirtschaft wurde in Kapitel 6.1 erörtert. Headquarter Economy und der Finanzsektor konzentrieren sich in Zürich. Seit Jahren wird aber auch von Konzentrationstendenzen in anderen Branchen gesprochen, zum Beispiel in den Medien. Die Auswertungen der Betriebszählungen 1995, 1998 und 2001 zeigen, dass dies weitgehend stimmt und Konzentrationsbewegungen nach Zürich stattgefunden haben. Für alle Berechnungen auf schweizerischer Ebene wurden die gleichen Branchen nach NOGA5 wie im Zücher Kultursektor verwendet. Im Jahr 2001 sind 206'189 Beschäftigte im Kultursektor der Schweiz tätig (vgl. Tabelle 12). Dies entspricht 5,6 % der schweizerischen Gesamtbeschäftigung. Der Kultursektor entwickelte sich in der Schweiz deutlich weniger dynamisch als in der Stadt Zürich. Von 1995 bis 1998 war die Beschäftigungsentwicklung mit -2,8 % gar rückläufig. Erst von 1998 bis 2001 stellte sich eine Zunahme in der Beschäftigung von 3,4 % ein, so dass für die Periode 1995 bis 2001 nur eine Zunahme von 0,5 % ausgewiesen werden kann. Demgegenüber steht für den gleichen Zeitraum ein Wachstum von 10,2 % in der Stadt Zürich.

Tabelle 12: Vergleich der Beschäftigung im Kultursektor der Schweiz und der Stadt Zürich

	1995	1998	2001
Beschäftigte im Kultusektor Schweiz	205'126	199'481	206'189
Beschäftigte im Kultusektor der Stadt Zürich	25'925	27'296	28'564

Quelle: BfS, Betriebszählungen, eigene Berechnungen.

Die Zahl der Arbeitsstätten des Kultursektors in der Schweiz hat hingegen von 9,6 % auf 9,9 % aller Arbeitsstätten zugenommen, in Zürich von 13,3 % auf 14,4 %. Der Anteil der Beschäftigten im Kultursektor in Zürich in Bezug auf die Gesamtbeschäftigung im Kultursektor in der Schweiz ist von 1995 bis 2001 von 12,6 % auf 13,9 % gestiegen. Das heisst jeder oder jede siebte Beschäftigte im Kultursektor der Schweiz arbeitet in der Stadt Zürich. Bezogen auf alle Beschäftigten sind es jeder oder jede elfte Beschäftigte in der Schweiz (9,3 %), der oder die in der Stadt Zürich arbeitet. Der Standortquotient beträgt im Kultursektor damit 1,5. Der Standortquotient beschreibt die Konzentration gewisser Branchen in einer Region oder Stadt im Verhältnis zu einem grösseren räumlichen Bezug, in diesem Fall die Schweiz:

$$\text{Standortquotient} = \frac{\text{Gesamtbeschäftigung Schweiz / Beschäftigung im Kultursektor Schweiz}}{\text{Gesamtbeschäftigung Stadt Zürich / Beschäftigung im Kultursektor Stadt Zürich}}$$

In einzelnen Sparten sind die Verhältnisse noch viel ausgeprägter, am meisten in der TV- und Filmwirtschaft, die im Jahre 2001 rund 34,3 % der in dieser Sparte in der Schweiz Beschäftigten auf die Stadt Zürich konzentrieren (vgl. Abbildung 15). Das heisst in der Stadt Zürich arbeiten 3'008 Beschäftigte in der Sparte TV und Film und in der übrigen Schweiz 5'774. Dieses Verhältnis hat sich seit 1995 (30,6 %) verstärkt. Auch in anderen Sparten hat der Anteil der Stadtzürcher Beschäftigung an derjenigen der Gesamtschweiz zugenommen. In der Musikwirtschaft stieg er von 13,0 % auf 18,0 %, in der Sparte Kuntstmarkt und darstellende Künste von 19,9 % auf 22,3 %. Einzig in der Werbewirtschaft ist eine Abnahme festzustellen, von 21,2 % auf 20,6 %. Vor allem Werbevermittlung und Markt- und Meinungsforschung haben von 1998 bis 2001 beträchtliche Einbussen in Zürich zu verzeichnen.

Besondere Erwähnung gebührt der Branche Grafik und Design, die in in der Sparte Grafik und Verschiedene mit anderen Branchen zusammen dargestellt wird. Diese Branche zeigt für sich alleine genommen ein ganz anderes Bild: Rund ein Fünftel aller in dieser Branche in der Schweiz Beschäftigten (19,6 %) arbeiten in der Stadt Zürich. Dies entspricht einem Standortquotienten von 2,1. Noch 1995 betrug der Anteil 16,6 %, so dass nicht nur bei den Printmedien, der Werbung und der Film- und TV-Branche, sondern auch in Grafik und Design von einem Konzentrationsprozess in der Stadt Zürich gesprochen werden muss. Das Wachstum des Kultursektors in der Schweiz hat rund drei Jahre nach demjenigen in der Stadt Zürich eingesetzt. Die verschiedenen Entwicklungen zeigen, dass die Städte und insbesondere die international orientierten Städte eine wichtige Funktion als Vorreiter neuer Entwicklungen und Innovationen besitzen.

Abbildung 15: Beschäftigung im Kultursektor: Anteile der Stadt Zürich an der Schweiz (= 100 %), 2001

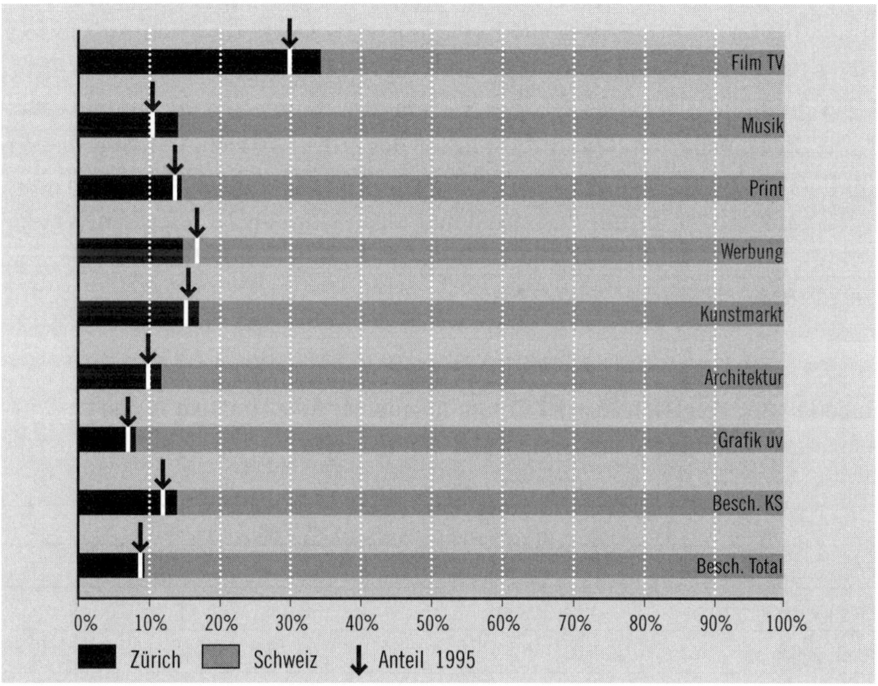

Quelle: BfS, Betriebszählungen, eigene Berechnungen.

7.6 Internationale Bedeutung

Obwohl in der Schweiz eigentlich keine Primärstadt existiert, ist die Situation bezüglich Kulturökonomie mit starken Konzentrationen in Zürich bis zu einem gewissen Grad vergleichbar mit anderen Metropolen. Von den bestehenden Studien zeigt unter anderem Power (2002) die Vorrangstellung Stockholms in Schweden auf. Die Kulturökonomie konzentriert sich in Stockholm und dort vor allem in innerstädtischen Quartieren mit einigen Clustern in Vorortgemeinden. Pratt (2001) beschreibt in seiner Untersuchung die Konzentrationen der Cultural Industries in London und Südost-England. Berlin ist zwar keine Primärstadt, wartet aber ebenfalls mit überdurchschnittlichen Wachstumsraten auf, wie Krätke (2002) zeigt. Da die Medienkonzerne selber Unternehmen der globalisierten Wirtschaft geworden sind, suchen sie wie andere transnationale Unternehmen die Nähe zu Steuerungs- und Kontrollfunktionen in Global Cities. Ausserdem setzen sie auf Standortfaktoren wie Verfügbarkeit hochqualifizierter Arbeitskräfte, billiger Arbeitskräfte für unqualifizierte Tätigkeiten, hochgradig spezialisierte unternehmensorientierte Dienstleistungen, internationale Flugverbindungen, ein reiches Kulturleben und ein attraktives urbanes Setting, unter anderem auch coole Quartiere. Die transnationalen Unternehmen der Kulturwirtschaft, insbesondere im Bereich der Medien, die sich in Global Cities niedergelassen haben, sind auch auf Kleinstunternehmen aus dem Kultursektor als Zulieferfirmen angewiesen. Subkulturen spielen hier eine wichtige Rolle, wie in Kapitel 5 gezeigt wurde (s. auch Krätke, 2002, 175).

Tabelle 13:   Vergleich Zürich / Berlin: Anteile der Arbeitsstätten in den Kultursektorsparten, 1998, in Prozenten

	Berlin	Zürich
Film- und TV-Wirtschaft	20.9 %	9.7 %
Musikwirtschaft	4.0 %	6.8 %
Printmedien	28.7 %	39.2 %
Werbewirtschaft	29.7 %	27.6 %
Kunstmarkt, darstellende Künste	14.4 %	16.6 %

Quellen: Krätke, 2002, BfS, Betriebszählung 1998.

In der World City-Forschung werden die beiden Sparten Werbung und Medien in die Studien einbezogen. Untersucht werden in erster Linie die Anwesenheit von Headquarters in den jeweiligen Städten und „die Strategie der Einbindung in bedeutende regionale Produktionscluster der Kulturindustrie und der Erschliessung von Innovationsimpulsen aus den Medienstädten im weltweiten Massstab" (Krätke, 2002, 215). In Bezug auf die Werbebranche wird Zürich mit 27 weiteren Städten als Major World City ausgewiesen. Die Prime World Cities im Bereich der Werbung sind Chicago, London, Minneapolis, New York, Osaka, Paris, Seoul und Tokyo (Beaverstock et al., 1999, 456). Bei den Medienstädten steht Zürich ebenfalls in der zweiten Reihe, bei den Beta-World-Media-Cities. Dies kommt durch die Anwesenheit von sechzehn globalen Medienunternehmen und 36 Unter-Unternehmenseinheiten von 33 globalen Medienunternehmen mit 2'766 Unter-Unternehmenseinheiten zustande. Die globalen Medienunternehmen werden definiert durch ihre Anwesenheit in mindestens drei Nationalstaaten und mindestens zwei Kontinenten (Krätke, 2002, 209).

Ein exemplarischer Vergleich der Kultursektoren von Zürich und Berlin, die beide zu den Beta-Media-World Cities gehören, zeigt, dass auch verschiedene kulturwirtschaftliche Sparten sich bezüglich Arbeitsstätten ähnlich sind, und damit einer vergleichbaren Entwicklung und Struktur unterliegen (vgl. Tabelle 13). Abweichungen sind vor allem in der Sparte Film- und TV-Wirtschaft sowie bei den Printmedien festzustellen. Während Berlin vor allem im Bereich der TV- und Filmwirtschaft grössere Anteile innerhalb des Kultursektors einnimmt, ist es in Zürich die Sparte Printmedien mit rund 40 % der Beschäftigten. In der Film- und TV-Wirtschaft gehört Berlin in Deutschland zusammen mit München und Köln zu den drei grossen Städten dieser Sparte. Mit einem Anteil Zürichs von fast 35 % an der Sparte TV- und Film in der Schweiz ist sie die bedeutendste Stadt und hat trotzdem in dieser dynamischen Sparte nur einen Anteil von 9,7 % am Kultursektor der Stadt Zürich.

7.7 Fazit

Die Entwicklungen der Jahre 1995 bis 2001 in den als Kultursektor definierten Branchen in der Zürcher Stadtökonomie weisen auf eine relativ starke Ökonomisierung der Kultur hin. Der Kultursektor macht rund 8,4 % der Gesamtbeschäftigung der Stadt Zürich im Jahre 2001 aus. Viele Branchen der Zürcher Kulturökonomie sind auch während der Rezession, welche sowohl Zürich, als auch die Schweiz als Ganzes in den 1990er Jahren erfasste, gewachsen. Während in den meisten Industriezweigen die letzten Produktionsstätten aufgegeben wurden und viele Dienstleistungsunternehmen Arbeitsplätze abbauten, wurde in den Branchen des Kultursektors

Beschäftigung geschaffen. In den sechs Jahren seit 1995 ist der Kultursektor um 10,2 % Beschäftigte gewachsen. Auch die Anzahl Arbeitsstätten hat sich erhöht. 2001 gehören fast 17 % aller Arbeitsstätten der Stadt Zürich zum Kultursektor, also rund jede sechste. Es kann davon ausgegangen werden, dass im Kultursektor der Stadt Zürich noch ein grösseres Wachstums- und Beschäftigungspotenzial liegt.

Der Zürcher Kultursektor ist stark geprägt von Kleinstunternehmen. Mehr als 38 % aller Beschäftigten sind in Arbeitsstätten mit neun und weniger Beschäftigten tätig. Dies ist fast das Doppelte des stadtzürcherischen Durchschnitts in der Gesamtbeschäftigung. Damit zeigt sich auch in Zürich, wie hochgradig flexibilisiert die Kulturwirtschaft ist. Mehr als 92 % aller Arbeitsstätten haben neun und weniger Beschäftigte, gegenüber 84 % gesamtstädtisch. Das Wachstum bei den Kleinstunternehmen war allerdings von 1995 bis 2001 nicht so stark, nämlich 6,4 %. Bei den Ein- und Zweipersonen-Unternehmen waren es nur gerade 1,5 %, von 1998 bis 2001 gar -2,5 %, was der These der Brutstätten eigentlich widerspricht. Das Wachstum in dieser Grössenklasse war in der ganzen Stadt aber noch schwächer. Zu den Verlierern in dieser Grössenklasse gehören die Verlage und das Druckgewerbe, die Architektur, der Kunsthandel und die selbstständigen bildenden Künstler. Es kann davon ausgegangen werden, dass bei den Printmedien der Strukturwandel die Ursache dieser Veränderungen ist. Beim Kunsthandel ist die Beschäftigung insgesamt gewachsen, so dass davon ausgegangen werden darf, dass sich diese Branche im Zeichen des Wachstums neu weniger kleinbetrieblich organisiert. Ähnlich verhält es sich mit den Architekturbüros. Das Überleben in der flexiblen Ökonomie ist zweifelsohne hart und kann viele Firmengründer aus Not (necessity entrepreneurs), die Mitte der 1990er Jahre begonnen haben, zum Wechsel in sicherere Berufe, ins Angestelltenverhältnis oder in die Arbeitslosigkeit zurück bringen.

Mehrere Branchen des Kultursektors haben von 1995 bis 2001 sehr hohe Wachstumsraten auszuweisen, darunter solche, die gleich eine Verdoppelung der Beschäftigung oder mehr erlebt haben: Bars (+210 %), Diskotheken (+183 %), Film- und Videofilmherstellung (+141 %), Korrespondenz- und Nachrichtenbüros (+115 %), Caterer (+94 %), Grafik und Design (+53%). Diese Veränderungen sind der Ausdruck für eine Transformation der Ökonomie, in der Freizeit, Kultur und Vergnügen einen immer grösseren Stellenwert einnehmen. Parties sind zu einem Wirtschaftsfaktor geworden, der nicht nur grosse Umsätze ermöglicht, sondern auch Beschäftigung generiert. Von 1995 wuchs die Anzahl Beschäftigter in Diskotheken von 248 auf 701. Darin drückt sich nochmals die Bedeutung Zürichs als Partymetropole aus (vgl. Kapitel 6.5). Im gleichen Atemzug können auch die Zunahmen bei den Restaurants, Bars und Caterern genannt werden. Die Gastronomiesparte ist um fast 14 % gewachsen. Die Gastronomie war übrigens schon vor der Liberalisierung des Gastgewerbegesetzes 1998 stark entwickelt und hatte auch von 1995 bis 1998 Zunahmen zu verzeichnen. Mit rund 14'000 Beschäftigten macht die Sparte Gastronomie mehr als 4 % der Gesamtbeschäftigung Zürichs aus. Diese Zahlen unterstreichen einerseits die Ausgehfreudigkeit der Bevölkerung in der Region Zürich und zeigen andererseits das gute Angebot an Ausgehmöglichkeiten in der Stadt Zürich, welche zusammen mit anderen Einrichtungen ein attraktives urbanes Setting ausmachen.

Einzelne Stadtteile haben stärkere Entwicklungen im Kultursektor erlebt als andere. Allen voran ist es der Kreis 5, der grosse Zunahmen von 56 % in der Beschäftigung und 39 % bei den Arbeitsstätten des Kultursektors vorzuweisen hat. Noch grössere Zunahmen zeigen sich in der Beschäftigung in Kleinstunternehmen. Im Kreis 5 sind es von 1995 bis 2001 68 %. Boomartig haben sich die Grafikbranche und die Werbung in diesem Stadtteil entwickelt. Aber auch Architekturbüros haben zugenommen. Ende der 1990er Jahre haben sich verschiedene Verlagshäuser in Zürich-West niedergelassen. Ebenfalls starke Zunahmen sind im Kreis 8, in Grafik und Design festzustellen. Auf der anderen Seite hat der Kreis 7, traditionellerweise ein Stadtteil der freien Berufe, Beschäftigungsanteile verloren. Er ist von den ehemaligen Arbeitervierteln, den Stadtkreisen 3, 4 und 5 überholt worden. Insbesondere gab es grössere Einbussen von 36 % bei der Beschäftigung in der Werbebranche. Die grössten Zunahmen der Sparte Werbung sind in den Kreisen 5 und 9 zu finden.

Die Entwicklungen in jenen Quartieren der Stadt, die traditionellerweise Arbeiterquartiere waren und sich heute durch hohe Anteile einkommensschwacher Bevölkerung mit Migrationshintergrund auszeichnen, unterstreichen die Anziehungskraft und Attraktivität, die die Quartiere auf Unternehmen des Kultursektors ausüben und bestätigen die im Theorieteil gemachten Ausführungen zur Entwicklung der Stadtteile, in denen Subkulturen sich entfalten können und neue urbane Settings entstehen. Urbane Settings sind geprägt von den Aktivitäten der KünstlerInnen, den kreativen innovativen Kleinstunternehmen, welche als Pioniere in den Stadtteilen wirken und dann weitere Aktivitäten und Investitionen von privater und öffentlicher Hand nach sich ziehen, die die in Kapitel 6 gemachten Ausführungen bezüglich Imagebildung der Trend- und Lifestylestadt unterstützen. Es zeigt sich insbesondere eine zunehmende Clusterung im Kultursektor in den Kreisen 4 und 5, sowie 8 und zum Teil 9.

Der Kultursektor hat sich in der Stadt Zürich gegenüber der Schweiz konzentriert. 2001 arbeitet jede oder jeder siebte Beschäftigte des Schweizer Kultursektors in der Stadt Zürich. 1995 war es jede oder jeder achte. Einzelne Sparten und Branchen konzentrieren sich sogar sehr stark in der Stadt Zürich. Die Grafik- und Designbranche zum Beispiel ist mit jedem oder jeder fünften Beschäftigten der Schweiz in Zürich präsent, was einem Standortquotienten von 2,1 entspricht. In der Sparte TV und Film ist es rund jede dritte Person, die in Zürich arbeitet, was mit der Anwesenheit des Schweizer Fernsehens im Kreis 11 verbunden ist. Obwohl die TV- und Filmsparte der Schweiz sich auf Zürich konzentriert, hat diese Sparte im Vergleich mit Berlin einen relativ kleinen Anteil der Arbeitsstätten von 10 % gegenüber 21 % am Kultursektor der jeweiligen Stadt. Dies weist auf ein eher unterentwickeltes Filmwesen hin. Auf der anderen Seite hat Zürich grosse Anteile bei den Printmedien. Mit Bedacht auf zukünftige Entwicklungen, in denen das Potenzial bei der TV- und Filmwirtschaft und nicht bei den Printmedien liegen, scheinen Fördermassnahmen und damit Beschäftigungspolitik in der Sparte Film und TV angezeigt.

Das Wachstum des Kultursektors und insbesondere jenes von Branchen wie Grafik und Design, Kunstmarkt, Musik, Ausstellungs- und Messeorganisation weisen auf die verstärkte Nachfrage nach den entsprechenden Produkten und Dienstleistungen, die sie hervorbringen, hin und damit auf das Wachstum der symbolischen Ökonomie wie Zukin (1995) sie genannt hat, oder die Ökonomie der Zeichen, wie sie von Lash und Urry (1994) bezeichnet wurde. Die Imageproduktion ist zu einem zentralen Faktor von Städten und Unternehmen geworden. Zu dieser Imageproduktion der Städte gehören die kulturellen Anlässe, die kulturellen Institutionen und die Ausgehmöglichkeiten mit Parties, Bars und Restaurants, die zusammen ein attraktives urbanes Setting ergeben.

38 % aller Arbeitsstätten im Kultursektor haben neun und weniger Beschäftigte. Das Produktionssystem der Kulturwirtschaft ist hochflexibilisiert. Diese Kleinstunternehmen bilden den Nährboden für die Entwick-

lung der Kulturökonomie. Deshalb drängt es sich auf, diese Unternehmen in Bezug auf ihre Produktionsbedingungen, ihre Innovationskraft und ihr Beschäftigungspotenzial zu untersuchen.

Kapitel 8

Kreative innovative Kleinstunternehmen (KIK) in der Stadt Zürich

In der Stadt Zürich hat die Anzahl der Kleinstunternehmen im Kultursektor in den vergangenen Jahren zugenommen und beläuft sich im Jahr 2001 auf 3'979 Arbeitsstätten. Von 1995 bis 2001 betrug die Zunahme 240 Arbeitsstätten, was einem Zuwachs von 6,4 % entspricht. Die Beschäftigung in den Kleinstunternehmen nahm ebenfalls um 6,4 % zu. Der Anteil der Beschäftigten, die in Kleinstunternehmen tätig sind, ist im Kultursektor mit 38,1 % besonders hoch. Verglichen mit den rund 20 %, die in Kleinstunternehmen in der Stadt Zürich tätig sind, sind es im Kultursektor also fast doppelt so viele. Im letzten Kapitel konnten diese Entwicklungen aufgezeigt werden. Die Ökonomisierung der Kultur in der Stadt Zürich ist vollzogen worden. 8,4 % aller Beschäftigten in der Stadt Zürich sind 2001 im Kultursektor tätig. Die starke Entwicklung bei den Kleinstunternehmen hängt mit der Flexibilisierung der Produktionssysteme zusammen, die sich im Kultursektor besonders stark bemerkbar macht. Sie hängt aber auch mit der Zunahme von Firmengründungen in diesem Sektor zusammen, die nicht nur in der Rezession entstanden sind, also Firmengründungen aus Not, sondern auch durch eine verstärkte Nachfrage nach Kulturprodukten und -dienstleistungen verursacht wird. Viele Kleinstunternehmen im Kultursektor stellen innovative Produkte her oder erbringen ebensolche Dienstleistungen und sind damit für eine Untersuchung von grossem Interesse.

Bei den 3'740 Arbeitsstätten mit neun und weniger Beschäftigten im Kultur-sektor der Stadt Zürich handelt es sich nicht ausschliesslich um kreative inno-vative Kleinstunternehmen. Denn die meisten Copyshops, Druckereien oder auch Architekturbüros können nicht zu jenen Kleinstunternehmen gezählt werden, die Trends setzen, Zeichen kreieren oder coole Produkte auf den Markt bringen. Die Befragung soll aber genau diese Unternehmen erfassen mit dem Ziel Innovations- und Standortbedingungen zu eruieren, Kreativi-tätsprozesse zu verstehen und die Einbettung der KIK ins Produktionssystem nachzuvollziehen. Zum Themenkomplex der Innovations- und Standortbe-dingungen gehören Fragen wie Clusterbildung, Arbeitsumgebung, Zürichs Standortqualitäten, staatliche Rahmenbedingungen, Förderinstrumente für Kleinstunternehmen und Existenzgründungen usw. Kreativitätsprozesse sol-len aus den Rahmenbedingungen erschlossen werden, der Einbettung in krea-tive Netzwerke und den Motivationen der UnternehmerInnen, die zu kul-tureller Innovation führen. Die Einbettung ins Produktionssystem bezieht Fragen nach den Wertschöpfungsketten, Absatzmärkten, die Bedingungen und Voraussetzungen zur Image- und Zeichenproduktion, sowie den Beitrag zu Zürichs Standortattraktivität als Kultur-, Party- und Trendstadt ein.

8.1 Vorgehen, Auswahl, Repräsentativität

Bei der Auswahl der Unternehmen für die Untersuchung wurde versucht, eine gewisse Repräsentativität für die Prozesse der Kulturalisierung der Öko-nomie und der Ökonomisierung der Kultur zu erreichen. Bereits die Eingren-zung des Kultursektors im letzten Kapitel bot einige Schwierigkeiten. Zusätz-lich sollen in der vorliegenden Arbeit jene Kleinstunternehmen einbezogen und erforscht werden, die neue Entwicklungen initiieren und auf dem Gebiet der kulturellen Produktion hochinnovativ sind. Die Zeichenproduktion fin-det in verschiedensten Bereichen der kulturellen Produktion und gesellschaft-lichen Repräsentation statt und beschränkt sich nicht allein auf die visuellen Produkte der Kulturökonomie. Ein weiterer wichtiger kultureller und zuneh-mend ökonomisierter Bereich ist die Musik, die mit HipHop und Techno in den 1990er Jahren grossen Einfluss auf die Jugendkulturen und ihr Konsum-verhalten hatte. Diverse Formen von Tanz (z. B. Streetdance) erfreuten sich im Zuge dieser neuen Musikrichtungen zunehmender Beliebtheit nach der Disko-Welle Ende der 1970er Jahre. Die Musikvideos und ihre Ausstrahlung durch

MTV erlebten zusammen mit Parties und Raves einen grossen Aufschwung. Kulturmanagement, Organisation von Events und kulturellen Anlässen waren weitere neue Tätigkeiten der Kulturökonomie, die in den Statistiken nicht alle als solche erfasst werden und deshalb in der Befragung der kreativen innovativen Kleinstunternehmen berücksichtigt werden.

Die Auswahl der Unternehmen erfolgte aufgrund von Überlegungen wie der Abdeckung der Sparten des Kultursektors oder der Grösse der Unternehmen, die zu den Kleinstunternehmen zählen sollen. Bei der Auswahl spielte zum Teil auch der Bekanntheitsgrad des Unternehmens oder seiner Produkte eine Rolle. Die weitaus grösste Zahl der Unternehmen ist in Aussersihl (Kreise 4 und 5) angesiedelt, was einerseits der Stadtentwicklungslogik der letzten Jahre entspricht (Industriebrachen, Entwicklungsgebiete, Gentrification), ebenso der Dynamik des Kultursektors in diesen Stadtteilen. Die drei Hauptkriterien bei der Auswahl der InterviewpartnerInnen, respektive Unternehmen waren: Kleinstunternehmen, Innovation und Kreativität.

Kriterium Kleinstunternehmen

In den Betriebszählungen des Bundesamtes für Statistik zählen zu den Kleinstunternehmen jene Arbeitsstätten, die neun und weniger Beschäftigte oder Vollzeitäquivalente aufweisen. Die Auswahl richtet sich nach der vom Bundesamt für Statistik verwendeten Kategorie der Kleinstunternehmen. Bei den Grössenklassen der Arbeitsstätten werden in den offiziellen Statistiken Vollzeitäquivalente verwendet. Auch freischaffende KünstlerInnen, die nicht allgemein als Unternehmen zu bezeichnen sind, werden in die Untersuchung einbezogen. Vor dem Hintergrund der Prozesse kultureller Innovation, die in Milieus, im Austausch verschiedenster AkteurInnen ablaufen, ist die Befragung von KünstlerInnen angezeigt.

Kriterium Innovation

Die Einschätzung der Innovationskraft der Kleinstunternehmen wird nach den verschiedenen Kriterien der Innovation bei Schumpeter (vgl. Kapitel 2.3) vorgenommen. Es geht dabei um die Herstellung eines neuen Produktes oder einer neuen Qualität eines Produktes, die Einführung einer neuen Produktionsmethode, die Erschliessung eines neuen Absatzmarktes, die Erschliessung einer neuen Bezugsquelle von Rohstoffen oder Halbfabrikaten sowie die Schaffung einer neuen Marktstellung.

Kriterium Kreativität

Wie im Theorieteil erörtert, geht es hier nicht darum, die unternehmerische Kreativität, die bereits mit dem Kriterium der Innovationsfähigkeit abgedeckt wird, zu untersuchen, sondern um den Bezug zur kulturellen Arbeit und der Zugehörigkeit zum Kultursektor. Die Kreation von neuen Zeichen und Codes kann sowohl von KünstlerInnen als auch von SchlosserInnen oder MöbelbauerInnen vollzogen werden.

InterviewpartnerInnen und Repräsentativität

Es wurden 32 Intensivinterviews mit KleinstunternehmerInnen geführt. Zwei Interviews konnten zu je zwei Unternehmen geführt werden, so dass das Sample 34 Unternehmen umfasst. Die Interviews mit den KleinstunternehmerInnen sind einerseits auf die betrieblichen Fragen und Rahmenbedingungen zugeschnitten, zugleich aber sind die KleinstunternehmerInnen auch KennerInnen der Branchen und Szenen, in denen sie tätig sind, so dass Teile der Gespräche auch Experteninterviews waren. Die Interviews fanden in den Arbeitsstätten der KIK statt, also in Läden, Büros, Galerien, Ateliers und Werkstätten. Mit den meisten Interviews war eine Besichtigung der Arbeitsräume verbunden.

An einigen Interviews nahmen zwei, an einem sogar drei Personen teil, so dass an den 32 Interviews 38 Personen beteiligt waren. Viele KIK wurden von zwei und zum Teil auch mehr Personen gemeinsam aufgebaut und geführt. Sechs InterviewpartnerInnen leiten zwei rechtlich unabhängige Unternehmen, so dass sich in den Interviews ein Einblick in weitere Unternehmen ergab. In zwei Interviews wurden zwei Unternehmen erfasst, bei den anderen vier nur eines. In allen anderen Fällen werden die verschiedenen Aktivitäten unter einem Namen ausgeübt, das heisst Design, Produktion, Verkauf, Laden oder Tonstudio sowie Tätigkeit als MusikerIn in einem. Die Interviews wurden zwischen Herbst 2001 und Frühjahr 2003 geführt.

Ende 2003 wurde eine schriftliche Nachfassaktion durchgeführt, um allfällige Veränderungen feststellen zu können. Die Auswahl von 34 Kleinstunternehmen mit 1–9 Beschäftigten entspricht etwas weniger als 1 % aller Arbeitsstätten dieser Grössenklasse im Kultursektor (3'979) der Stadt Zürich im Jahre 2001. Mehrere der interviewten Personen haben als KünstlerInnen oder durch ihre Labels einen hohen, zum Teil internationalen, Bekanntheitsgrad in der Öffentlichkeit (zum Beispiel Samir, Peter Weber, Andres Lutz, Freitag, AMOK, Stefi Thalman und andere). Zusätzlich fanden ein Interview mit einem Branchenkenner der Zürcher Partyszene und zwei Interviews mit LiegenschaftenverwalterInnen statt. Die Mehrheit der befragten KIK wurde von zwei oder mehreren Personen gegründet und aufgebaut. Die UnternehmerInnen, ihre Ausbildung, ihr beruflicher Werdegang, ihre Motivation usw. werden in Kapitel 8.2 porträtiert.

Die 34 befragten Unternehmen wurden den Branchen der Statistik (NOGA Level 5), mit denen in Kapitel 7.1 der Kultursektor abgegrenzt wurde, zugeordnet (vgl. Anhang 2). Es wurde jeweils die Haupttätigkeit eines Unternehmens den jeweiligen Branchen zugewiesen, soweit dies möglich war. Weitere wichtige Tätigkeiten oder Dienstleistungen der Unternehmen wurden in Klammern weiteren Branchen zugewiesen, so dass hier ein Eindruck der Fülle von Aktivitäten dieser Kleinstunternehmen wiedergegeben werden kann. Kursiv wurden Branchen angegeben, die in der NACE-Statistik aufgeführt werden, nicht aber in NOGA. Damit lassen sich einige Unternehmen noch genauer zuweisen. Zehn der 34 befragten Kleinstunternehmen sind vornehmlich mit Design beschäftigt. Bei drei weiteren bildet Design ein wichtiges Element der Tätigkeiten. Vier Unternehmen gehören zur Filmbranche, drei davon arbeiten in der Produktion. Zwei Unternehmen sind im Kunsthandel tätig, weitere zwei in der Kulturvermittlung. Ebenfalls zwei sind vornehmlich Gastrounternehmen. Von den 34 befragten Unternehmen führen zehn einen Verkaufsladen, der zu den jeweiligen Labels gehört. Drei Befragte haben einen Laden, der rechtlich unabhängig geführt wird, und nicht in die Untersuchung einbezogen wurde.

Vorgehen und Auswertung

Die InterviewpartnerInnen wurden telefonisch oder per E-Mail kontaktiert und die Termine für das Interview festgesetzt. Zur Vorbereitung der Interviews wurden diverse Informationen eingeholt. Über viele Unternehmen lagen Berichte aus der Presse vor. Die Inhalte der Homepages ergänzten die Informationen. Der Interviewleitfaden wurde aufgrund von Kategorien erstellt, wie sie aus der Fragestellung und dem Theorieteil abgeleitet worden sind:

- Unternehmen und UnternehmerInnen
  Struktur, Grösse, Geschäftsgang usw. der Unternehmen
  Ausbildung und Werdegang der UnternehmerInnen
- Räume
  Bedeutung und Qualität von Arbeitsräumen, -umgebung und Quartier
  Bedeutung und Qualität verschiedener Standortfaktoren in Zürich
- Institutionelle und andere Rahmenbedingungen
  Bedeutung von Rahmenbedingungen wie staatlicher und privater Förderung sowie externer und interner Restriktionen
- Netzwerke
  Funktion und Bestehen von Netzwerken im Hinblick auf innovative Milieus, Absatzmärkte und Wertschöpfungsketten sowie internationale Verflechtungen
- Innovation
  Voraussetzungen, Rahmenbedingungen für Innovationen
- Motivation
  Motivation zum selbstständigen Unternehmertum
  Perspektiven und Ziele

Zum Teil wurden die Kategorien je nach Thema weiter aufgeschlüsselt, zum Beispiel auf Quartierfaktoren in der Kategorie Räume. Dies wird in der Auswertung in den nächsten Kapiteln ersichtlich. Alle Interviews wurden auf die verschiedenen Kategorien aufgeschlüsselt und einer vergleichenden Analyse unterzogen.

Für die Darstellung der Ergebnisse wurde eine Mischform von Beschreibung und Zitat gewählt, die beide der Reflexion des Gehörten im Hinblick auf die Bearbeitung von Problem- und Fragestellungen (vgl. Kapitel 1) dienen und die Erkenntnisse aus der statistischen Analyse in Kapitel 7 ergänzen.

8.2 Porträt der untersuchten KIK

Bei den 34 befragten Kleinstunternehmen sind die häufigsten Rechtsformen die der Einzelfirma (12), der Gesellschaft mit beschränkter Haftung (GmbH) (9) und der Aktiengesellschaft (AG) (7). Die Vereinfachung der Unternehmensgründung als GmbH hat in den letzten Jahren die Anzahl der Unternehmen mit dieser Rechtsform generell erhöht und wurde entsprechend oft auch bei den KIK gewählt. Immerhin sieben KIK haben sich als Aktiengesellschaft konstituiert. Hierbei handelt es sich um grössere KIK, die schon einige Jahre Erfahrung mitbringen. Nur ein KIK ist als Genossenschaft organisiert und zwar bereits seit rund zwanzig Jahren. Das Filmtechnikerkollektiv geht damit eigene Wege und erst noch mit grosser unternehmerischer Stabilität, soweit dies in der stark von öffentlichen Geldern abhängigen Filmbranche überhaupt möglich ist. Ebenfalls ein KIK ist als Verein organisiert, eine eher unübliche Rechtsform für Unternehmen. Die meisten der 34 befragten KIK wurden zwischen 1993 und 2002 gegründet. Die Auswahl der KIK erfolgte unter anderem aufgrund ihrer Zugehörigkeit zu den Unternehmensgründungen in den 1990er Jahren, in denen die ökonomischen Transformationsprozesse, Kulturalisierung der Ökonomie und Ökonomisierung der Kultur sich verstärkt haben. Die anhaltende Rezession förderte ihrerseits Firmengründungen aus existenziellen Gründen. Ausserdem waren Arbeitsflächen in dieser Zeit leicht erhältlich. Dreizehn der befragten KIK wurden 1998 und später gegründet, achtzehn zwischen 1993 und 1997, zwei zwischen 1988 und 1992 und eines vor 1988.

Die Beschäftigungssituation in den KIK ist nicht sehr einfach darzustellen. Dies hat damit zu tun, dass UnternehmerInnen und insbesondere NeugründerInnen ihre Arbeitszeit nicht nach einer vorgegebenen Norm wie einen 8-Stunden-Tag oder der Fünftagewoche einrichten. Auch arbeiten KleinstunternehmerInnen um ein Vielfaches mehr als Angestellte, sind in ihren Gedanken fast immer bei der Arbeit und richten ihr soziales Umfeld zum Teil auf ihr Geschäft aus. Das Private und das Geschäftliche überschneiden sich oft in hohem Masse. Gleichzeitig gehen mehrere der befragten UnternehmerInnen einer Nebenbeschäftigung nach, was die Berechnung der Beschäftigungsgrade für das jeweils eigene Unternehmen noch zusätzlich erschwert. Die 34 befragten Unternehmen werden von 73 Personen geführt. Verschiedene Unternehmen haben Angestellte und Freelancer, wie dies in der Branche verbreitet der Fall ist. Viele dieser Angestellten arbeiten Teilzeit, in gewissen Fällen nur 5–10 %. Von diesen gehen einige noch einer anderen

Erwerbstätigkeit nach, sind KünstlerInnen oder stehen in einer Ausbildung. Auf der anderen Seite haben fünf der UnternehmerInnen einen Nebenjob. Eine Person ist noch in Ausbildung. In Stellenprozente umgerechnet sind rund 120 Leute in den 34 KIK in unterschiedlichen Graden beschäftigt, was einem Durchschnitt von 3,5 Beschäftigten pro Unternehmen entspricht.

Bei den Unternehmensgrössen sieht die Situation wie folgt aus: (vgl. Tabelle 14) Zwei Unternehmen haben mehr als neun Beschäftigte, jedoch weniger als neun Vollzeitäquivalente, womit sie zu den Kleinstunternehmen gemäss Bundesamt für Statistik zählen. Les Halles beschäftigt alles in allem 30 Personen, wobei die Mehrheit davon Teilzeit arbeitet. Die AG Les Halles umfasst den En-gros-Betrieb, den Bioladen und das Restaurant. Noch 1998 waren es bloss drei Beschäftigte. Ebenfalls eine rasche Entwicklung erfuhr die Freitag AG, welche 1997 erst drei Beschäftigte hatte, 2001 aber bereits 16. Nur knapp fällt sie aber gemäss Berechnung nach Vollzeitäquivalenten nicht mehr unter die Kleinstunternehmen. Diese grösseren Unternehmen zeigen, dass kreative innovative Kleinstunternehmen in der Lage sind, sich aus Start-ups mit einer oder zwei Personen zu veritablen Unternehmen mit Beschäftigungspotenzial zu entwickeln. Dreizehn KIK sind Einpersonenunternehmen, je sieben haben 2–3, respektive 4–5 Beschäftigte und fünf 6–9.

32 der 34 befragten KIK (von zwei waren keine Angaben zu erhalten) setzen zusammen pro Jahr Fr. 26'650'000 um. Im Durchschnitt sind dies pro KIK und Jahr Fr. 832'000 und pro Beschäftigten rund Fr. 90'000 Die Jahresumsätze schwanken bei einigen Unternehmen stark von Jahr zu Jahr, bei anderen nehmen sie stetig zu. Mehrere KIK weisen sehr hohe Umsätze aus, zum Beispiel jene in der Filmbranche, insbesondere ProduzentInnen, die Gagen, Catering, Material, Reisen, Spesen usw. in Millionenhöhe umsetzen. Wenn die Filmproduzierenden und die KIK mit mehr als neun Beschäftigten weggelassen werden, beläuft sich der durchschnittliche Jahresumsatz pro Unternehmen auf rund Fr. 267'000.

Lohnangaben liegen von 22 der 34 befragten Unternehmen vor. Die Löhne der KIK variieren stark. Sie liegen in einem Spektrum von Fr. 0 bis 10'000 pro Monat. Vor allem bei den kleinen KIK schwanken sie stark von Jahr zu Jahr, je nach erzieltem Umsatz. Grundsätzlich zeigt sich auch, dass die Löhne der UnternehmerInnen zunehmen, je länger das KIK existiert und je grösser es wird. Mehrere KIK sagten aus, dass sie zu Beginn des Unternehmens lange ohne oder mit sehr bescheidenem Lohn gewirtschaftet haben. Das bedeutet aber andererseits nicht, dass alle schon mehrere Jahre existierenden KIK hohe Löhne auszahlen können. Hier gibt es vor allem auch branchenspezifische Unterschiede. Die Löhne wurden auch in einem Längsschnitt erfasst. Es wurden wenn möglich die Werte von 2001 und mit einer Nachfassaktion diejenigen von 2003 erfasst. Bei denjenigen KIK, die die Frage beantworteten, stellte sich heraus, dass die Löhne entweder zugenommen haben oder doch zumindest gehalten werden konnten. In mehreren KIK sind die Löhne der Angestellten höher als jene der UnternehmerInnen.

Tabelle 14: Monatslöhne der KIK-UnternehmerInnen 2001 und 2003

Lohnklassen	Anzahl KIK 2001	Anzahl KIK 2003
0 Fr.	2	2
1– 2000 Fr.	3	1
2001– 4000 Fr.	11	11
4001– 6000 Fr.	2	4
6001– 8000 Fr.	2	2
8001–10000 Fr.	2	2

Die Liegenschaften, in denen die KIK tätig sind, unterscheiden sich nicht nur bezüglich Lage, sondern auch in Bezug auf die Besitz- und Mietverhältnisse. Letztere reichen von ungewissen bis zu sehr sicheren Verhältnissen. Es sind vor allem die KIK, welche sich in Entwicklungsgebieten in Zwischennutzungen niedergelassen haben, die einer unsicheren Zukunft betreffend ihre Arbeitsräume entgegengehen. Im Maag-Areal etwa ist der Gestaltungsplan genehmigt. (Zitat: „Was aber ist, wenn es Maag nicht mehr gibt, weiss ich nicht"). Auf der anderen Seite sind sechs befragte KIK in Liegenschaften eingemietet, die genossenschaftlich organisiert sind, und sind in den meisten Fällen GenossenschafterInnen und damit mitspracheberechtigt. Mehrere Genossenschaften sehen die Förderung von kleinem Gewerbe oder KIK als eine wichtige Aufgabe an. Zu diesen Genossenschaften gehören: die Genossenschaft Dreieck (Kreis 4), die Genossenschaft KraftWerk1 (Kreis 5) und die Genossenschaft Gleis 70 (Kreis 9).

Diese drei Genossenschaften haben einen hohen Grad an Selbstverwaltung und Eigenorganisation. Mit zwei der drei Genossenschaften (Dreieck und Gleis 70) wurde je ein Interview mit den Geschäftsführenden über

Ziele, Strategien usw. durchgeführt. Die Genossenschaft KraftWerk1 ist dem Autor als Mieter und Genossenschafter bestens bekannt. Der Technopark, der Mediacampus in Altstetten und das START Gründerzentrum sind ebenfalls als Genossenschaften organisiert. Im Unterschied zu den erstgenannten drei Genossenschaften haben diese jedoch kaum basisdemokratische Organisationsformen. Die stadtzürcherische Stiftung PWG (preisgünstiger Wohn- und Gewerberaum) verfolgt ebenfalls Strategien, die es UnternehmerInnen ermöglichen soll, zu günstigen Konditionen Arbeitsräume zu nutzen.

Mindestens sieben KIK starteten ihre Unternehmen in Zwischennutzungen: Maag, Sulzer-Escher Wyss, SRO (1997 abgerissen), Viaduktbögen und Zentralstrasse 150 (1997 umgenutzt). In mehreren Liegenschaften und Arealen haben sich kleinräumige KIK-Cluster gebildet.

Tabelle 15: Verteilung der KIK auf Entwicklungs- und andere Gebiete

Gebiet / Nutzungsfunktion der Liegenschaften	Anzahl KIK
In Entwicklungsgebieten (ehem. Industriegebiete)	10
In Gewerbegebäuden ausserhalb von Entwicklungsgebieten	14
In anderen Liegenschaften / Gebieten	10

Die KIK zahlen im Durchschnitt rund 180 Fr./m^2 im Jahr Miete. Die höchsten Quadratmeterpreise pro Jahr Miete werden von einem KIK mit ca. Fr. 360 angegeben. Die „Gewerbebetriebe" unter den befragten KIK bezahlen pro Fläche weniger, zum Beispiel Fr. 110 in einem Industrie- und Gewerbegebiet. Zum Vergleich: Für den Kreis 5 gibt das Immo-Monitoring von Wüest und Partner (2004/2, 91) für 2003 beim günstigsten Zehntel der Büroflächen 210 Fr./m^2 im Jahr an und beim teuersten Zehntel 380 Fr./m^2. Gesamtstädtisch sind es 180 Fr./m^2 und 530 Fr./m^2. Die Kreise 3, 9, 10, 11 und 12 sind günstiger als der Kreis 5, die anderen teurer. Gemäss Colliers (2004) betragen die Durchschnittsmieten für Büroräumlichkeiten im Kreis 5 2003 ca. 290 Fr./m^2 im Jahr (Median). Colliers (2004) gibt für Zürich ein Mietpreisband von Fr. 170 bis 800 für 2002 und 2003 von Fr. 160 bis 850 an. Im Kreis 3 sind die Büroflächen deutlich weniger teuer (oberstes Zehntel: Fr. 330) als in allen anderen Stadtkreisen. Seit dem Jahre 2000 sind die m^2-Preise für Büro- und Verkaufsflächen in allen Stadtkreisen deutlich angestiegen, im Kreis 5 um ca. 25 %.

UnternehmerInnen – Profile

Alter – Die befragten UnternehmerInnen sind im Durchschnitt 40 Jahre alt (2004). Zum Zeitpunkt der jeweiligen Firmengründung waren die KIK UnternehmerInnen im Durchschnitt 33 Jahre alt.

Ausbildung – Die UnternehmerInnen der KIK haben sehr unterschiedliche Bildungskarrieren hinter sich. Vierzehn haben eine Lehre absolviert: Kaufmann/-frau, Hochbauzeichner, Krankenpflege, DekorationsgestalterIn, Schuhmacherin, Konditorin, Elektriker, Goldschmied. Dreizehn Befragte haben eine Mittelschule besucht und mit der Matura abgeschlossen. Sieben haben ein Hochschulstudium an einer Universität oder an der ETH absolviert. Mehrere davon sind heute mit ihren KIK in ganz anderen Bereichen als den abgeschlossenen Lehren oder Studienfächern tätig. Acht Befragte haben einen Fachhochschulabschluss, fünf davon von der Hochschule für Gestaltung und Kunst. Zweite Ausbildungen: Hochschule für Gestaltung und Kunst (Zürich oder Basel), Art Center for Design, La Tour-de-Peilz VD, Lebensmittelingenieur ETH, Comart Tanz & Theater, Zürich, Agronomie ETH, Industriedesign San Francisco CA, Umweltnaturwissenschaften ETH, Konservatorium Beirut, Libanon, Betriebswirtschaft (Uni Zürich), Modelleurin-Ausbildung Mailand, Italien, Pädagogik / Psychologie (Uni), Form & Farbe Zürich, Recht (Uni), Schmuck Pforzheim, Deutschland. Weiterbildungen der befragten KIK: HGKZ (als Vorkurs), Filmklasse ECAL Lausanne, Kreativschule ADC / BSW, Handelsschule, Fachpresse Ausbildung.

Beruflicher Werdegang – Im beruflichen Werdegang der befragten KIK gibt es drei Arten von Karrieren: Erstens jene, die direkt nach ihrer Ausbildung, zum Beispiel der Lehre, ihr Unternehmen gegründet haben. Zweitens gibt es jene UnternehmerInnen, die nach mehreren Jahren Angestelltenverhältnis in der gleichen Branche ihr KIK gegründet haben. Diese Art der Karriere ist jedoch nicht typisch für die befragten KIK. Die dritte Form von KIK-Karieren ist schliesslich jene, in der die UnternehmerInnen gänzlich andere Berufsziele verfolgten, in anderen Branchen und Tätigkeitsfeldern arbeiteten und mit oder ohne Weiterbildung zu irgendeinem Zeitpunkt in ihrer Karriere ein KIK gründeten.

Nebenjobs – Von den 38 InterviewpartnerInnen gaben lediglich 3 an, Nebenjobs auszuüben. In der Vergangenheit hatten jedoch 15 der Interviewten einen Nebenjob, bevor sie sich ganz für das eigene Unternehmen engagieren konnten. Zu diesen Nebenjobs zählen Tätigkeiten wie Kochen im Lehrlingstreff, Kleider schneidern mit schwererziehbaren Jugendlichen, Musik-redaktion beim staatlichen Radio, Blumenverkauf, Messebau, Produktion von Knetfigürchen für Pingu-Zeichentrickfilme, Bühnenbau, Zeichenunter-richt, Hauswartungen, Innendekorationen. Nebenjobs sind für viele KIK im Laufe ihrer Karriere eine unabdingbare Einkommensquelle.

Der Aufbau eines eigenen Unternehmens kann aber auch in der Ablö-sung von einem Angestelltenverhältnis beginnen, indem neben dem Lohner-werbsjob die Bearbeitung von eigenen Aufträgen beginnt. Dasselbe gilt für die Ausbildung. Mehrere InterviewpartnerInnen begannen bereits während der Ausbildung mit der Herstellung und dem Verkauf ihrer Produkte oder Dienstleistungen. Für viele KünstlerInnen (im weiteren Sinne) ist ein Ein-kommen auf Teilzeitbasis zwingende Voraussetzung für die Ausübung einer künstlerischen Tätigkeit. In diesem Sample gibt es nur zwei solche Fälle.

Motivation zum selbstständigen Unternehmertum

Es gibt unterschiedliche Formen der Motivation, extrinsische, die auf Druck von aussen, z. B. bei verbreiteter Arbeitslosigkeit und intrinsische, die aus innerer Berufung oder aus einem starken Bedürfnis nach Selbstständigkeit erfolgen. Bei den KIK sind es vor allem intrinsische Motivationen, die zur Gründung geführt haben. In gewissen Branchen ist die Selbstständigkeit weit verbreitet, z. B. im graphischen Gewerbe oder in der Architektur, so dass bereits mit der Berufswahl die Selbstständigkeit so gut wie feststeht. Die unten aufgeführten Motivationen können nicht immer genau voneinan-der abgegrenzt werden und überlagern sich zum Teil.

Motivation: „Etwas Eigenes aufbauen"

Das Bedürfnis, selber bestimmen zu können, autonom und unabhängig zu handeln, ist nicht bei allen Menschen gleich ausgeprägt. Bei Unterneh-merInnen ist es ein grundlegendes Bedürfnis. Etwas Eigenes aufzubauen hat auch mit der Kreation zu tun, mit der schumpeterschen *Creative Destruction*. Die Motivation für die äusserst anstrengenden Aufbaujahre wird wesentlich aus diesem Bedürfnis geschöpft. Nicht unwichtig ist auch der soziale Aspekt, etwas mit jemandem zusammen aufzubauen. Für viele KIK Gründer ist es wichtig, ein Unternehmen nicht alleine aufzubauen, sondern zusammen mit einer verlässlichen und ähnlich denkenden Person.

Zitate: „Einfach etwas Eigenes auf die Beine stellen und etwas Eigenes kreieren." / „Hauptgrund für Selbstständigkeit ist die grosse Befriedigung, etwas auf die Beine zu stellen." / „Das finde ich jetzt auch das Tolle, wirklich mal zu probieren etwas Eigenständiges aufzubauen, von A bis Z." / „Lust auf ein eigenes Ding. Nicht abhängig sein." / „Selbstständigkeit ja, aber nicht alleine."

Motivation: „Freiheiten und Nicht-Angestelltsein-Können"

Mehrere KIK äussern sich dahingehend, dass sie sich nicht fähig fühlen, im Angestelltenverhältnis zu arbeiten und auch solche Erfahrungen gemacht haben.

Zitate: „Ich habe relativ schnell herausgefunden, dass ich im Angestelltenverhältnis nicht so viel tauge. Ich muss selber funktionieren können, sonst geht es mir nicht so gut." / „Ich war glaub ich schon lange schwierig als Angestellter, nicht weil ich nicht teamfähig wäre, im Gegenteil."/ „Ich könnte mich nicht mehr anstellen lassen."

Motivation: „Selbstbestimmung, integrales Leben und Selbstverwaltung"

In einigen wenigen Fällen gibt es in der Werthaltung oder Weltanschauung eine Mixtur aus Autonomiegedanken, Anarchismus, Selbstverwaltung und Unternehmertum. Selbstbestimmung ist für die meisten KIK ein wichtiger Wert. Eine weitere Motivation in diesem Zusammenhang ist es, eine erfüllende Arbeit zu haben, die zum Beispiel nicht zu stark von sonstigen Lebensbereichen abgetrennt ist.

Zitate: „Ich hatte schon immer die Idee, dass die Arbeit nicht vom Leben abgekoppelt sein soll. Das habe ich ziemlich erreicht. Ich habe mit Leuten zu tun, mit Sachen, die mich sowieso interessieren. Zuerst träumte ich davon. Ich probierte es dann. Dann hat es geklappt, vor allem mit Geld finden." / „Lohn ist schon wichtig, aber ich kann auch viel bestimmen, z. B. Öffnungszeiten, das finde ich eigentlich die Hauptsache." / „Politisch, aus der Tradition der Selbstverwaltung."

Motivation: „Selbstverwirklichung"

Selbstverwirklichung ist eine zentrale Triebfeder für den Aufbau und den Betrieb von KIK. Es zeigt sich, dass die Umsetzung der Ideen, die die UnternehmerInnen umtreiben, nur sehr schwer in bestehenden und etablierten Unternehmen verwirklicht werden könnten. Die KIK sind der Meinung, dass ihrer Kreativität zu starke Grenzen gesetzt würden, wenn sie sie nicht selber umsetzen könnten. Gerade für KIK, die per definitionem in kreativen oder mit kulturell bedeutsamen Berufen tätig sind, ist der Aspekt der Umsetzung des eigenen Designs, der Modeschöpfung, des Texts usw. wichtig. Trotz der Erkenntnis, dass der kreative Teil der Arbeit mit dem Führen eines Unternehmens stark abnimmt und Administration, Organisation, Akquisition umso stärker zunehmen, überwiegt bei den KIK die Meinung, dass die Selbstverwirklichung in der Selbstständigkeit besser möglich ist.

Zitate: „Selbstverwirklichung ist ein zentraler Aspekt. Es ist mir sehr wichtig, etwas entstehen zu lassen, ein Produkt zu entwickeln. In Paris machte ich in einem Atelier Kleider und Änderungen für Damen, das war tödlich. Diese Mode war schrecklich und die Szene auch." / „Selbstverwirklichung ist möglich so, Allrounder-Job ist möglich, ich habe kein Freizeitbedürfnis, das Leben ist spannend genug." / „Ich suchte nach gestalterischen Freiheiten, um nicht von technischen Dingen eingeschränkt zu sein." / „War eine Vision. Die kreative Arbeit hat abgenommen. Inzwischen stellen wir dafür Leute an und wir schauen im Hintergrund, dass alles rund läuft. Das wollten wir überhaupt nicht, sondern den Traum verwirklichen, damit wir kreativ arbeiten können. Aber wir sind auch stolz auf das, was wir erreicht haben."

„Zufall oder Sachzwang"

Es gibt auch Fälle, wo die Selbstständigkeit gar nicht gesucht wurde, heute aber erfolgreich praktiziert wird.

Zitate: „Ich bin eigentlich in die Selbstständigkeit gerutscht, wollte eigentlich in eine Kleinagentur. Heute kann ich mehr oder weniger das machen, was ich auch will. Ich arbeite in Bereichen, in denen ich gerne arbeite." / „Ich kenne nichts anderes. Musik ist zentral. Ich werde in den Bereichen Kultur, Medien, Politik bleiben." / „Stand vor der Wahl, das zu machen, was ich kann, es in der Schweiz zu machen, wo es keine Anstellungsmöglichkeiten gibt, oder nach Italien zu gehen. Also war das Naheliegendste die Unternehmensgründung."

Träume

Die Mehrheit der Befragten steht sehr stark in ihrem Geschäfts- und Arbeitsleben, ihre Gedanken kreisen oft oder gar unentwegt um ihr Unternehmen, die nächsten Schritte und die Zukunft des Unternehmens. Dafür steht das Zitat unten. Drei oder vier könnten sich vorstellen irgendwann etwas ganz anderes zu machen, aber was, das wurde nicht benannt, ausser: „Vielleicht mal ein kleines Hotel am Meer, oder so."

Zitat: „Was ich auch noch will ist ein Laden mit unserem Label, vielleicht an einer besseren Lage, mehr Richtung Innenstadt. Vielleicht einfach eine chiquere Örtlichkeit als Zukunftsvision, vielleicht an einen Ort mit mehr Passanten. Jedes Mal an der Bahnhofstrasse sehe ich, das ist immer voll, was machen die Leute bloss dort, die sind einfach dort. Ich will aber überhaupt nicht an die Bahnhofstrasse, aber vielleicht beim Löwenplatz um die Ecke oder so."

8.3 Räume

Die Befragung bezog sich zunächst auf die Zufriedenheit der KIK mit den Arbeitsräumen, in denen sie wirken. Dazu gehörten einerseits Fragen nach den Mieten, der Raumgrösse, der Verwaltung und der Sicherheit der Mietverhältnisse, andererseits nach den Gründen für die Zufriedenheit oder Unzufriedenheit. Ein weiterer Fragenkomplex wurde den Liegenschaften und Häusern, in denen die KIK wirken, gewidmet. Es wurde nach Zusammenarbeiten, Kontakten und Netzwerken innerhalb der gleichen Gebäude gefragt. Es wurde der Frage nachgegangen, inwieweit in gewissen Liegen-

schaften sich Cluster von KIK gebildet haben, wie eng die Zusammenarbeiten, die gegenseitige Hilfe und die wechselseitige Inspiration sind. Es
wurde nach innovativen Milieus und den sogenannten Interaktions- und
Lernorten (ILO) gesucht, die sich in Liegenschaften oder in den Quartieren
herausgebildet haben.

Die Zufriedenheit der KIK mit ihren Arbeitsräumen

Auf die offene Frage nach der Zufriedenheit mit den Arbeitsräumen fallen
sechzehn mal Antworten mit Superlativen wie: „Der Arbeitsraum ist per-
fekt, de Luxe." / „Der Raum ist genial, sehr schön." / „Everybody happy, eigener Umbau." Von drei KIKs wird ebenfalls eine grosse Zufriedenheit zum
Ausdruck gebracht, jedoch mit einem Vorbehalt bezüglich Miete oder Lärm:
„Sehr zufrieden, aber zu laut." Viermal wird Zufriedenheit geäussert und
die Arbeitsräume werden als gut taxiert („recht läss"). In sechs Fällen sind
die KIK nicht zufrieden mit ihrer arbeitsräumlichen Situation. Ohne Ausnahme werden als Grund dafür die beengten Verhältnisse angegeben („zu
eng, viel zu eng"). Diese KIK sind in den letzten Jahren gewachsen und müssen nun Ausschau nach grösseren Räumen halten. Ein KIK hat die Gelegenheit erhalten, in der gleichen Liegenschaft weitere Räume dazuzumieten.
Verschiedene KIK sind von Kündigungen bedroht. Eines muss raus, weil der
Besitzer Eigenbedarf angemeldet hat. Die Miete war bisher sehr günstig. Seit
der Beruhigung im Kreis 5 in Bezug auf die Drogenszene sind Räume wieder
einfacher und zu teureren Bedingungen vermietbar. Zitat: „Der Arbeitsraum
ist sehr gut. Aber wir müssen irgendwann raus. Ich muss Ausschau halten.
Es gibt aber keine Räume in naher Zukunft: Horror!".

Die Gründe für die geäusserte Zufriedenheit liegen in guten m²-Preisen,
der Schönheit der Räume, der Gestaltungsfreiheit mit eigenen Umbauten,
der Umgebung, der Grösse und zum Teil an der guten Verwaltung der Liegenschaft. Arbeitsstätten in Industrie- oder Gewerberäumen lassen grosse
Gestaltungsfreiheiten zu, die von den KIK auch genutzt werden. Viele der
Arbeitsstätten haben hohe Räume und grosse Fenster. Für mehrere KIK ist die
Möglichkeit, einen Laden zu eröffnen, ein wichtiger Schritt nach vorn. Eine
unsichere Zukunft haben die KIK in den Zwischennutzungen im Maag-Areal
und an der Geroldstrasse. Die Veränderungen und die Ungewissheit sind
für diese Unternehmen belastend, zudem steigen im Maag-Areal die Miet-

zinsen, was die Attraktivität dieses Arbeitsortes zusammen mit neuzugezogenen Nutzungen in den letzten Jahren (z. B. Musical *Deep*, freie Kirche ICF usw.) im Areal verminderte. Sehr zufrieden sind die KIK in den Genossenschaften *Gleis70*, *KraftWerk1* und *Dreieck*. Auch im *Quellenhof* (Quellenstr. 27) und in den Liegenschaften Zypressenstr. 74, Zentralstr. 156, Limmatstr. 270 (Löwenbräu) sind die KIK mit der Situation sehr zufrieden. Seit den Interviews sind drei Unternehmen umgezogen. Der Grund dafür war in zwei Fällen die Expansion, das heisst, die Räume wurden zu eng, in einem Fall war es der Lärm.

Arbeitsumgebung in und um die Liegenschaften

Das Thema bei der Arbeitsumgebung in und um die Liegenschaften, in denen die befragten KIK arbeiten, sind die Qualität und Bedeutung der näheren Umgebung, insbesondere informelle und formelle Zusammenarbeit, Informations- und Gedankenaustausch (Inspiration, Ideenfluss) und gemeinsame Nutzung von Infrastruktur. Von den 34 Unternehmen sind 18 in Liegenschaften eingemietet, wo auch andere KIK und sonstige Unternehmen wirken. Die Zufriedenheit mit dieser Arbeitsumgebung ist insgesamt sehr gross. Die Gründe für die geäusserte Zufriedenheit liegen in den Möglichkeiten des Erfahrungsaustausches, der formellen und informellen Zusammenarbeit, der Synergien, der gegenseitigen Anregung und Inspiration sowie des nicht Isoliertseins. Zu diesen sozialen und Netzwerkaspekten kommt in einigen Fällen die gemeinsame Nutzung von Infrastruktur hinzu.

Zitate: „Ideales Umfeld, interessante Kontakte." / „Es kommen Zusammenarbeiten zustande." / „Profitieren von Anlagen im Areal, z. B. Entsorgung. Kontakte sind extrem wichtig. Auch lose Zusammenarbeiten. Gute Stimmung und Austausch über Probleme." / „Gute Mischung von Leuten, die auch professionell arbeiten, wir können von den Erfahrungen profitieren. Viele Synergien. Z.T. werden Aufträge im Haus vergeben. Hohe Lebensqualität, gute Durchmischung der Branchen, ergänzen sich sehr gut. Gute Atmosphäre. Kantine ist sehr wichtig, da kommen die Leute ins Gespräch." / „Dieser Industriecharakter, Werkstattcharakter passt zu uns und unserer Arbeit. Wir haben Freiräume bei Gestaltung und Einrichtung. Auch Platz ausser-

*halb unseres Büros." | „Infrastruktur ist sehr gut und praktisch. Kopierap-
parate, Mischstudio, kleines Kino im Haus. Geniale Dachterrasse." | „Im
Haus gibt es gute Synergien. Wenn man etwas braucht, fragt man zuerst
im Haus, z. B. Design, Schlosser."*

Von jenen KIK, die ihre Arbeitsräume nicht in einer Liegenschaft mit anderen
Unternehmen haben, wird dies negativ erwähnt; z. B: *„Hätte gerne grösseres
Umfeld, mehr andere Leute im Haus, ev. Bürogemeinschaft auch mit TexterInnen,
FotografInnen." | „An der Zentralstr. 150 war es genial."* Die Zufriedenheit in
den Liegenschaften, in denen KIK arbeiten, ist sehr gross und die Nähe zu
anderen Unternehmen entspricht einem Bedürfnis fast aller KIK. Verschiedene Liegenschaften, die KIK-Cluster oder ILOs bilden, sind das Resultat von
Bemühungen, Arbeitssituationen mit Vernetzungen bewusst zu schaffen
und für die Zukunft zu sichern *(„Wurde von uns initiiert. Wir wollten gute
Vernetzung.")*, wie dies in den Projekten Dreieck, Gleis 70, KraftWerk1 und
anderen mehr der Fall ist. Gewisse KIK haben langjährige Erfahrungen in
der Aneignung von Räumen, begonnen mit Besetzungen in den 1980er Jahren über unsichere Zwischennutzungen in den 1990er Jahren bis hin zu den
genossenschaftlichen Projekten, wie sie ab Mitte der 1990er Jahre vermehrt
realisiert wurden. Zwei befragte KIK haben weder Bedeutung noch Qualität
des Umfeldes als positiv oder negativ herausgestrichen. Die Cluster in Zwischennutzungen sind mit ihren geringen Mieten und oftmals grossem Expe-
rimentiercharakter der AkteurInnen für die Kulturökonomie wichtig. Mit
geringen Fixkosten, nicht vorgefertigten Räumlichkeiten und dem Image
des Aussergewöhnlichen bieten sie ideale Voraussetzungen für Startups im
Bereich der Kulturwirtschaft. Sie haben aber das Risiko von Kündigungen zu
tragen. Teilweise sind im Verlauf der 1990er Jahre auch die günstigen Mietbedingungen verloren gegangen und mit der zunehmenden Nachfrage nach
Geschäftsflächen in den Trendquartieren sind die Mietpreise seit 2000 deutlich angestiegen (Wüest, 2001 und 2004).

Quartiere, ihre Bedeutung und Qualitäten

Die Quartiere, in denen die KIK ihre Wirkungsstätten haben, müssen im Zusammenhang mit Forschungsansätzen wie jenem der Milieux Innovateurs oder
den Cluster-Ansätzen gesehen werden (vgl. Kapitel 2). Für die Stadtentwick-

lungsforschung kommen Fragen nach dem Wandel der Quartiere und coolen Neighbourhoods, der Gentrification, der Miet- und Bodenpreise, der Bevölkerungsstruktur und –entwicklung dazu. Fragen zum Standort, zur Erreichbarkeit, zum lokalen Netzwerk, zum Absatzmarkt, zum Image (Adresse) und zur Lebensqualität bilden die Grundlage zur Beurteilung der Bedeutung der Quartiere als Voraussetzung für Innovation und Kreativität.

Die Standortanforderungen der verschiedenen KIK sind sehr unterschiedlich. KIK, die einen Laden führen, wünschen sich eine bessere Passantenlage. Dies wird von acht der zehn KIK-Ladenführenden geäussert. Ein Unternehmen wie Raumbau, welches viel Material bewegen muss, ist äusserst zufrieden mit dem Standort an der Rampe zur Hardbrücke: *„Hier kommen alle Lastwagen der Schweiz vorbei."* Für andere ist die Lage in Bezug auf Prestige wichtig oder aufgrund der Nähe zur Szene und zu Cafeterias. Die Quartiere werden von den KIK zum Teil auch verglichen, insbesondere, wenn Umzüge von einem Stadtkreis in einen anderen getätigt wurden. Bedeutung und Qualität der Quartiere, in denen KIK aktiv sind, werden als Quartierfaktoren wiedergegeben. Darauf folgt eine Einschätzung der Entwicklungen durch den Autor, die mit Quartierdynamik bezeichnet werden.

Quartierfaktor 1: „Zentralität" und „mitten drin sein"

Wie für Unternehmen anderer Branchen ist Zentralität auch bei den KIK ein Standortfaktor. Die Erreichbarkeit spielt einerseits bei den kundenintensiven Unternehmen eine beträchtliche Rolle, andererseits bei jenen, die viel Güter und Waren umsetzen, wie das Filmtechnikerkollektiv FTK oder Raumbau. Für die mehr kundenintensiven KIK ist der Hauptbahnhof der Bezugspunkt, für die Waren transportierenden KIK ist die Erreichbarkeit mit Auto und Lastwagen ein Kriterium. Für die kreativen innovativen Kleinstunternehmen sind die innerstädtischen Standorte insbesondere in Aussersihl aus Gründen der Vernetzung und Clusterbildung, des Images, der grossen Vielfalt an Möglichkeiten und der Lebendigkeit und Inspiration im Quartier wichtig. Obwohl einige KIK bemerken, sie könnten genau so gut woanders produzieren, schätzen auch diese KIK die Vorteile in den Kreisen 4 und 5 wie attraktive Läden (die oft selbst KIKs sind), Nähe zum Hauptbahnhof, Multikulturalität, Gastronomie usw. Eine weitere Definition von Zentralität ist die Zuweisung von Werten zu bestimmten Quartieren. In-Quartiere sind bezüglich Kultur, Lifestyle, Parties usw. eher im Zentrum als andere Stadtteile. Die Kreise 4 und 5 bieten alles, was das Bedürfnis nach Dabeisein betrifft (s. auch unten, soziale und territoriale Zugehörigkeit). Dies gilt eindeutig nicht für die Kreise 9 und 2, die von den KIK als *„Ein bisschen abgelegen"* bezeichnet werden. Die dritte Dimension der Zentralität besteht in der Möglichkeit, in einem Quartier viele Bedürfnisse abdecken zu können. Die Nähe zu Versorgungsmöglichkeiten, Bekannten, Freizeitangeboten, Bars und Cafés usw. sind von den meisten KIK hervorgestrichene Qualitäten.

Zitate: „Zentral beim Bahnhof. Zentralität war sehr wichtig, wir haben kein Auto." / „Quartier ist sehr wichtig, ich wohne auch hier. Es hat einfach alles. Ich bewege mich zwischen Helvetiaplatz und Goldbrunnenplatz." / „Ist alles da, sehr zentral gelegen, ermöglicht Kontakte auf der Gasse, in Cafés, an Apéros. Ich bin genau in der Mitte der Kreise 3, 4 und 5." / „Es ist bei den Schulen (Gewerbe- und Fachhochschulen, Anm. des Autors), was indirekt gut ist, als Plattform; der Fluss, die Badi, ein Schwumm am Mittag regt an." / „Hier bin ich mitten im Devil-Dreieck (wo es brennt). Es gibt alles in nächster Nähe: Takeaways, Cafés, Copyshops." / „Ich weiss nicht, ob wir in den Kreis 8 oder völlig an die Peripherie gegangen wären, nach Schwamendingen oder Altstetten ..."

Quartierfaktor 2: „Anregende Umgebung"

Für die Arbeit der KIK sind die Quartiere wichtige Gefässe in Bezug auf Netzwerke, Mieten, Image usw. Darüber hinaus liefern einzelne Quartiere Anregung und Inspiration für Kreativität und Innovation. Eine Person meinte, dass sie Inspiration durch das *„Leben im Schatten"*, in Nischen und Subkultur, erhalte. Die Anwesenheit von Bars, Kinos, Kebab-Ständen und anderen Einrichtungen werden sehr geschätzt und für das Wohlfühlen im Quartier mitverantwortlich gemacht. Die KIK sind unterschiedlich euphorisch über ihr Quartier, einerseits, weil sie es unterschiedlich wahrnehmen, zum andern, weil sie in unterschiedlichen Quartieren agieren.

Zitate zum Kreis 5: „Das Quartier ist ideal. Wir fühlen uns sehr wohl. Das richtige Quartier für junge Kreative." / „Die Aura im Quartier ist super." / „Ist ein Punkt, es ist lebendig." / „Viele interessante Läden, Cafés usw. Inspiration." / „Hier ist ein Konzentrat von Gestaltung und Stadtentwicklung, es passiert viel in Zürich-West. Wir sind auch kulinarisch verwöhnt hier." / „Impulse passieren schon hier am meisten." / „Die Kunden haben das Gefühl unser Unternehmen ist am richtigen Ort, die kriegen von der Kultur was mit, das dann auch in die Produkte rein fliesst."

Zitate zum Kreis 4: „Im Quartier ist es absolut interessant. Hier ist die Modeecke, die Trendyecke." / „Wir dachten, es kämen viel mehr Leute aus dem Quartier. Es kommen junge, hippe Leute. Manchmal kommen auch Thai-Damen, die erschrecken ab den Preisen. Lustige Geschichten gibt es. Hier ist aber auch die Drogenszene, Immissionen, finde ich heftig. Wir haben auch viele Kunden, reichere Leute, die finden, hierhin kommen sie nicht, lassen sich die Ware schicken." / „Das Quartier ist sehr wichtig mit seinen spannenden, innovativen Läden, Bars, Cafés, auch Kino und andere Aktivitäten. Hier trifft man sich."

Zitate zum Kreis 3: „Ist nicht wie Kreis 5, eher Wohnquartier. Es hat auch Bars und Restaurants, aber zu wenig freie Räume für Ateliers und ähnliche Aktivitäten."

Zitate zum Kreise 2 und 9: Die KIK, welche in den Kreisen 9 und 2 wirken, äussern sich eher negativ über ihre Quartiere. Altstetten wird als „trostlos" (1 x) oder „verloren" (1x) wahrgenommen" / „Es fehlen Läden, Restaurants, Handwerkerläden usw." / „Es ist hier völlig anders, Kontakte haben wir hier zum Lebensmittelhändler, dem Italo, damit wir nicht so verloren sind."

Quartierfaktor 3: „Image kreatives Quartier"

Das Image des kreativen Quartiers trifft voll auf den Kreis 5 zu. Dies wird von mehreren KIK so wahrgenommen und nicht nur sozial, sondern auch unternehmerisch geschätzt, wie die Zitate unten zeigen. Es gibt auch Unternehmen, die nicht zu stark mit diesem Image der Subkultur arbeiten, da es für die Kunden Unseriosität und Unprofessionalität signalisieren könnte. Für Kunden der Credit Suisse sei es „zweifelsohne ein Thrill hierher zu kommen. Sie schauten ab und zu aus dem Fenster, um zu sehen, ob ihr Mercedes noch da ist".

Der Kreis 4 hat sich in den letzten Jahren in Bezug auf das Image verändert und wird insbesondere im Kunsthandel als wichtiges Quartier wahrgenommen. Die Zahl der Galerien ist in den 1990er Jahren stark angewachsen. 2002 gab es bereits fünfzehn Galerien im Kreis 4. Ebenso ist die Dichte an KünstlerInnen grösser als anderswo.

Zitate: „Viele KünstlerInnen, viele hippe Leute, In- und Szenen-Bars. Quartier ist sehr wichtig, zeitgenössische KünstlerInnen." / „Der Kreis 5 ist schon wichtig, die Kunden kommen gerne hierher." / „Das richtige Quartier für junge Kreative. Wir profitieren von diesem Image des Kreis 5 als kreatives Becken." / „Als Schweizer im Textilbusiness ist es eh nicht einfach. Wenn du dann noch dein Büro im Aargau ‚im Krachen oben' (völlig abgelegen, Anm. d. Verf.) hast, dann kannst du es ‚öppe' (bald einmal, Anm. d. Verf.) vergessen. Aber so in Zürich, Kreis 5 ist noch ok."

Quartierfaktor 4: „Wichtig für MitarbeiterInnen"

Was für hochqualifizierte Arbeitskräfte gilt, hat auch Gültigkeit für die MitarbeiterInnen in den Kulturunternehmen. Für die grösseren der befragten KIK ist es wegen der MitarbeiterInnen wichtig, in den In-Quartieren angesiedelt zu sein.

Zitate: „Die Aura im Quartier ist super, mit Museen, Restaurants, Multikulti; attraktiv für MitarbeiterInnen, mit den Trendclubs usw." / „Der Kreis 5. Für mich persönlich ist es nicht so wichtig. Für die Angestellten schon, die wollen nur bis zu einer bestimmten Grenze umziehen, sonst ist es nicht mehr Stadt und nicht mehr cool."

Quartierfaktor 5: „Cluster"

Wie die geographische Abbildung der Verteilung der KIK und der Kulturindustrie zeigt, kann von der Bildung neuer Cluster in den Kreisen 4 und 5 gesprochen werden. Bereits behandelt worden sind die Cluster in bestimmten Liegenschaften wie KraftWerk1, Gleis 70 usw. Cluster im Quartier haben mit Treffpunkten zu tun, mit Begegnungen auf der Strasse, in Cafés, in Clubs, in Bars usw. Bei den Clustern ist in Aspekte der gleichen Branchen und jene der Netzwerke zu unterscheiden. Wie in Kapitel 7.5 ausgeführt, haben sich in den vergangen Jahren die Medien- und Grafikbranchen in Zürich konzentriert, viele davon im Kreis 5 und in Zürich-West. Netzwerke unter den KIK im Quartier sind verbreitet.

Zitate: „Der Kreis 4 ist ein Kunsthaufen." / „Soziale Qualität, Treffpunkte, man trifft sich im Quartier (von Goldbrunnen- bis Albisrieder-/Hardplatz)." / „Netzwerk sehr gut, wie in einem Dorf. Fotograf wohnt an der Hardturmstrasse, Vertrieb an der Josefstrasse, Computerheini auch in der Nähe." / „Viele unserer Netzwerkpartner, tönt zwar wie heisse Luft, aber der Photograph, der Copyshop, Texter, oder der Internetprogrammierer, Plexiglasfirma sind alle im Kreis 5. Ich würde nicht sagen, dass es spezifisch auf Kreis 5 bezogen ist, in Zürich ist alles so nah, man kann ja zu Fuss gehen. Aber wir haben viele lokale Ausführende, sei es Handwerk, EDV-Service usw. Aus Erfahrung wissen wir, dass die Leute gut sind."

Quartierfaktor 6: „Soziale und territoriale Zugehörigkeit"

Die soziale und territoriale Zugehörigkeit ist eine wichtige Grundlage zur Entwicklung von Codes und Zeichen. Sie wird von drei der Interviewten direkt und von mehreren anderen KIK indirekt angesprochen. Die soziale und territoriale Zugehörigkeit muss sich nicht auf ein Quartier beschränken, sondern kann sich auch auf die Stadt Zürich insgesamt beziehen.

Zitate: „Hier haben wir unsere Wurzeln, sind schon hier zur Schule (HGKZ)." / „Nestgefühl." / „Die Leute haben auch ähnliche Einstellungen, funktionieren ähnlich wie wir." / „Einen grossen Teil der Leute treffe ich auch ausserhalb des Ladens. Wenn ich etwas trinken gehe oder ins Kanzlei oder ins Xenix, dann ist die halbe Kundschaft dort. Krethi und Plethi." / „Also ich finde, dass wir absolut ein Teil von Zürich sind und nicht nach Dällikon gehören oder nach Embrach mit dem, was wir machen."

Quartierdynamik 1: Gentrification im Kreis 5

Gentrification wird vor allem im Kreis 5 wahrgenommen. Einzelne KIK fühlen sich bedrängt von neuen finanzstärkeren Läden und Unternehmen. Der

Touch von Subkultur im Quartier, den die KIK mitprägten und mitprägen, geht zunehmend verloren, so dass es eventuell zu einer neuen Phase im Produktzyklus kommt, indem die ansässigen Unternehmen sich und ihre Produkte etablieren, an andere Produktionsstandorte ziehen, zum Beispiel in den Kreis 9. Gleichzeitig gehen die innovativsten Unternehmen verloren.

Zitate: *„Aber der Kreis 5 macht jetzt eine Entwicklung durch, die wir alle eigentlich nicht mehr so sympathisch finden. Der Kreis 5 wird ausverkauft. Neue junge Leute kommen, Yuppies, echte Yuppies, die viel Geld haben, woher weiss ich auch nicht, kaufen die Häuser, bauen um, machen teure Wohnungen draus. Unten drin sind meistens Designerläden und so, teure Clubs, und die Italiener können die Miete nicht mehr zahlen, einer nach dem anderen geht ein. Das ist ein bisschen die Stimmung. Wird zum Ausgangsquartier. Es wird immer chicker, man merkt's, ist auch schade. Deshalb sind wir auch mittlerweile nicht mehr so traurig, dass wir hier wegziehen." / „Wir sind auch ein bisschen selber schuld, dass wir den Kreis 5 zum In-Quartier gemacht haben."*

Quartierdynamik 2: Neue Impulse im Kreis 4

Im Kreis 4 stellt sich die Situation anders dar als im Kreis 5. Die Wohn- und Arbeitsbevölkerung ist im Moment vor grössere oder andere Herausforderungen gestellt als diejenige des Kreis 5, welche in den 1990er Jahren stark gelitten hatte. Sex-Milieu, Freierverkehr, Drogenhandel und -konsum haben im Langstrassenquartier ein Mass angenommen, welches von einem Grossteil der Wohn- und Arbeitsbevölkerung als sehr unangenehm und belastend empfunden wird. Davon sind auch KIK nicht ausgenommen, was eine Ladenbesitzerin zum Ausdruck brachte: *„Hier ist aber auch die Drogenszene, Immissionen, finde ich heftig. Das Quartier ist heftig, manchmal sehr heftig."* Teile des Kreis 4, die zuvor eher als out galten, haben sich in den 1990er Jahren verändert und haben als neue In-Quartiere viele KIK angezogen. So zum Beispiel die Gegend um das Dreieck oder das Gebiet zwischen Kanzleischulhaus und Albisriederplatz. *„Es hat sich viel verändert in den letzten sechs Jahren, es ist lebendiger geworden, zum Essen, der Inder, Lädeli."* Das Langstrassenquartier hat trotz nach wie vor stark präsenter Drogenszene viele Galerien angezogen. Zwischen Stauffacher und Schmiede Wiedikon ist ein neues In-

Quartier entstanden, wo jetzt einige Läden domiziliert sind. Wesentlichen Anteil an dieser Entwicklung hat die Genossenschaft Dreieck, die ihre Ladenlokale bewusst an kreative und innovative Kleinstunternehmen vermietet. Das Kanzleiareal mit dem Kino Xenix und der Turnhalle für Parties und Veranstaltungen hat bis heute die Funktion einer alternativen Freizeitkultur, auch wenn dies nicht mehr vergleichbar ist mit der Situation bis 1992, als das Kanzleischulhaus als Quartierzentrum funktionierte und dem Quartier auch Stabilität geben konnte. Die Liegenschaft an der Badenerstrasse, gegenüber dem Bezirksgericht, wurde mehrere Jahre besetzt. Als kleines alternatives Kulturzentrum versuchte es, nicht nur Subkultur zu pflegen, sondern auch mit einer gewissen Öffnung die Bedeutung nichtkommerzieller Kultur und Freiräume zu fördern. Es wurde im Dezember 2003 polizeilich geräumt.

Quartierdynamik 3: Expansion nach Albisrieden und Altstetten (Kreis 9)

Aufgrund von erhöhten Boden- und Mietpreisen, ungewisser Zukunft und als unangenehm empfundener Veränderungen im Quartier sind einige KIK aus dem Kreis 5 weggezogen, zum Beispiel nach Altstetten (Kreis 9), wo Industrie- und Bürogebäude zur Disposition gestanden haben und zum Teil immer noch stehen. Für das Image oder die Netzwerke sind die neuen Standorte allerdings nicht so gut geeignet, wie die KIK betonen: *„In Altstetten haben wir keine Kontakte. Es ist trostlos, aber immerhin interessant, was sich noch entwickelt. Wir haben keinen Bezug zur Umgebung." / „Vorher hatten wir Webdesigner und Grafiker, die ab und zu ein Bier trinken kamen. Hier haben wir Autoverkäufer und Banker, die kommen. Es ist hier völlig anders, Kontakte haben wir hier zum Lebensmittelhändler. Damit wir nicht so verloren sind, haben wir ein Restaurant nebenan initiiert."*

Veränderungen in der Stadt Zürich

Die Frage nach den Veränderungen wurde offen gestellt. Die Antworten der KIK bezogen sich auf unterschiedlichste Bereiche, je nach Alter, Dauer des Aufenthaltes in Zürich und beruflichem oder politischem Hintergrund. Die

Frage zielte auf die Wahrnehmung von Veränderungen in Stadtentwicklung, Kulturleben, Rahmenbedingungen für das Unternehmen oder die Branche, das öffentliche Leben usw.

Zitate zum Unternehmertum: „Als ich vor 15 Jahren nach Zürich kam, gab es auch Leute, die so Kunst machten oder irgendwelche Produkte. Die Stimmung war aber so: du darfst dein Supergeilo-Produkt erst vor die Haustür setzen, wenn es auch als solches schon abgesegnet ist. Wenn es auf alle Seiten ,verhebet'. Das hat sich in den letzten 6–7 Jahren stark geändert, dass die Leute so ein bisschen finden, he, ich mache was und ich finde es cool und der neben dran vielleicht nicht, aber der muss es ja auch nicht kaufen. Aber ich finde ein paar, die das läss finden, das unterstützen. Das meine ich mit der Kultur; die Offenheit oder der Mut der Leute, Das hat den Level oder die Qualität aber nicht gesenkt. Es wurde lockerer, nicht so ernst, so streng." / „Vor drei Jahren war es ideal, ein Büro aufzubauen, da die Mieten günstig waren. Nischen waren da, Räume waren da zu Beginn der 1990er Jahre." / „Vor zehn Jahren gab es überall Räume. Ich hatte ein Atelier im Sulzer-Escher-Wyss für 100 Franken. Heute ist auch in den Industriearealen alles teuer."

Zitate zur gesellschaftlichen Entwicklung: „Zürich hat sich in den letzten acht Jahren extrem gewandelt." / „Die 80er haben das Fundament für die Liberalisierung gelegt." / „Die Partyszene geht auf die 80er Bewegung zurück. Es gab einen kulturellen Nachholbedarf, Entfaltungsbedürfnis. Mit der Roten Fabrik wurden wichtige Impulse gesetzt, Kellerbars, -clubs, mit Treffpunktcharakter, illegale Bars, Kleinzellen der heute boomenden Partyszene. Der 1. Boom kam 1989/90 mit House/Techno, der immer weitere Kreise zog und neue und alte Generationen einbezieht. Ist nicht ausschliesslich Jugendkultur." / „Es hat sich seit ich hier bin sehr viel verändert. Die ganzen Firmen wie Bluewin, Internetfirmen und alles hat es damals nicht gegeben." / „Die Struktur der Subkultur ist immer noch sehr stark. Eine neue Generation macht weiter. Es brodelt und es wird gemacht."

Zitate zum Kulturleben und zu Ausgehmöglichkeiten: „Es hat sehr viel mehr Angebote heute, zum Ausgehen, zum Konsumieren allgemein, mehr Kinos, mehr Bars, mehr Clubs, mehr Galerien, mehr Theater, von allem sehr viel mehr. Obwohl ich selber gar nicht so viel Zeit habe, diese Stimmung wahrzunehmen, finde ich einfach, dass es auf die Stimmung der Stadt niederschlägt, es ist offener geworden." / „Alles ist seit 1980 überproportional gewachsen. Es gibt bis heute ein Überangebot. Es ist sehr viel los in diesen Quartieren." / „Vieles ist aber oberflächlicher, gesichtsloser geworden mit dem grossen Angebot." / „Es hat einen Megaboom im Galerienwesen gegeben. Zürich hat heute Galerien, die von der Grösse mit New York und London vergleichbar sind." / „Was ich extrem finde, ist diese Ausgangskultur am Abend. Freitagabend und -nacht Stau, das ist doch recht aussergewöhnlich." / „Begünstigt wurde die Entwicklung durch den Wegfall der Polizeistunde, die Liberalisierung des Gastwirtschaftgesetzes."

Zitate zur Stadtentwicklung: „Die Veränderung ist spannend. Aber wenn es mal fertig ist, Einkaufszentren usw. hat, dann wird es langweilig, dann sind die Freiräume weg." / „Es ist schade, dass unter den Bögen die Leute weg müssen und allgemein nach Renovationen wird alles sackteuer." / „Aber: Man wird rausgedrängt aus der Stadt." / „Hier ist es viel lebendiger geworden, seit ich hier im Dreieck bin." / „Aber im Grossen und Ganzen hat es sich verändert, gerade auch in unserem Quartier, speziell hier, der dynamischste Teil." / „Verdrängung: Das ist ja eine normale Entwicklung. Früher verliessen die Firmen die Altstadt, man suchte ein neues Gebiet. Wenn jetzt Firmen kommen, die alles bezahlen, dann gehen wir nach Oerlikon oder Altstetten, dann gibt es dort Cluster." / „Wir stehen an einer Schwelle bezüglich Vergrösserung der Stadt, Veränderung im Ausgeh- und Konsumverhalten."

8.4 Zürich als Standort für KIK

Die KIK wurden nach den Qualitäten und der Bedeutung von Zürich als Standort für ihr Wirken befragt, woraus sich Standortfaktoren ableiten lassen, die auf diese Art von Unternehmen zutreffen. Es haben sich sieben wichtigste Standortfaktoren für KIK eruieren lassen: Branchenvorteile, Qualifizierte Arbeitskräfte und Arbeiten in Netzwerken, Kultur- und Freizeitangebote, Zürichs Grösse, Absatzmarkt, Lebensgefühl und Lebensqualität, Distinktion und Urbanität.

Standortfaktor 1: Branchenvorteile

Die meisten KIK sind davon überzeugt, dass es für Unternehmen ihrer Branche wichtig ist, in Zürich zu sein. Dies betrifft insbesondere die Branchen Grafik/Design, Mode, Party und Film.

Zitate: *„Für Film ist es am interessantesten in Zürich, hier gibt es auch eine Branchenkonzentration." / „60–70 Prozent der Schweizer Filmproduktion ist in Zürich. Zürich ist der Wasserkopf des Films." / „Zürich ist die Stadt für uns: Events und vor allem die Medienbranche, mit der wir eng zusammenarbeiten. Alle kommen nach Zürich." / „Für Design, Grafik ist Zürich der Standort." / „Zürich ist ein ausserordentlich guter Standort für unser Business. Geld ist da, Projekte sind da. Zürich und die Schweiz haben einen guten Ruf für Grafik." / „Zürich ist ein Mekka für Grafik, mit den Nischen und um Arbeiten zu realisieren. Zürich ist weit über dem internationalen Standard, was Grafik und visuelle Gestaltung anbelangt. Frankreich und Deutschland sind Brachland, Italien geht noch. Deutsche Grafiker und Gestalter kommen in die Schweiz und vor allem nach Zürich. Auch aus dem Rest der Schweiz kommen sie nach Zürich. Hier gibt es Aufträge, hier geht es ab, Basel ist in den letzten Jahren leider etwas eingeschlafen, eine Zeit lang war es sehr lebendig. Die Schweizer Grafik ist seit den fünfziger Jahren weltbekannt." / „Zürich ist für uns extrem wichtig, weil hier die Architektur- und die Werbebranche sind. Wir könnten nicht in Uster produzieren."*

Bezüglich Grafik und Gastronomie gab es aber auch andere Stimmen: *„In Holland ist die Qualität des Design viel besser, vor allem bei den Billigprodukten. Z. B. die Blätter von Mediamarkt sind sehr schlecht gestaltet. Da hat die Schweiz keine Chance." / „London ist stärker, moderner, die Leute stehen Schlange bei Trendgastro, Ethnogastro und Hautegastro. Zürich ist sehr zwinglianisch, es fehlt etwas grosses, eine Brasserie mit Bar und Speisesaal."*

Standortfaktor 2: Qualifizierte Arbeitskräfte und Arbeiten in Netzwerken

Das Vorhandensein von qualifizierten oder hochqualifizierten Arbeitskräften ist in hochentwickelten Regionen – Stichworte Wissensgesellschaft und lernende Regionen – der wichtigste Standortfaktor. Auf innovative und kreative Unternehmen trifft dies genauso zu wie auf Hightech-Betriebe oder transnationale Dienstleistungsunternehmen. KIK, die in den letzten Jahren erfolgreich gewachsen sind, betonen die Bedeutung der Anwesenheit von qualifizierten Arbeitskräften als wichtigen positiven Faktor von Zürich. Für Kleinstunternehmen mit unsicherer Auftragslage sind Zusammenarbeiten mit freien MitarbeiterInnen an der Tagesordnung. Flexible Zusammenarbeitsformen sind eine wichtige Voraussetzung für das Wirken der KIK. Flexibilisierte Arbeitsverhältnisse sind in der Kulturökonomie (Krätke, 2002) weit verbreitet. Darüber hinaus wird auch in ad-hoc-Teams von zwei oder mehr KIK zusammengearbeitet, zum Teil werden gegenseitig Aufträge ausgelöst.

Zitate: „Hier sind die Filmtechniker die Tonstudios, Hightech-Level. Die kreativen Techniker sind hier." / „Spezialisten sind hier." / „Manpower. Es gibt hier viele Freelancer, die auch spezialisiert sind, die man zuziehen kann."

Standortfaktor 3: Kultur- und Freizeitangebote

Das Kultur- und Freizeitangebot der Stadt Zürich wird von fast allen InterviewpartnerInnen sehr geschätzt. Sie haben das Gefühl, dass in Zürich fast alle Arten von Kultur- und Freizeitangeboten erhältlich sind, was der Stadt einen Touch von Metropole gibt. Auch diejenigen KIK, die nicht mehr dazu kommen, die Freizeit mit Konsum zu verbringen, loben die Angebote. Wie im theoretischen Teil ausgeführt, hat der Standortfaktor Kultur in den letzten Jahren an Bedeutung gewonnen. Für die meisten KIK ist die Kultur nicht allein eine Frage des Konsumangebots, sondern eine existentielle Grundlage ihres Daseins.

Zitate: „Alle kommen nach Zürich." / „Zürich hat ein einmaliges Angebot. Die Vielfalt und Dichte ist genial." / „Die Kinoprogramme sind so gut wie in Berlin, London, Paris, 1a Spitze. Du bekommst alles. Du musst nirgendswohin gehen." / „Zürich ist extrem konzentriert an kulturellen Anlässen." / „Zürich ist sehr kunstfreundlich, viele Angebote, auch gute Kunst." / „Zürich hat in der Kunst- (Galerien-), Design- und Partyszene internationale Ausstrahlung. Alles ist seit 1980 überproportional gewachsen." / „Ich finde es schön in Zürich mit dem See, mit dem Rundherum, dass es rauf und runter geht, dass es verschiedene Kreise hat, aber am schönsten ist es im Kreis 4 und 5, weil es hier am lebendigsten und vielfältigsten ist. Freizeitangebote nutze ich nicht so wie andere. Es fehlt mir das Geld. Ich kann also nicht Nachtessen gehen, dann noch ins Kino, in eine Bar und zuletzt mit dem Taxi nach Hause."

Verschiedentlich wurde aber auch Kritik über die Art der Kultur geäussert, die in den letzten Jahren zugenommen hat, die auf Kulturkonsum in Mainstreamgefässen ausgerichtet ist.

Zitate: „Zürich ist ambivalent, eigentlich überhitzt, es gibt too much of everything. Es sind aber immer die gleichen 1000 an den Vernissagen, zum Beispiel im Migros-Museum. Hier vermischt sich auch das Private mit dem Beruf." / „Zürich ist auch nervig, hippig, hype, geschniegelte Beizen, ein neuer Stil setzt sich durch, nichts ist mehr primitiv, Wichtigtuerei ... Alles sehr teuer, war lässiger mit den illegalen Bars."

Standortfaktor 4: Zürichs Grösse

Zürichs Grösse, respektive Kleinheit, ermöglicht weiterhin ein gewisses Wachstum der verschiedenen Branchen des Kultursektors. Es zeigt sich vor allem, dass die meisten KIK nicht das Gefühl haben, dass ihre Märkte gesättigt sind. Konkurrenz wird eher als belebend und nicht als bedrohlich wahrgenommen. Insbesondere wird bezüglich Konkurrenz mit Städten wie London oder New York verglichen, wo der Wettstreit um Aufträge viel stärker sei als in Zürich.

Zitate: „Zürich ist übersichtlich und das ist gut." / „Leute, die zu Besuch kommen, sagen es sei vital, alles nahe aufeinander." / „Es gibt bis heute kein Überangebot." / „In Zürich ist es möglich, sich zu entfalten. In New York oder London kann man nicht besser arbeiten, da grössere Konkurrenz." / „Zürich hat eine ideale Grösse. In Amsterdam war es anders, ein bisschen zu gross, kommst nicht durch die Szene durch. Der Vorteil von Zürichs Grösse ist, dass du schon einen Markt hast." / „Freitagtaschen wurden auch zuerst mal in Zürich verkauft, notgedrungen, aber der Markt war da von der Grösse her." / „In Biel würde ich so ein Projekt wie Turbinen mit zwei Prozent Marktanteil nie starten. In Zürich kannst du mit einem Produkt minderheitsfähig sein." / „Ich kann nicht Auto fahren und hier brauche ich keins. Kurze Distanzen, gute Verbindungen. Ich habe hier angefangen und bin hier bekannt geworden. Zürich ist klein, aber trotzdem gross genug, dass man hier ein Geschäft haben kann, so dass man überleben kann."

Standortfaktor 5: Absatzmarkt

Für UnternehmerInnen ist der Absatzmarkt zentral. Für unterschiedliche Branchen und Tätigkeiten unterscheiden sich die Bedingungen der Absatzmöglichkeiten. Trotzdem konnten vier Hauptmerkmale des Standortes Zürich für die Absatzmärkte der KIK herausgearbeitet werden: Designbewusstsein der KundInnen (Unternehmen und Bevölkerung), Parties, Szene- und Subkultur, Zahlungskraft der Bevölkerung oder von Teilen der Bevölkerung,Grösse des Marktes. Die Resultate zu den Absatzmärkten der KIK werden im Kapitel 8.6 ausführlich behandelt.

Standortfaktor 6: Lebensgefühl und Lebensqualität

Im Grundtenor ist den Aussagen der Interviewten ein gewisser Enthusiasmus über Zürich zu entnehmen. Allgemein werden das kulturelle Angebot, aber auch die Ausgehmöglichkeiten und die Badeanstalten mit dem guten Lebensgefühl verbunden. Negative Äusserungen drehten sich um eine gewisse Überdrehtheit und Oberflächlichkeit und auch um den täglichen Konkurrenzdruck.

Zitate: „In dieser Stadt kannst Du Dich wohl fühlen." / „Hohe Lebensqualität, es gibt Fluss- und Seebäder." / „Von uns her gesprochen: so wie Zürich getaktet ist, das entspricht uns. Zürich ist eine schnelle Stadt, das entspricht auch uns als Personen." / „Es gibt neue Junge in der Branche, die Action wollen, Groove, Gier nach Neuem. Es ist nervig. Alles sehr teuer, war lässiger mit den illegalen Bars." / „Nachteile: man muss sich tagtäglich bewähren und ist einem starken Konkurrenzdruck ausgesetzt." / „Zürich ist eine coole Stadt."

Standortfaktor 7: Distinktion und Urbanität

Das Gefühl des Besonderen, das Gefühl am richtigen Ort zu sein und dazuzu-
gehören erweist sich nicht nur im Zusammenhang mit den Quartieren, sondern auch mit Zürich allgemein als wichtiger Standortfaktor. Die Distinktion
gegenüber dem Umland und anderen Städten ist Teil der eigenen Identität, des
eigenen Selbstverständnisses. Ebenso ist es für die KIK wichtig, sich in urbanen
Zusammenhängen zu sehen und sich dadurch von einer möglichen Provinzialität abzuheben. Etliche KIK sind der Meinung, dass Zürich endlich lebenswert
geworden sei, unter anderem durch seine neue Urbanität und Internationalität, welche sich auch in der Anwesenheit der MigrantInnen äussern.

Zitate: *„Woanders wäre es sehr schwierig für uns, auf dem Land oder so. Auch Bern*
wäre schwierig." / „... wenn wir mit dem da in Bischofszell wären, dann ...
das würde gar nicht laufen." / „In Bern oder St. Gallen wäre dieses Geschäft
nicht möglich, in Basel oder Berlin schon." / „Der Markt ist hier am grössten,
Chur wäre schwierig. In London hätten wir eine grosse Konkurrenz." / „In der
Stadt befasst sich die Kunst mit Dingen, die auf dem Land gar nicht thema-
tisiert werden." / „In Bern könnten wir eventuell schon sein. Aber nach Jah-
ren in New York hätten wir schon Schwierigkeiten." / „Nur schon im Gegen-
satz zu Bern, zum Beispiel mit unserem Label, dort kauft niemand unsere
Ware." / „Ich könnte nicht in Basel oder Bern arbeiten, alleine vom Takt der
Stadt her." / „Heidelberg ist Pampa, obwohl von der Grösse vergleichbar." /
„Fünf Jahre Romandie, möchte nicht zurück, eher Paris, Berlin vom Beruf
her. Nicht München, zu industriell." / „Wenn ich städtische KünstlerInnen
ausstelle, kann ich in der Fachwelt 100 Punkte machen, bei anderen würde
ich mich lächerlich machen."

8.5 Netzwerke und Cluster

Netzwerke, Vernetzung und Cluster sind zentrale Komponenten wissensbasierter Ökonomien und von Innovation (Simmie, 2001). Sie erhalten im
Technologiebereich, in Forschung und Entwicklung viel Aufmerksamkeit, in
anderen Wirtschaftsbereichen aber sehr viel weniger. Innovation in der kulturellen Produktion ist aber auf Austausch und Vernetzung genauso angewiesen wie in der Hightech-Produktion, auch wenn die Bedingungen der Pro-

duktentwicklung vielleicht verschieden sind. Kreativität ist auf jeden Fall bei jeder Innovation gefordert und ein anregendes Umfeld wird von den Produktentwicklern des Hightech-Sektors stark nachgefragt (Florida, 2002a). Die Annahme, dass KIK selber ein anregendes Umfeld, Austausch und Information brauchen, ist naheliegend, so dass hier von Milieus Innovateurs gesprochen werden kann. Die Untersuchung konzentrierte sich auf die Themen formelle und informelle Zusammenarbeiten, Zulieferer- und Absatzbeziehungen, institutionelle und persönliche Netzwerke.

Formen der Zusammenarbeit

KIKs zeichnen sich durch hohe Flexibilität aus, die zeitlich und umfangmässig angepasste Zusammenarbeiten fast jederzeit ermöglichen. Die Unterschiede zwischen den Branchen sind diesbezüglich jedoch gross, insbesondere was die Grösse von Aufträgen, die in Kooperation ausgeführt werden können, betrifft. Neben formellen Zusammenarbeiten bauen fast alle KIK auch auf informelle Zusammenarbeiten. Einerseits geschieht dies brancheninintern zum Erfahrungsaustausch, aber auch bei grösseren Aufträgen, wo die Aufgaben dann aufgeteilt werden. Andererseits helfen sich KIK gegenseitig aus.

Besonders in der Aufbauphase von Unternehmen sind die informellen Zusammenarbeiten wichtig, die oft auch in gegenseitigen Hilfeleistungen bestehen oder im Freundeskreis rekrutiert werden. Das können Fotografien für die Werbung eines Kleiderlabels sein, Modelling für ebensolche, Grafik auf Visitenkarten für AccesoireproduzentInnen usw. „Die Währung in diesem Tauschgeschäft sind Hilfestellungen in der Organisation des Alltags und der eigenen Familie: Steuererklärung, Finanzberatung, Wohnungs- und Ateliersuche, Babysitten. Die stolze, wenn auch designfernere Verwandtschaft profitiert im Gegenzug, wenn sie an die entsprechenden Anlässe wie Diplomfeier, Modeshows, Vernissagen eingeladen wird. Und Freunde sind deshalb Freunde, weil sie auf Kredit helfen" (Bundesamt für Kultur, 2002).

Zitate: „Für Zürich typisch sind viele Kleinstzellen, die sich untereinander vernetzen für verschiedenste Projekte und Zusammenarbeiten." / „Wir haben mit nichts angefangen. Wir brauchten Freunde und Bekannte. Die haben uns total unterstützt. So wächst es und irgendwann geht es über die Freunde hinaus." /

*„Am Anfang brauchst du so wie ein Netz, wo du... Oder es funktioniert auch
über Leute, die du kennst, die dir quasi da und dort helfen und du tust ihnen
dafür..., so irgendwie. Ein Webauftritt, Graphik, du musst einen Deal machen
können, kennst einen Photographen, der es gratis macht oder ein Tausch, oder
Leute die modeln kommen, die du nicht zahlen musst. Und wenn du das nicht
hast, wäre es nicht möglich, du müsstest alles voll bezahlen." / „Beim Umbau
habe ich mit Leuten aus der Szene gearbeitet, die haben bei mir den Vorzug,
da geht man auch nicht gross Offerten holen und Preise drücken, wenn man
weiss, man kann mit einem Elektriker arbeiten, den man schon lange kennt.
Der Grafiker ist ein Freund von mir. Der Schlosser ist aus der Szene." / „Dass
man vernetzt ist und auch mit wenig Geld Spass haben kann und auch eine
eigene Gesellschaft findet, irgendwie, eine eigene Kultur. Das funktioniert in
Zürich eben recht gut mit den verschiedensten Sachen, die entstehen und passieren, dass man sich kennt und gegenseitig hilft."*

Netzwerke, Verbände und internationale Beziehungen

In verschiedenen Branchen gibt es zunehmend Netzwerke. Im Kreis 4 wurde
zum Beispiel im Jahre 2003 das Frauennetzwerk für Kunstvermittlerinnen mit
Galeristinnen, Journalistinnen und Kunsthistorikerinnen gegründet, mit dem
Ziel, Erfahrungen auszutauschen, Projekte zu vernetzen und anzureissen. Veranstaltungen wie die *Blickfang* sind ebenfalls erst wenige Jahre alt und führen die verschiedenen AkteurInnen im Bereich der angewandten Kunst zusammen. Von den untersuchten KIK in der Design-Branche hat nur eines seine
Mitgliedschaft im Swiss Graphic Design-Verband erwähnt, was für die Sparte
Design aber durchaus typisch zu sein scheint: „Auffallend lediglich, dass die
Prämierten ausser den Ausbildungsstätten kaum weitere Institutionen als Teil
ihres professionellen Netzwerks erwähnen. Sind die Institutionen der Design-
förderung und -vermittlung zu wenig nahe an der gelebten Praxis?" (Bundesamt für Kultur, 2002). Und Heller (2002, 136) doppelt nach: „Selbstbezug und
Selbstbeschränkung konstituieren die Design-Szene Schweiz ... Fast jede und
jeder kennt fast jede und jeden, zumindest vom Hörensagen ... Entsprechend
kleingewerblich sind die Organisationsformen. Selbst die Avantgardisten der
Schweizer Designwelt verstehen sich mehrheitlich entweder als Einzelkämp-
fer oder als Kleinunternehmer. Ihre Vorbilder sind die Konkurrenten im eigenen Land, und darum gleichen sich die Ateliers und Büros und Arbeitsgemein-

schaften oft so sehr, dass der Eindruck entsteht, sie seien von vornherein als Knoten des helvetischen Netzwerks konzipiert worden." Die Hochschule für Gestaltung und Kunst in Zürich ist ein wichtiges Gefäss für die Netzwerke. Viele KIK kennen sich von der Ausbildung an dieser Fachhochschule, haben gemeinsam die Ausbildung gemacht. Es kommt hinzu, dass die AbsolventInnen nicht nur die Leute aus der eigenen Fach- oder Berufsrichtung kennen, sondern auch aus den anderen Fachklassen, was für vernetztes Arbeiten und gegenseitige Hilfe eine wichtige Voraussetzung ist. Im Grossen und Ganzen konnte eine schwache internationale Verflechtung der befragten KIK festgestellt werden, die eher erstaunt auf die Frage nach den internationalen Beziehungen reagierten. Es wurde angenommen, dass KIK sich bezüglich Design auch an den Entwicklungen im Ausland, in den Weltstädten orientieren. Dies konnte aber nicht bestätigt werden. Internationale Kontakte gibt es bei etlichen KIK vor allem über Absatzbeziehungen, etwa Läden, die KIK-Produkte verkaufen (in Städten wie Berlin, Hamburg, London, New York, Washington, Tokyo) oder Zulieferer in Italien, Osteuropa, Afrika und Fernost.

Konkurrenz

Mehrere KIK, die Trendprodukte herstellen und mit ihren Produkten auch die ersten auf dem Platz Zürich waren, merken an, dass sie schon mehrfach kopiert wurden, was zu gerichtlichen Auseinandersetzungen führte. Im Kleidungs- und Dekorbereich wird betont, dass zwar immer mehr KIK auf dem Markt mitmachen, jedoch fast alle ihre Spezialitäten haben, so dass es auch gute Ergänzungen gebe, die dann die Branche beleben. In der Schweiz konkurrenzlos sind die Seifenherstellerinnen von *Swisstag*. Ihre Konkurrenz kommt aus den USA und Fernost. Dank ihrer patentierten Maschine, die spurenlos Objekte in die Seifen einlassen kann, der Art der Objekte, sowie ihrer Verpackungskunst, sind ihre Produkte einzigartig.

Zulieferer

So unterschiedlich wie die Produkte und Dienstleistungen der KIK, so unterschiedlich sind auch ihre Zulieferbeziehungen. Die Bedürfnisse nach Rohstoffen oder Dienstleistungen variieren stark. Es gibt KIK, die ausschliesslich mit lokalen Kontakten zurechtkommen, die auch aus dem lokalen Potenzial und den informellen Zusammenarbeiten und Netzwerken schöpfen. Diesbezüglich fielen auch Aussagen wie: „Hier bekommst du alles." Andere beziehen Ware im internationalen Rahmen. Zum Teil ist es notwendig, dass Zulieferer und ProduzentIn räumlich nahe beieinander sind, um Vorstellungen der Produkte gemeinsam zu entwickeln (sonderangefertigte Verpackungen, Drucke und auch Design).

8.6 Absatzmärkte und KundInnen

In Bezug auf den Absatzmarkt in Zürich wurden bereits einige Ausführungen in Kapitel 8.4 gemacht, die auf die spezifischen oder typischen Absatzbedingungen Zürichs für KIK hinwiesen. Zu den herausstechenden Merkmalen zählen Faktoren, wie Designbewusstsein, Szenekultur, Zahlungskraft und die Grösse des Marktes. Beim Absatzmarkt und den KundInnen ist zu unterscheiden nach Tätigkeiten der KIK, respektive der Tiefe in der Wertschöpfungskette. Bei den KIK, die Produkte herstellen und verkaufen, gibt es unterschiedliche Profilierungsarten. Gewisse KIK zielen auf ganz bestimmte Kundensegmente für ihre Produkte, andere KIK sind absolut offen, was die Art der KundInnen betrifft. Natürlich sind bestimmte Produkte eher prädestiniert, eine breite Käuferschaft anzusprechen als andere. Das Bewusstsein über die Kundschaft und deren Profil, also das Zielpublikum, ist bei den KIK unterschiedlich stark ausgeprägt. Drei KIK betonen, dass sie überhaupt nicht von einem Zielpublikum ausgehen. Bei der Beschreibung der Kundschaft zeigt sich jedoch, dass sie diese relativ gut zu definieren wissen. Die KundInnen der KIK wurden von mehreren Interviewten als Personen beschrieben, die sich eher vom Durchschnitt abheben.

Zitate: *„Kunden kamen wahrscheinlich schon zuerst aus der Stadt. Sicher einmal Leute, für die Design wichtig ist. Aber wir haben uns am Anfang keinen potentiellen Kunden vorgestellt." / „Ich gehe nicht von einem Zielpublikum aus, wenn ich ein Produkt mache. Aber das grenzt sich aus wegen der Höhe der Preise, also eher ab 25 Jahren aufwärts und eher eine selbstständige Frau, die auf eigenen Füssen steht und deshalb meine Schuhe braucht (lacht). Mit einem besonderen Auge fürs Gestalterische." / „Leute zwischen 25 und 55. Sicher Leute, die sich auch sonst im Privaten oder im Arbeits-*

markt anders bewegen als die grosse Masse." / „Geselliges, kunst-/kultur-interessiertes, aber breites Publikum."

Es wird von mehreren KIK auch betont, dass ihre Produkte urbaner Natur seien und von StädterInnen nachgefragt würden. Für die meisten Produkte der KIK gilt, dass sie überdurchschnittliche Preise haben, was direkt mit den Produktionsbedingungen zusammenhängt, die an einem Ort mit sehr hohen Lebenskosten wie Zürich herrschen. Trotz teilweiser Auslagerung der Produktion in Niedriglohnländer können die Preise kaum gesenkt werden, wenn Unternehmen und Löhne gesichert werden sollen. Produkte der KIK sind Nischenprodukte mit vergleichsweise kleinen Stückzahlen, was ihnen eine gewisse Exklusivität beschert. Hier ist die designbewusste KäuferInnenschaft gefragt, die etwas Aussergewöhnliches will und auch bereit ist, dafür zu zahlen. Daneben gibt es auch eine Segment von KonsumentInnen, die zwar durchschnittlich oder gar wenig verdienen, die sich aber ab und zu doch ein Produkt der KIK leisten. Hier spielen Ästhetik und Zeichensprache des Besonderen sowie der Zugehörigkeiten zu gewissen Szenen und Subkulturen eine Rolle. Es zeigt sich auch, dass die Zürcher Partyszene für den Absatzmarkt der KIK von nicht zu unterschätzender Bedeutung ist. In der engeren Design-Branche (Buch- und Mediengestaltung, Industriedesign usw.) gibt es drei Kundensegmente: Privatpersonen, öffentliche Hand und Unternehmen. Bei den Unternehmen sind auch grosse, bekannte und verschiedene transnationale Unternehmen vertreten. Allein bei den befragten KIK der Design-Branche sind folgende bekannten KundInnen aus Industrie und Dienstleistung vertreten: Alusuisse-Lonza-Holding, Mini (BMW), Bombardier, Bundesamt für Kultur, Casio, Cathay Pacific, Credit Suisse, Daimler, ETH Zürich, Ford, Hilti, Jaguar, Lowa, Kässbohrer, Mammut, McDonalds, Mercedes, Migros Genossenschaftsbund, Puma (Sportartikel), Renault, Salewa, Sentec, Siemens, Sunrise, UBS, Universität Zürich, Rolls-Royce (VW).

Absatzfaktor 1: Designbewusstsein

Das Bewusstsein für Design ist in Zürich gemäss den Aussagen der KIK hoch. Sowohl Unternehmen wie Private legen Wert auf gutes Design. Das betrifft sowohl das Design von Schriften und Büchern als auch das Design von Industrieprodukten, Alltagsgegenständen, Möbeln, Webauftritten usw. Es wird verschiedentlich die hohe Qualität des Schweizer Designs erwähnt, welches seit den 1950er Jahren auch im internationalen Vergleich gut abschneidet.

Zitate: *„In Zürich gibt es einen Absatzmarkt für Design, Bewusstsein, Galeristen, ein künstlerisches Umfeld, Internationalität."* / *„Zürich ist sehr kunstfreundlich."* / *„Ermöglicht uns experimenteller zu arbeiten."* / *„Es gibt viel qualitativ hochwertige Ware, das heisst es gibt ein Verständnis der Zürcher für das."* / *„International gibt es ein Vertrauen in das Design von Zürich, in dessen Qualität."* / *„Es gibt auch ein Bewusstsein für Design in der Schweiz. Beispiel: Hochwertige Designermöbel aus Italien werden zu einem Drittel in der Schweiz und zu zwei Dritteln in Deutschland abgesetzt. Die Firmen sind interessiert an gutem Design. In Zürich ist eh alles gleich um die Ecke, sagen Kunden, die bereit sind, Kleider zu tragen, die woanders viel mehr Mut bräuchten."*

Absatzfaktor 2: Parties, Szene, Subkultur

In Zürich hat sich eine Mischung von Szene, Avantgarde und Subkultur herausgebildet, welche in ihrer Besonderheit einerseits Inspirationsquelle für die KIK ist, zu der andererseits viele KIK selber gehören. Bewusst oder unbewusst bieten KIK Coolness, Subkultur, Fashion an, pflegen Produktenischen, mit denen aber auch der breitere Erfolg gesucht wird, nicht zuletzt, um überhaupt überleben zu können. Die Partystadt Zürich mit ihren Dutzenden von Partylokalen und der einmal jährlich stattfindenden Street Parade ist für die KIK ein wichtiger Standortfaktor. Zürich hat sich sozial und kulturell geöffnet, was sich auch in der Nachfrage nach den Produkten und Dienstleistungen der KIK äussert. Die Partystadt Zürich ist aus der Subkultur der 1980er Jahre, den illegalen Bars und Clubs hervorgegangen und strahlt bis heute einen Touch von Subkultur aus. Mode, Design und Partykultur vermengen sich, Subkultur und Mainstream begegnen und vermischen sich.

Zitate: *„Für die junge Generation gehören diese Anlässe zu den Basics der Bedürfnisse. Ausgehen."* / *„KundInnen kamen am Anfang aus der Szene und aus diesem Netzwerk."* / *„Im Produktedesign wird eine gewisse Andersartigkeit fast erwartet, da passt Gleis70 gut."* / *„Die Leute hier sind einfach bereiter, irgendwie ungewöhnlicheres Zeugs anzuziehen oder experimentierfreudiger als irgendwo … in Winterthur oder St. Gallen."* / *„… sind ein urbanes Pro-*

dukt. Unsere KundInnen sind durchschnittlich 26, gekauft wird in der Regel ab 20. Wir sahen immer uns selber als Zielgruppe. Wir sind nicht dem Markendiktat ausgesetzt. Leute, die Moden nachrennen, absolute Fashionfreaks sind deshalb eher weniger unsere KundInnen. Die Leute identifizieren sich mit den Taschen und damit auch mit einem bestimmten Kultgegenstand.“

Absatzfaktor 3: Zahlungsbereitschaft und grosse Kaufkraft

In Zürich gibt es nicht nur ein hohes Bewusstsein für Design, sondern auch die notwendige Bereitschaft, sich dieses Design etwas kosten zu lassen. Extravagante Massanfertigungen von Schmuck, Accessoires oder Möbeln und generell Inneneinrichtungen mit dem besonderen Design werden von KIK für gut zahlende Privatpersonen gefertigt. Die vergleichsweise hohe Kaufkraft hilft mit, den KIK einen Absatz ihrer Produkte und Dienstleistungen in einer Stadt wie Zürich mit sehr hohen Lebenskosten sicherzustellen. Ansonsten wären sie nie konkurrenzfähig gegenüber Produkten, die in Niedriglohnländern hergestellt werden.

Zitate: „Ich finde es schon super in Zürich zu sein. Hier haben die Leute erstens Geld.“ / „Die Leute leisten sich etwas. Könnte noch besser sein im experimentellen Bereich.“ / „Im Wirtschaftsraum Zürich sind die Kunden eher bereit in weiche Standortfaktoren zu investieren. Wir haben Kunden, die Design-sensitiv sind.“ / „Geld ist da und es wird auch für Design ausgegeben.“ / „Es gibt viel Geld in der Schweiz und in Zürich. Dies ermöglicht die Szene.“ / „Zürich ist ein ausserordentlich guter Standort für unser Business. Geld ist da, Projekte sind da.“ / „Privatpersonen, neunzig Prozent StädterInnen mit genügend Geld oder Liebhaber.“

Absatzfaktor 4: Grösse des Marktes

Da die meisten KIK für den lokalen Markt produzieren, schätzen sie auch die Grösse und Übersichtlichkeit des Zürcher Marktes. Es ist für sie klar, dass eine Stadt nicht kleiner sein kann als Zürich, um mit aussergewöhnlichen Produkten oder Nischenprodukten auf den Markt zu gelangen. In grösseren Städten und Metropolen erachten sie die Konkurrenz als zu stark.

Zitate: „In Zürich kannst Du mit einem Produkt minderheitsfähig sein. Du brauchst nur zwei, die es gut finden. Meine Theorie bei der Gründung war: ich lasse es in der Szene sickern, während wir es aufbauen."

8.7 Innovation, Kreativität, Produktentwicklung

KIK sollen nicht nur das Kriterium der Schumpeterschen schöpferischen Zerstörung erfüllen, sondern auch dasjenige der Kreativität im künstlerischen Sinne. Die Ausführungen in Kapitel 8.3 über die Räume haben bereits etliche Aufschlüsse über die Innovationsaktivitäten und die Zeichenproduktion der KIK gegeben. Es hat sich gezeigt, dass einerseits die kleinräumigen Cluster von KIK in den verschiedenen Liegenschaften und Arealen zu Erfahrungsaustausch, formellen und informellen Zusammenarbeiten führen, die auch zu innovativen Lösungen führen. Die Bedeutung der Quartiere für die Innovationstätigkeit ist ebenfalls eminent: Zentralität, Kontakte, Bars, Cafés, Läden, Versorgung usw. wirken sich positiv auf die Aktivitäten der KIK aus. Gefühle von Distinktion, etwas Besonderem, terrritorialer und sozialer Zugehörigkeit, sowie generell die Vernetzung im Quartier sind wichtige Faktoren bezüglich Produktion von neuen Zeichen und Codes. Das geht bis hin zum Image, indem KundInnen überzeugt sind, dass Unternehmen, die im Kreis 4 und insbesondere im Kreis 5 wirken, als Avantgarde für trendige und coole Produkte, die aus der Subkultur stammen, garantieren. Es kann davon ausgegangen werden, dass in den genannten Liegenschaften, Arealen und Quartieren kreative Milieus als Trendsetter in verschiedensten Bereichen der Kultur und angewandten Kunst bestehen, die ein grosses soziales Kapital in Form von Netzwerken haben.

Da Kreativität für jeden Menschen in der Verwirklichung anderer Bedürfnisse bestehen kann (Maslow, 1981), werden hier keine sozialpsychologischen Kriterien angewandt, um die Entwicklung der UnternehmerInnen hin zu kreativen Personen zu verfolgen. Gewiss sind Elternhaus und Schule wichtige Voraussetzungen, um Kreativität zur Entfaltung zu bringen. Die Hochschule für Gestaltung und Kunst, mitten im Kreis 5, hat die Aufgabe mit ihren Ausbildungen die Talente zu fördern und Kreativitätsprozesse zu unterstützen. Viele KIK gehen aus dieser Schule hervor. Neben Talent, Ausbildung und Gestaltungswillen der Individuen wird eine Kultur der Kreativität, die sich in den Quartieren, in der Dichte von kreativen Kräften und ihrem Umfeld entwickelt, unterstellt. Die Interviews geben Hinweise darauf, dass es eine solche Kultur gibt, die spezifisch für die innerstädtischen Kreise gilt, und aus dem sozialen und gebauten Raum bewusst oder unbewusst Inspiration schöpft.

Zitate: „Die Idee war es, eine Tasche zu machen, die praktisch ist zum Velofahren. Ausserdem sollte sie ökologisch sein, aus Recycling-Materialien bestehen. Der Veloblitz (Velokurier) war gerade am Aufkommen. Wir wohnten damals an der Hardbrücke beim Hardplatz. Dort kam der Geistesblitz. Tausende von Lastwagen mit ihren Plachen fahren dort vorbei. Die Plachen schienen uns ein interessantes Material. Wir erstanden damals eine Plache und produzierten zwei Taschen für uns selber." / „Das gestalterische Umfeld, das Inspirative, das ist schon in Zürich. Es pulsiert am meisten und das ist wichtig. Impulse passieren schon hier am meisten. Und da sind wir ein bisschen an der Quelle oder sogar mitbeteiligt daran." / „Ich denke, was wir machen, kann man nicht von dieser Stadt trennen. Zürich inspiriert auch." / „Inspiration ist nicht das gute Wort. Wir entwickeln Dinge. Ich brauche eher Ruhe, zum Beispiel in den Bergen, als die Stadt, die mich ‚hirnen‘ lässt." / „ ... Aber eine Brauerei ist nichts Innovatives. Höchstens vielleicht die Art, wie wir es gemacht haben. In der Szene rum erzählt. Ein Produkt kann darin starten. Die Stadt ist genug klein. Ich finde die Frage spannend, was zu Innovationen führt. Wenn man die Produktionsweise betrachtet, wenn man davon ausgeht, dass billiger und effizienter und mit Innovationen produziert werden soll und von der Effizienz ausgeht, dann sind wir nicht unbedingt ein positives Argument, dass die Gesellschaft weiterkommt. Unter dem Aspekt einer konservativen Ideologie. Wir haben dem Produkt neues Leben, neue Werte eingehaucht. Lieferten neue Impulse für die Old Economy. Wir wollten ein minderheitsfähiges Bier produzieren. Uns schien es revolutionär und es war ein Challenge, etwas im alten Stil so gross aufzubauen, dass die Leute erschrecken, dass sich überhaupt jemand getraut, so etwas zu machen."

Verschiedene KIK haben den Austausch von Ideen in der Szene erwähnt, die gegenseitige Inspiration. Einige KIK sind starke Tüftler, die an ihren Produkten arbeiten, bis sie etwas ganz Neues hervorbringen. Es gibt auch KIK, die Ideen aus dem Ausland importieren und hier zur Entfaltung bringen. Ein wichtiges Element der Innovation, welches auch in anderen Produktionsbereichen immer wieder festzustellen ist, ist die Zusammenarbeit mit den KundInnen, die Ideen einbringen, wie Produkte anders funktionieren oder anders gestaltet sein könnten und die dann entsprechend angepasst und weiterentwickelt werden.

8.8 Förderung, Kapital und Hindernisse

Staatliche Unterstützung, Wirtschaftsförderung, Preise

Von den 34 KIK sind neun im Verlaufe ihrer Karrieren in den Genuss von Unterstützungen durch die öffentliche Hand gekommen. Sieben davon erhielten Preise (s. unten). Nur drei KIK haben Werkbeiträge oder Stipendien bekommen (z. B. des Bundes für angewandte Kunst). Ein KIK hatte Angestellte aus dem Arbeitslosenprogramm, was der Interviewte auch als staatliche Unterstützung erachtete, genauso wie mehrere KIK, die in gewissen Phasen selber von Arbeitslosengeldern lebten. Die Unterstützung durch die öffentliche Hand für Startups, Existenzgründungen und innovative Kleinstunternehmen im Kulturbereich wird von den KIK als mangelhaft bezeichnet. Eine Wirtschaftsförderung wird von einigen KIK vermisst, andere KIK kennen aber den Ausdruck Wirtschaftsförderung kaum oder wissen nicht, was das mit ihnen zu tun haben könnte. Ein Grund dafür ist, dass sie sich so stark mit ihren Produkten und dem Überleben ihres Unternehmens beschäftigen. Von den in der Filmproduktion tätigen Unternehmen haben alle die schwache staatliche Förderung kritisiert (Die Interviews fanden vor der Volksabstimmung über die Einrichtung einer Filmstiftung von Stadt und Kanton Zürich vom 26.9.2004 statt, sie fand Zustimmung). Zwei KIK haben sich klar gegen staatliche Unterstützung ausgesprochen, da dies für ein Unternehmen, welches auf dem Markt agiere, nicht nötig sei.

Zitate: *„Die Wirtschaftsförderung des Kantons sollte hier wirklich aktiver werden. Die betreiben aber vor allem ... Coaches, die sagen, das und das müsst ihr machen etc. Aber Finanzierung auch von Risiken gibt es nicht." / „Wirtschaftsförderung für Startups gibt es nicht." / „ Als Firmengründer bekomme ich keine Informationen." / „In Deutschland bekommt man Starthilfe." / „Klar würden wir gerne keine Steuern bezahlen und wenn Bundesrat Moritz Leuenberger käme und sagen würde, wir bezahlen zwanzig Leute für ein Jahr, hätten wir nichts dagegen." / „Man bekommt nirgends richtige Informationen. Ämter sind sehr unkooperativ, Informationen sind sehr schlecht.*

Banken erbringen keine guten Dienstleistungen für kleine Unternehmen." /
„Die Schweiz ist ein hartes Pflaster, wenn man kein Geld hat. Wenn man
Geld hat, etabliert ist, wird einem die Hand gereicht." / „Katastrophale Film-
förderung in der Schweiz! Stadt und Kanton Zürich geben jährlich 1,5 Mil-
lionen Franken aus. Die Stadt Wien zwanzig Millionen Franken!"

Sieben befragte KIK sind im Verlauf ihrer Karriere mit Preisen von privaten
(Stiftungen, Sponsoren) und öffentlichen Institutionen ausgezeichnet worden und zwar in den Bereichen Literatur, Design, Mode und Werbung. Dies
zeigt die recht hohe Qualität der Arbeiten der befragten KIK. Von den Preisen überschreitet aber keiner die Summe von Fr. 10'000. Das heisst, finanziell gesehen handelt es sich bei diesen um Zustupfe, die vielleicht eine neue
Anschaffung ermöglichen, die Begleichung von Schulden, ev. sogar Ferien.
Die Preise haben aber symbolische Kraft, wie die PreisträgerInnen sagten,
indem sie die Öffentlichkeit und Fachkreise auf ihre Arbeiten aufmerksam
machen.

Kapitalbeschaffung

Viele KIK, insbesondere zu Beginn der unternehmerischen Karrieren, versuchen wenn immer möglich die Kapitalbeschaffung über Freunde und Verwandte zu realisieren. Auch dabei können Preise und Auszeichnungen helfen,
da Freunde und Verwandte dadurch erkennen, dass es sich bei den Tätigkeiten
der KIK um mehr als einen Spleen handelt. Mehrere KIK realisieren die Kapitalbeschaffung über ihre Aktiengesellschaften. Grosse Mühe bekunden die KIK
mit den Banken, da die Chancen einen Kredit zu bekommen fast null sind.
Sechs KIK haben erfolglos versucht, Geld bei einer Bank aufzunehmen.

Zitate: „Was schlecht ist: Banken. Wir haben Phasen mit grossem Finanzbedarf.
Banken helfen nicht. Staat sowieso nicht. Ausserdem ist die Zahlungs-
moral bei Kanton und Stadt Zürich bei Aufträgen äusserst schlecht!" /
„Finanzielle Unterstützung durch Banken, das ist eine Illusion. Zinsen
sind so hoch, dass es cooler ist, das Geld von Freunden aufzunehmen." /
„Es brauchte immer wieder Geld, um weiter zu existieren. Ich wäre schon
oft Konkurs gegangen, wenn ich nicht diesen finanziellen Hintergrund
gehabt hätte. Ich habe nie einen Kurs belegt: wie mache ich mich selbst-

ständig? Ich kann von Glück reden. Es ist etwas vom ekligsten und auch einer der Hauptgründe, warum man immer wieder bereut, dass man überhaupt angefangen hat."

Endogene Restriktionen und Hindernisse

Grösste Mühe machen einem Teil der KIK betriebliche Dinge wie Administration, Akquisition und Verkauf. Sie fühlen sich durch diese Tätigkeiten in ihrem gestalterischen Arbeiten und Freiraum eingeengt.

Zitate: *„Ist nicht eine Behinderung von aussen. Verwaltung und so, das machen wir einfach nicht gerne." / „Die gestalterische Arbeit ist nur etwa 30 %, zuviel Administration und Organisation." / „Ich bräuchte einen Manager – das würde mich aber wahrscheinlich zu stark einschränken." / „Wir haben im Hinterkopf, dass wir vielleicht jemand finden, der diesen Verkauf vorantreibt, obwohl das sehr schwierig ist, weil wir nicht einfach Geld übrig haben, um den zu zahlen. Es müsste jemand sein, der Engagement mitbringt, total interessiert ist." / „Ich habe es schon manchmal bereut. Immer wieder. Und auch immer wieder nicht. Buchhaltung wollte ich schon gar nie selber machen, das wäre tödlich."*

Die Grösse eines Unternehmens kann für ein KIK von Nachteil sein, was von drei Befragten geäussert wurde. Beim Einkauf von Rohstoffen und Materialien, die für die Produktion notwendig sind, können KIK nicht die diejenigen Mengen beziehen, die nötig wären, um einen günstigen Preis zu bezahlen, oder sie bekommen gewisse Produkte erst gar nicht. Auch kommt es vor, dass ein KIK Mühe hat, sich in Preisfragen gegenüber Zulieferern durchzusetzen. Kleinstunternehmen werden von Zulieferern oft zweitklassig behandelt. Dies betrifft nicht nur den Preis, sondern auch die Pünktlichkeit. Die KIK sind den Zulieferern umsatzmässig zu wenig wichtig. Diese wollen möglichst viele Grossabnehmer.

Zitate: *„Bevor Du nicht eine bestimmte Grösse hast, ist es sehr schwierig von den Lieferanten pünktlich beliefert zu werden." / „Wenn du mal einen Wunsch hast, musst du gleich so und so viel färben lassen und dann hockst auf den 100kg Rohmaterial und so."*

Weitere grosse Schwierigkeiten, mit denen KIK konfrontiert sind, sind die Existenzangst, die unsichere Zukunft und natürlich die Arbeitsbelastung.

Zitate: „Existenzängste. Kann ich die Rechnungen bezahlen, Krankenkasse etc.? Unsicherheit, ob es klappt. Mit sehr wenig Geld funktionieren müssen, zum Glück ist nie etwas passiert, Krankheit etc. Konnte auch nie in die Ferien. Hatte es einfach zu streng. Das ist es immer noch." / „Es ist mir eigentlich alles zuviel. Ich mache alles von der Werbung, über die Organisation von Anlässen und Präsentationen, Administration (ausser Buchhaltung), Betreibungen usw. Ein Allround-Job. Rund um die Uhr."

Gesetzliche Einschränkungen

Im Grossen und Ganzen fühlen sich die KIK nicht durch Gesetze eingeschränkt. Es wurden zweimal die Mehrwertsteuer als unangenehme Begleiterscheinung des Unternehmertums erwähnt, sowie dreimal die Probleme, die sich bei den Bewilligungen für ausländische Arbeitskräfte ergeben. Als Einschränkung wird von vier ladenbesitzenden KIK das Verbot empfunden Tische, Stühle oder Ware auf das Trottoir zu stellen. Ein KIK bezeichnete den Papierkram mit dem Zoll als sehr mühsam, wobei die Nichtmitgliedschaft der Schweiz bei der EU sich diesbezüglich besonders für die Modebranche ungünstig auswirke. Die Förderung von Kleinstunternehmen oder von Jungunternehmen ist nie ein Thema, sie wird als inexistent wahrgenommen. Es gibt vielmehr eine Kultur des Selberanpackens, des alternativen Unternehmertums, welche seine Wurzeln in der Subkultur der 1980er Jahre hat:

Zitate: „Zürich ist schon ein Ort, wo auch viel passiert, wo die Leute finden, das probier ich jetzt, sagen, ich mache das und das auf, ein Geschäft oder so. Und ich glaube, hier hat man auch mehr Möglichkeiten, weil es hier eine Kultur dafür gibt." / „Die Vielfalt und Dichte ist genial. / Es gibt eine unternehmerische Kultur, selber machen, aus der Subkultur." / „Das AJZ (gemeint ist jenes in Biel, welches bis heute betrieben wird, Anm. d. Verf.) war lange wirklich autonom, dort lernte ich Verantwortung zu übernehmen und so war das im Wohlgroth auch ... Es war ein Keim für Kleinunternehmertum."

8.9 Perspektiven, Wünsche und Träume

Die Wünsche und Träume der befragten UnternehmerInnen hängen zum einen mit den Restriktionen zusammen, das heisst die Wünsche beziehen sich auf die Beseitigung der Restriktionen, ob diese nun gesetzlicher, finanzieller oder betrieblicher Natur sind. Zum andern werden auch Wünsche geäussert, die sich auf die künftige Entwicklung der KIK beziehen.

Perspektiven

Die Unternehmen wurden nach ihren Perspektiven befragt, danach, wie sich ihre Unternehmen in naher Zukunft in Bezug auf Beschäftigung, Umsatz und Absatz entwickeln werden. Das Antwortenspektrum lässt sich in fünf Kategorien einteilen. Für die Befragten war es zum Teil nicht einfach, Perspektiven und Ziele respektive Wünsche auseinander zu halten. Perspektiven sollten Auskunft über künftige Massnahmen und Entwicklungen, eingeleitete Massnahmen geben können, während die Ziele und Wünsche auch im Bereich des Unmöglichen liegen können. Es ist aber nicht für alle Unternehmen einfach, die Zukunft einzuschätzen.

Kategorie „Schwierig zu sagen"

In der Kategorie „schwierig zu sagen" sind die Unternehmen, die nicht richtig wissen, wie es weitergeht. Es ist für sie nicht absehbar, ob genügend Aufträge hereinkommen, ob der Markt sich für ihre Produkte und Dienstleistungen positiv entwickelt oder wie sich die Konkurrenz verhält.

Zitate: „Wir hätten gerne grössere Aufträge, längerfristige. Nicht nur die von Fr. 2–3'000. Das Risiko ist sehr gross, dass man sich in der Offerte verschätzt, dass die Herstellung eines speziellen Produktes mehr kostet als gedacht." / „Ich hatte mir mal vorgenommen, das zwei Jahre zu machen und wenn dann immer noch nichts ist oder alles hinten drein hinkt, dann muss ich nochmals über die Bücher. Ich mache es sehr gern, es ist ein lässiges Projekt. Es ist einfach alles unsicher." / „Wenn man in der Schweiz den Hauptmarkt hat, dann ist es immer gut, wenn man international präsent ist.

Das wäre ein nächster Schritt, dass wir in einer grossen Stadt im Ausland einen Laden machen. Aber das ist noch Wunsch."

Kategorie „Luxusverzicht in der Rezession"

Einige Unternehmen sind stärker von der Konjunktur abhängig als andere oder bekommen die Kauflust der Bevölkerung schneller zu spüren als andere. Dies betrifft insbesondere Unternehmen, die Luxusgüter herstellen, bei denen KonsumentInnen bei knapper werdenden Haushaltsbudgets einen Kaufentscheid ernsthaft prüfen.

Zitate: „Es geht wahrscheinlich nicht mehr so lange bis es sich totläuft. Im Moment ist Krisenzeit, da ist unser Laden anfällig." / „Die Zeiten sind nicht so rosig im Moment. Und wir müssen wahrscheinlich wieder mit weniger zufrieden sein in den nächsten Jahren, versuchen den Markt zu halten."

Kategorie „Konsolidieren"

Im Prinzip ist die Perspektive der Konsolidierung ein Wunsch und ein Ausdruck für die unsichere Situation, in der die meisten der befragten UnternehmerInnen arbeiten. Für etwas mehr als die Hälfte der KIK ist die Konsolidierung ein zentrales Anliegen. Dies kann so verstanden werden, dass die KIK mit dem bisher Erreichten zufrieden sind und eine unsichere Etablierung der Unternehmen möglich wurde, auf der nun weiter aufgebaut werden soll.

Zitate: „Weitermachen, habe guten Stock, will dranbleiben. Es hat gut begonnen." / „Kein Wachstum vorgesehen, der Markt ist schnelllebig." / „Ein gesundes Team behalten und wenn nötig Freelancer beiziehen." / „Wir arbeiten einfach weiter, bleiben an den interessanten Projekten, an Ideen, Werten. Konsolidierung anstreben." / „Wir wollen nicht grösser werden als zehn Mitarbeiter. Weil wir die Kunden selber bedienen können wollen." / „Es läuft immer ein bisschen besser, so soll es weitergehen. Was aber ist, wenn es Maag nicht mehr gibt, weiss ich nicht."

Kategorie „Zuversicht"

Die Kategorie „Zuversicht" ist mit der Kategorie „Konsolidieren" vergleichbar. Hier sind vor allem jene Unternehmen eingereiht, die ihr Gründungsdatum nach 1998 haben und trotz grosser Herausforderungen noch Mut und Wille zeigen.

Zitate: „Umsatz zulegen, jemanden anstellen, wieder mal zu den Produzenten gehen, nach Spanien und auf Weingüter. Zunehmend kommen Anfragen zu mir. Früher musste immer ich anfragen." / „Aus dem Laden möchte ich von der Idee her ein Austausch-/Kulturzentrum machen, mehr als ein Geschäft. Eine Drehscheibe. Die Leute kommen her und sind immer willkommen, Austausch für Kultur, für MusikerInnen." / „Das Ziel ist sicher weitermachen und immer wieder einen Schritt. Also wir sind wirklich sehr langsam, weil wir keine Finanzen haben im Hintergrund. aber wir haben immer noch Mumm und Lust."

Kategorie „Aufbruch und Wachstum"

Zitate: „Wir wollen in die Werbung investieren und wachsen, mehr Exporte." / „Zusätzliche Festangestellte, neue Projekte, zum Beispiel ein Quartierradio in Zürich-West." / „Neues Lokal, zehn Angestellte." / „Im internationalen Rahmen reüssieren, so dass wir nicht mehr auf die lokalen und nationalen Geschichten angewiesen sind." / „Mit dem Beitritt Chinas zur WTO fallen die Handelshemmnisse weg und dann wird es interessant für europäische Firmen, vor allem im Textilbereich. Da will ich den Fuss rein halten." / „Der Tonbereich wird sich sicher ausdehnen. Es wird drei Tonstudio-Komplexe geben." / „Noch ein bis zwei Angestellte, dann rentiert es."

Wünsche

Es wurden verschiedene Wünsche an offizielle und andere Stellen geäussert. Sie betreffen die Wirtschaftsförderung, die Bewilligungspraxis und die Gewerbepolizei. Aber auch Wünsche in Bezug auf Abbau von Hindernissen im eigenen Bereich wurden erwähnt.

Zitate: „Die Wirtschaftsförderung des Kantons sollte hier wirklich aktiver werden." / „Das wünschen wir, dass das schneller gemacht wird, diese Erlaubnis- und Bewilligungspraxis." / „Ich wünsche mir von der Stadt, dass die blöden Schikanen von Gewerbepolizisten aufhören. Einerseits stehen Dealer an der Ecke und werden nicht verhaftet, andererseits kommt dauernd ein Gewerbepolizist, der unser Schild an die Hausmauer zurückschubst." / „Ich hätte gerne finanzielle Absicherung, Ferien, Macht und Verfügungsgewalt, ich wäre gerne am längeren Ende, möchte nicht ausgeliefert sein. Mehr Status haben zum Beispiel für den Umgang mit den Druckereien."

Träume

Nachdem die UnternehmerInnen bereits zu ihren Träumen im Zusammenhang mit ihren Unternehmen gefragt wurden (vgl. Kapitel 8.2), wurden zum Schluss des Interviews Träume im Allgemeinen angesprochen. Die Frage wurde meist knapp beantwortet, wenn überhaupt.

Zitat: „Ferien."

8.10 Fazit

Innovation im kulturellen Sektor ist mit verschiedensten Rahmenbedingungen verbunden, die die Produktion von Zeichen erst möglich machen. Darunter sind besonders Netzwerke und Räume hervorzuheben. Eine wichtige Voraussetzung für funktionierende Netzwerke ist die räumliche Nähe, die auch nicht geplante Zusammentreffen und nonverbale Kommunikation ermöglicht, die im Zusammenhang mit Zeichenproduktion und -verbreitung äusserst wichtig ist. Grosse Potenziale an räumlich geballten Netzwerken bieten sich in Liegenschaften und Quartieren, so dass sich Cluster bilden können wie zum Beispiel im Kreis 5. Das heisst, die Produktion von immer neuen Zeichen wird durch ein Netz sozialer Beziehungen, dem sozialen Kapital sowie von bestimmten räumlichen Voraussetzungen begünstigt. Zu diesen räumlichen Voraussetzungen zählen günstige Mieten, ein anregendes Umfeld und Clustering in bestimmten Quartieren. Die Clusterbildung in der Zürcher Kulturwirtschaft erfolgt nicht im Sinne von Pérroux rund um Unités Motrices. Im Gegenteil: Transnationale Kulturunternehmen wie das Musikunternehmen Universal suchen die Nähe zu den Kleinstunternehmen, die sich als Pioniere in den coolen Stadtteilen angesiedelt haben und als Zulieferer neuer Trends und Ideen dienen.

In Industriebrachen ergab sich ab Ende der 1980er Jahre die Gelegenheit Räume als Zwischennutzungen zu beziehen. Diese boten ideale Voraussetzungen für Ateliers, Werkstätten und Büros. So sind kleinräumige Cluster von KIK einerseits in den ehemaligen Industriearealen entstanden, andererseits auch in Büro- und Lagerhäusern insbesondere in den ehemaligen Arbeiterquartieren der Kreise 4 und 5. Es gibt Liegenschaften, die vor allem von einer Branche belegt sind (zum Beispiel von Unternehmen im Filmwesen), die meisten sind jedoch bezüglich der kreativen und innovativen Tätigkeiten stark durchmischt. KIK zeichnen sich durch Strategien aus, die Arbeitsräume immer wieder neu anzueignen vermochten, was insbesondere auf die rezessionsgeprägten 1990er Jahre zutrifft. Zum Teil gehen diese Raumaneignungsstrategien auf die soziale Bewegung der 1980er Jahre und die darauf folgende Hausbesetzungsbewegung zurück. Sie gehen Hand in Hand mit der Aneignung von kulturellen Freiräumen für Konzerte, Parties usw.

Fast alle befragten KIK arbeiten in Räumen mit günstigen oder sogar sehr günstigen Mieten. Dies ist eine zentrale Voraussetzung für die Brutphase eines Unternehmens, welche sich im Kultursektor über mehrere Jahre erstrecken kann. Steigen die Mietzinsen ist die Gefahr der Verdrängung gegeben, die in die Aufgabe des Unternehmens münden kann oder in den Umzug in ein anderes, weniger attraktives Quartier. Solche Mechanismen spielen in den Entwicklungsgebieten und werden sich mit dem Anziehen der Konjunktur verstärken. Die kleinräumigen Cluster in einzelnen Liegenschaften ergänzen die Vernetzung, die zur gegenseitigen Inspiration und Zeichenproduktion führt. Die in Cluster-Liegenschaften domizilierten KIK äussern durchwegs eine sehr hohe Zufriedenheit mit ihrem Arbeitsort und ihrer Arbeitsumgebung, die auch sozial zu verstehen ist. So zeigt sich die Qualität dieser Liegenschaften als Interaktions- und Lernorte (ILO) gemäss Rémy und Voyé. Ebenfalls ein wichtiger ILO ist die Hochschule für Gestaltung und Kunst, aus der sehr viele KIK hervorgehen, und die für neue wichtige Impulse in der Kulturwirtschaft sorgt.

Die Quartiere spielen wie im Theorieteil beschrieben (vgl. Kapitel 5) auch in Zürich eine wichtige Rolle für die Kulturwirtschaft. Es bestätigt sich dabei das durch die statistische Auswertung (vgl. Kapitel 7.5) gewonnene Bild der In-Quartiere, allen voran der Kreise 5 und 8, zudem auch von 4 und 9. Distinktion und Zugehörigkeit erweisen sich als wesentliche Elemente für das Wirken in besagten Quartieren. Die Kreise 4 und vor allem 5 sind die neuen coolen Quartiere. KIK schätzen Zentralität bezüglich der Innenstadt und dem Mitten-drin-sein, die anregende Umgebung in den genannten Quartieren (Läden, Restaurants, Bars, Konzertlokale usw.), das Image als kreatives Quartier, die daraus hervorgehende Attraktivität für die MitarbeiterInnen, sowie die arbeits- oder projektbezogenen Möglichkeiten, die sich durch die entstandenen Cluster und Netzwerke ergeben.

KIK haben eine hochgradig intrinsisch begründete Motivation in Bezug auf ihr Unternehmen. Es zeigt sich eine Kultur des Unternehmertums, wie sie vor zwanzig Jahren noch nicht vorstellbar war. Sie ist stark verbunden mit Werten wie Eigeninitiative, Selbermachen und Risikobereitschaft – Eigenschaften, die in der Schweiz wenig Tradition haben. Sie resultieren zum Teil aus der Bewegung von 1980, als Selbsthilfe für kulturelle Entfaltung eine Erfordernis der Zeit war und sich in Raumaneignungen durch Besetzungen oder Zwischennutzungen äusserte.

KIK profitieren von mehreren Absatzfaktoren. Dazu zählt ein hohes Designbewusstsein in Zürich. Sowohl Unternehmen als auch private KundInnen legen Wert auf gutes und besonderes Design. Eine kaufkräftige Bevölkerung ist auch bereit, sich Produkte von KIK zu leisten, die unter den gegebenen Bedingungen oft hochpreisig sind. Das in Zürich weitentwickelte Partyleben, gemischt mit Szene, Avantgarde und Subkultur, bringt den KIK eine Nachfrage und ermöglicht ihnen aussergewöhnliche, innovative und coole Produkte herzustellen.

Förderung und Unterstützung von KIK durch die öffentliche Hand oder private Akteure müssen als minimal oder nicht vorhanden bezeichnet werden. Die Kapitalbeschaffung ist eine grosse Schwierigkeit. Obwohl viele der befragten KIK ein gewisses Renommé erreicht haben, in Prospekten und Zeitungsberichten im In- und Ausland beschrieben werden und so für Zürich werben, kommen sie nur auf sehr kleine Einkommen. Es zeigt sich darin die hochgradig flexibilisierte Seite der Kulturwirtschaft, die zu selbstausbeuterischen und prekären Arbeitsverhältnissen neigt (vgl. Tabelle 14).

KIK sind nicht nur mit ihren Quartieren, sondern auch mit der Stadt Zürich verbunden. Dies äussert sich einerseits in einer relativ ausgeprägten Distinktion gegenüber dem Stadtumland wie auch gegenüber anderen Schweizer Städten. Sogar bei internationalen Vergleichen sind KIK nicht zurückhaltend und preisen Zürichs Vorzüge. Andererseits sind sich die KIK diverser Standortfaktoren oder Standortvorteile bewusst. Dazu gehören das Vorhandensein qualifizierter Arbeitskräfte und die Möglichkeit in Netzwerken zu arbeiten. Lokalisationsvorteile ergeben sich durch die zunehmende Ballung von Kulturbranchen und -sparten, wie sie auch in Kapitel 7 festgestellt werden konnten. Weiter werden Kultur- und Freizeitangebote geschätzt. Das heisst KIK-UnternehmerInnen schätzen das urbane Setting genauso wie die hochqualifizierten Arbeitskräfte anderer Branchen. Zürichs Grösse wird ebenfalls als positiver Faktor herausgestrichen. KIK verstehen das neue urbane Zürich als Ort der Avantgarde, wo vieles möglich ist und wo die Lebensqualität hoch ist. Für KIK ist es interessant geworden, in Zürich zu wirken und zu leben. Zürich ist ein Innovationsraum für Kultur mit einer grossen Breite von Möglichkeiten, subkulturellen und kulturellen Räumen und einem attraktiven urbanen Setting, welches nicht nur von den KIK wesentlich mitgeprägt wird, sondern das sie auch selber attraktiv finden. Die Kunst- und Kreativszene hat ein eigenständiges Profil. Das sozialräumliche Potenzial ist auch in Bezug auf das Wachstum der Kulturwirtschaft gross.

Kapitel 9

Schlussfolgerungen

Auf der Grundlage einer regionalwissenschaftlichen Auseinandersetzung mit dem Thema Kultur wurden in dieser Arbeit Fragen der kulturellen Innovation, der Entwicklung und den Grössenordnungen des Kultursektors sowie der Bedeutung von kreativen innovativen Kleinstunternehmen in der Stadt Zürich behandelt. Zu vielen Befunden wurde am Ende der einzelnen Kapitel ein Fazit gezogen. Im Folgenden werden entsprechend den der Arbeit zugrunde gelegten Prozessen der Ökonomisierung der Kultur und der Kulturalisierung der Ökonomie die Ergebnisse der empirischen Untersuchungen theoretisch eingeordnet und mit dem Aufzeigen einiger Ambivalenzen kulturökonomischer Entwicklungen mit dem Wesen und allfälligen Förderpotenzialen von Innovation in der Kulturwirtschaft in Zusammenhang gebracht.

9.1 Ökonomisierung der Kultur

Im Zuge der Transformation der städtischen Ökonomie hat ein Ökonomisierungsprozess der Kultur stattgefunden (vgl. Kapitel 3). Davon sind steigende Anteile von in Kulturbereichen beschäftigten Personen ein Ausdruck. Diese Entwicklungen konnten für Zürich vollumfänglich bestätigt werden. Die Beschäftigung im Kultursektor der Stadt Zürich hat von 1995 bis 2001 um 10,2 % zugenommen. Die Beschäftigung im Kultursektor beträgt im Jahr 2001 8,4 % der Gesamtbeschäftigung, welche von 1995 bis 2001 um 7 % gewachsen ist. Die Zürcher Kulturwirtschaft ist damit zusammen mit dem Finanzsektor, der Softwareentwicklung, den Unternehmensberatungen und dem Bildungs- und Gesundheitswesen für das Wachstum der Gesamtbeschäftigung mitverantwortlich. Der Kultursektor ist bereits von 1995 bis 1998 gewachsen, als die Gesamtbeschäftigung noch stagnierte. Zunahmen von über 100 % in der Periode 1995 bis 1998 sind in der Film- und Videofilmherstellung, den Diskotheken, der Grafik und bei den Bars festzustellen. Weitere Zunahmen finden sich in der Werbewirtschaft, in der Architektur und bei den Restaurants. Die Beschäftigung in den Printmedien hat leicht abgenommen. Sie bilden aber mit über 11'000 Beschäftigten immer noch die grösste Sparte im Kultursektor. Ein Vergleich mit dem Berliner Kultursektor zeigt auch, dass diese Sparte in Zürich verhältnismässig gross ist, die Film- und TV-Branche aber klein. Dies wirft auch ein Licht auf die Schweizer Film- und TV-Branche. Denn diese konzentriert sich zwar mit über 34 % aller Beschäftigten in Zürich, ist jedoch anteilsmässig viel kleiner als jene Berlins. Eine Verbesserung der Situation kann mit der neu geschaffenen Filmstiftung von Stadt und Kanton Zürich, deren Einrichtung vom Volk 2004 zugestimmt wurde, erhofft werden.

Vergleichbar mit anderen internationalen Wirtschaftszentren werden kreative Arbeitskräfte von Zürich angezogen. Wie in anderen Ländern haben im Kultursektor der Schweiz Konzentrationsprozesse stattgefunden. Gegenüber den Entwicklungen in der Schweiz hat der Kultursektor der Stadt Zürich eine Schrittmacherrolle. Der Anteil der Beschäftigten im Kultursektor in Zürich in Bezug auf die Gesamtbeschäftigung im Kultursektor in der Schweiz ist von 1995 bis 2001 von 12,6 % auf 13,9 % gestiegen. Der Kultursektor in der Schweiz entwickelte sich deutlich weniger dynamisch als in der Stadt Zürich. Von 1995 bis 1998 war die Entwicklung mit 2,8 % Beschäftigungsverlusten gar rückläufig. Erst von 1998 bis 2001 stellte sich eine Zunahme in der Beschäftigung von 3,4 % ein. Jeder oder jede siebte Beschäftigte im Kultursektor der Schweiz arbeitet in der Stadt Zürich. Bezogen auf alle Beschäftigten sind es jeder oder jede elfte Beschäftigte in der Schweiz, so dass hier ein Standortquotient von 1,5 resultiert (vgl. Kapitel 7.7). In der Grafikbranche beträgt der Standortquotient gar 2,1. In fast allen Sparten sind die Anteile Zürichs an der Schweiz in der Beschäftigung gewachsen. Diese Feststellungen sind interessant in Bezug auf die Innovationskraft und insbesondere die Rahmenbedingungen und Voraussetzungen für kulturelle Innovation in der Stadt Zürich.

Die Entwicklungen in der Kulturwirtschaft haben eine Verschiebung der Bedeutung der Zürcher Stadtkreise mit sich gebracht. Grosse Zunahmen an Unternehmen und Beschäftigten sind in den ehemaligen Arbeiterquartieren und Entwicklungsgebieten in Aussersihl und Zürich-West (Kreise 3, 4, 5), in neuerer Zeit auch in den Industriebrachen des Kreis 9 (Altstetten) zu finden. Die Kreise 1 und 8 haben ebenfalls an Beschäftigung gewonnen. Hingegen haben im traditionellerweise freiberuflichen Kreis 7 die kulturwirtschaftlich Tätigen deutlich abgenommen. Damit zeigt sich, dass die Zeichenproduktion direkt mit den In-Quartieren, den coolen Stadtteilen verbunden ist, in denen sich neue Ausgehmöglichkeiten entwickelt haben, die Pioniere der Kreativindustrie und die KünstlerInnen sich niedergelassen haben und wo die Subkulturen schon seit längerem präsent sind. Die Feststellungen von Klein (2001), dass die Subkultur für die Kulturwirtschaft und für die Kulturalisierung der Ökonomie sehr wichtig geworden ist, bestätigen sich damit ebenfalls. Mit den Zunahmen und Konzentrationen von Branchen wie Grafik, Werbung und Filmwesen in einzelnen Stadtkreisen, kann von Clusterbildungen und innovativen Milieus gesprochen werden. Aus diesen haben sich spezifisches Know-how und eine innovative Formensprache entwickelt, welche den internationalen Vergleich nicht scheuen müssen, sei dies in der Grafikbranche, im Filmwesen oder in der Mode.

Das Produktionssystem der Kulturwirtschaft ist von globalen und lokalen Akteuren geprägt. Auf der einen Seite stehen die transnationalen Unternehmen der Medien-, Musik- und Werbeindustrie, die auf internationaler Ebene Kultur einsetzen und Absatzmärkte bedienen, auf der anderen Seite die in den Städten und deren Quartieren agierenden Kleinstunternehmen, die in Szenen und Clustern Innovationen hervorbringen und Kreativität in ökonomische Abläufe einbringen. Der Zürcher Kultursektor weist Charakteristiken eines innovativen Milieus (vgl. Kapitel 2.2) auf, wobei sich verschiedene Kulturszenen und -sparten überlagern. Er zeichnet sich durch ein lokalisiertes Produktionssystem aus, welches unterschiedlich lange Wertschöpfungsketten aufweist und heterogener als ein Milieu im Hightech-Sektor ist.

Das Produktionssystem des Zürcher Kultursektors ist hochgradig flexibilisiert, ein typisches Merkmal der Kulturwirtschaft. Über 38 % aller Unternehmen des Kultursektors sind Kleinstunternehmen mit neun und weniger Beschäftigten. Das ist fast doppelt so viel wie im Durchschnitt aller Branchen. Die kreativen innovativen Kleinstunternehmen zeichnen sich durch hohe Flexibilität aus, formelle und informelle Zusammenarbeiten mit unterschiedlichsten Partnern sind an der Tagesordnung. Die oft unsichere Auftragslage wird mit dem Beizug von Freelancern ausgeglichen. Die flexible Spezialisierung in der Kulturwirtschaft zeigt allgemein eher andere Muster im Produkt- und Innovationszyklus als in anderen Wirtschaftsbereichen (vgl. Kapitel 2.5). Die kreativen innovativen Kleinstunternehmen bleiben darauf spezialisiert kulturelle Innovationen hervorzubringen. Als Brutstätten kultureller Innovation erleben sie eher wenig Wachstum und konzentrieren sich auf die Rolle als Zulieferer von Zeichen und Codes im regionalen Produktionssystem, von der grössere Unternehmen profitieren. Zudem unterliegt die Kulturwirtschaft schnellen Veränderungen, indem sie Modeströmungen, Trends und sich ändernden Geschmackspräferenzen ausgesetzt ist. Der Prozess der kreativen Zerstörung ist hier besonders schnell, was permanent neue Innovationen im Bereich von Zeichen und Codes bedeutet.

9.2 Kulturalisierung der Ökonomie

In Bezug auf die Entwicklung und den Stellenwert der symbolischen Ökonomie und Imageproduktion können aufgrund von Dokumentenauswertungen und den Aussagen in der Befragung der kreativen innovativen Kleinstunternehmen folgende Feststellungen gemacht werden: Zürich positioniert sich in der Konkurrenz der Städte neben anderen Standortfaktoren mit jenem der lebendigen Trendstadt mit einem breiten und qualitativ hochstehenden kulturellen Angebot. Dieses Image wird sowohl im Standortmarketing als auch in der Tourismuspromotion vermittelt. Dieses Bild findet auch in den Medien seine Entsprechung. Nicht nur in den heimischen Zeitungen und Zeitschriften wird Zürich als Party- und Lifestylestadt mit hoher Lebensqualität angepriesen, sondern auch im Ausland, wo 1999 rund 900 Medienbeiträge über Zürich erschienen, die das Image der Stadt als „jung, originell und partyversessen statt Needlepark, Business und Zwingli" darstellen, wie die NZZ am 17.1.2000 berichtete. Das urbane Setting Zürichs ist attraktiv. Dies wird auch von fast allen befragten KIK bestätigt. Zürich ist im Unterschied zur Vergangenheit alles andere als provinziell. Es hat die kulturellen Entwicklungen anderer Städte von Bedeutung in der Weltwirtschaft nachvollzogen. Dabei musste aber eine urbane soziale Bewegung 1980 mit heftigen gesellschaftlichen Auseinandersetzungen nachhelfen. Die Bedeutung der Bewegung von 1980 für die kulturelle Entwicklung geht über diejenige eines Katalysators hinaus, indem sie nicht nur kulturelle Vielfalt selber initiierte und Investitionen der öffentlichen Hand auslöste, zum Beispiel in das alternative Kulturzentrum Rote Fabrik, welches seit Jahren zum urbanen

Setting und zur Standortpromotion gehört wie die anderen Zürcher Kultur-häuser, sondern auch einen gesellschaftlichen Wandel mit internationa-ler Öffnung. Zürich ist heute eine Partystadt, die mit der neuen Musikrich-tung Techno ab 1990 in der Kanzleiturnhalle, in der Roten Fabrik und in den Industriebrachen die bereits vorhandene subkulturelle Tanz- und Disko-Kul-tur zur Blüte brachte.

Im Unterschied zu vielen anderen Städten hat Zürich bis heute keinen Eye-Catcher, das heisst keinen Bau mit aufsehenerregender Architektur im Stile eines Guggenheim-Museums in Bilbao oder eines Kongress- und Kultur-zentrums in Luzern. Der Stadtteil Zürich-West mit seiner industriellen und subkulturellen Vergangenheit und dem Flagschiffprojekt des Schauspiel-hauses in der ehemaligen Schiffbauhalle von Sulzer-Escher-Wyss, hat in die-sem Sinne die Rolle eines Lückenbüssers zu erfüllen. Als neues Ausgehquar-tier und Kulturmeile erweist sich der Kreis 5 seit einigen Jahren als Quartier der vielen Möglichkeiten und urbanen Qualitäten für Freizeit, Kultur und Ver-gnügen. Die kreativen innovativen Kleinstunternehmen hatten hier Schritt-macherfunktion. Ihre Läden und Ateliers, die Selfmade-Kultur usw. werteten das Quartier auf und zogen weitere Investitionen, zum Beispiel das Migros-Museum und zunehmend exklusivere Lokalitäten wie den Club *Säulenhalle* oder das *Hard One* nach sich. KIK im Kreis 5 fühlen sich durch diese Entwick-lungen bedroht, da steigende Boden- und Mietpreise ihre Unternehmen emp-findlich treffen können und von den Gentrificationprozessen nicht nur ihre Arbeitsräume, sondern auch ihre Wohnsituation betroffen ist. Neben den individuellen Effekten ergeben sich durch Verdrängungsmechanismen Ver-luste im sozialen Kapital der kulturellen Innovation und Produktion.

In der Ökonomie der Zeichen spielen die Quartiere in verschiedener Hinsicht eine herausragende Rolle. Kulturelle Innovation hat mit Zeichen zu tun, die gesellschaftliche Zuordnungen ermöglichen. Sie entstehen in Freiräumen, Clustern, Szenen und werden zu Moden – von der Subkultur zum Mainstream. Sie durchlaufen wie andere Produkte einen Innovations-zyklus. Zeichenproduktion wird in Szenen und Clustern der ehemaligen Arbeiterviertel in Aussersihl und in den Industriebrachen vorangetrieben. In Clubs, Konzertlokalen, Restaurants und Bars sowie auf der Strasse wer-den sie getragen und gezeigt. Accessoires vermitteln Distinktion und Zuge-hörigkeit. Oft sind es Dinge, die andernorts nicht oder noch nicht getragen werden, was genau kulturelle Innovation und Avantgarde im Bereich der Kulturwirtschaft auszeichnet. Die Absatzmärkte der KIK sind zuerst in den

Städten zu finden, da ihre Produkte zur Avantgarde gehören und als erstes nur im kleinen Kreise von städtischen Szenen erworben werden bis sie zum trendigen Produkt werden. Die Dichte und Mischung von Räumen, die die Anwendung neuer Zeichen ermöglichen, sind in den citynahen Quartieren am grössten und damit auch der Informations- und Zeichenaustausch. Mit der Kulturalisierung der Ökonomie und der Ökonomisierung der Kultur sind immer mehr kreative innovative Kleinstunternehmen entstanden, die sich in den genannten Quartieren niederlassen. Im Kreis 5 fand eine sehr starke Entwicklung mit einer Zunahme von 68 % bei den Kleinstunternehmen im Kultursektor zwischen 1995 und 2001 statt. In der Grafikbranche vervierfachten sich im gleichen Zeitraum die Arbeitsstätten.

Quartiere durchlaufen unterschiedliche Stadien der Symbolik und Repräsentation. Dadurch, dass sie cool werden, erhalten sie in Bezug auf soziale und territoriale Zugehörigkeiten neue Bedeutungen. Anfängliche Szenen von Gleichgesinnten und Pionieren, die in kulturellen Unternehmungen von Investitionen ins Soziale geprägt waren und damit von Subkultur durch Distinktion gegenüber dem Mainstream und Produktion von den Dingen, die etwas andersartig sind, werden abgelöst oder ergänzt von Unternehmen, die wissen, dass ihre Kreativität in den coolen Quartieren angeregt wird. Die Repräsentation gelingt mit der Adresse, die den KundInnen zu verstehen gibt, dass man durch die Anwesenheit im Trendquartier bei den neuesten Entwicklungen und Trends vorne mit dabei ist. So gibt es KIK, die bewusst aus dem Umfeld von Subkultur und dem Image des coolen Quartiers schöpfen und damit die Funktion von Trendscouts erfüllen. Diese Prozesse können sich überlagern, solange genügend Räume zur Erneuerung, das heisst Innovation von nichtkapitalisierter Zeichenproduktion zur Verfügung stehen. Eine Verknappung des Raumangebotes aufgrund von Umnutzungen oder Boden-, respektive Mietpreisanstiege kann sich aber negativ auf die kulturwirtschaftliche Innovationskraft in Zürich auswirken.

Zur Bildung von innovativen Milieus im Zürcher Kultursektor können spezifische Voraussetzungen angeführt werden. Es sind dies insbesondere räumliche und sozialräumliche Rahmenbedingungen. Erstens sind geeignete Räumlichkeiten zu nennen, wie sie die Aktivitäten vieler KIK in Werkstätten und Ateliers erfordern. Diese müssen zu günstigen Mietbedingungen belegt werden können. Viele KIK sind in Industriebrachen entstanden, die heute sogenannte Entwicklungsgebiete sind. Mit geringen Fixkosten, nicht vorgefertigten Räumlichkeiten und dem Image des Aussergewöhnlichen boten sie ideale Voraussetzungen für Startups im Bereich der Kulturwirtschaft. Zweitens müssen sie in einer geeigneten Umgebung, wie coolen Quartieren oder Industriebrachen, liegen. Und drittens braucht es dazu eine geeignete Stadt, die einen Absatzmarkt für die Produkte des Kultursektors sicherstellt und genügend Freiräume und Treffpunkte zur Entwicklung von kulturellen Innovationen vorweisen kann. Interaktions- und Lernorte (ILO) wurden im Kultursektor von innovativen Gruppen im Verlauf der Jahre selber geschaffen. Diese reichen von Büro- und Ateliergemeinschaften in Mietsituationen, zunehmend auch in selbstverwalteten Genossenschaften, bis hin zu subkulturellen Treffpunkten und Besetzungen. Es zeigt sich, dass die Bedingungen des Absatzmarktes mindestens kurzfristig gegeben sind, dass aber die institutionelle Einbettung nur teilweise gelungen ist, nämlich dort, wo Kultur als solche von der öffentlichen Hand gefördert wird und an den Hochschulen, welche im Kulturbereich aktiv sind. Förderung und Unterstützung von Firmengründungen im Bereich der Kulturwirtschaft und damit der kulturellen Innovation erweisen sich in der Stadt Zürich in der Befragung als minimal oder nicht vorhanden. Das wiederspiegelt das Bild, welches im GEM-Report 2002 zur schwachen Gründungskultur in der Schweiz festgehalten wird (vgl. Kapitel 2.4). Die KIK sind mehrheitlich der Meinung, dass mehr Unterstützung, und Förderung nötig und sinnvoll wären. Die Kapitalbeschaffung ist mehr als schwierig und bei den Banken eigentlich erst möglich, wenn das Unternehmen weit gehend etabliert und auf Kredite nicht mehr angewiesen ist. Der Zürcher Kultursektor ist charakterisiert durch ein starkes Unternehmertum, sehr viel Eigeninitiative und Selbsthilfe. Diese unternehmerische Kultur geht auf die soziale Bewegung von 1980 zurück, als viele Leute das Gefühl bekamen, dass sie von dieser Stadt nichts erwarten durften und die Dinge selber anpacken müssen, was zum Beispiel die Aneignung von kulturellen Freiräumen betraf. Der Sektor der kreativen innovativen Kleinstunternehmen reagiert aber auf Veränderungen in der Stadtentwicklung (Bodenpreise) und im Konjunkturverlauf (Konsumverhalten der Bevölkerung) empfindlich.

Freiräume zur Entfaltung kultureller und kulturwirtschaftlicher Innovation sind die Voraussetzung zur Entwicklung kreativer Städte und wie der Architekt Jacques Herzog in einem Interview bemerkt: *„Wichtiger für die Vitalität und Attraktivität der Stadt ist die Subkultur. Das ist allerdings etwas, das man nicht planen kann."* (Tages-Anzeiger-Magazin Nr. 35, 2.9.2000). Tatsächlich ist es eine Unmöglichkeit Subkultur zu planen. Aber sie kann leicht zerstört werden, indem Räume und damit soziales Kapital verdrängt oder verhindert werden. Freiräume und Zwischennutzungen sind wichtig für die kulturelle Innovation. Hier werden neue Zeichen kreiert und Experimente gewagt, die nicht oder nur teilweise einer ökonomischen Verwertungslogik unterstehen. Kreativität wird an diesen Orten durch Reibung an gesellschaftlichen und politischen Verhältnissen gefördert. Das heisst, unabhängig von der Frage, mit welcher Kulturpolitik direkt ökonomisches Wachstum gefördert werden kann, zeigt sich, dass der Kultursektor und die Kultur generell eine Basis brauchen, die nicht direkt steuerbar ist und sich selber entwickeln muss.

9.3 Ambivalenzen

Um den Schwankungen des Liegenschaftenmarktes weniger ausgesetzt zu sein, wurden diverse Häuser von KIK übernommen. Genossenschaften wie das *Dreieck*, das *KraftWerk1*, *Gleis 70* oder auch die Aktiengesellschaft *Zürich Paris* sind private Initiativen, eine Art KIK-Parks, die sich als Interaktions- und Lernorte (ILO) profilieren. Dadurch werden Räumlichkeiten gesichert und die darin wirkenden KIK können ihr Know-how und ihre Kreativität weiter kultivieren und professionalisieren, ohne von zusätzlichen Existenz- und Wegzugsängsten wegen steigender Mieten oder Abriss der Liegenschaften belastet zu sein. Darin zeigt sich eine der Ambivalenzen, die für den KIK-Sektor bezeichnend sind: KIK produzieren Zeichen und Codes, die nicht nur in die Kulturwirtschaft Eingang finden, sondern auch in die kulturalisierte Wirtschaft, wie in Kapitel 3 beschrieben, das heisst, in die Strategien transnationaler Unternehmen der unterschiedlichsten Branchen, die zum Teil über Immobiliengesellschaften und -beteiligungen und Stadtentwicklungsprozesse auf Gebiete zugreifen, in denen die KIK aktiv sind. Durch selbstverwaltete Räume versuchen sich KIK der kapitalistischen Verwertungslogik zu entziehen. Gleichzeitig stellen sie wichtige Grundlagen der kulturalisierten Ökonomie und der ökonomisierten Kultur bereit. Läden, Produkte, Bars der KIK finden sich in den offiziellen Führern von Zürich Tourismus. Es zeigt sich, dass die KIK an Imagebildungsprozessen beteiligt sind, die es erlauben Zürich als trendigen, aufgeschlossenen, ausgehfreudigen, partyverrückten Standort zu präsentieren. Die KIK sind Teil von Standortförderung und Tourismuspromotion geworden, jedoch nicht

Teil von Förderungen. Die Anwesenheit von KIK und KünstlerInnen generell in den Städten zeigt gemäss verschiedenen Studien eine starke Korrelation mit der Anwesenheit von Arbeitskräften im Hightech-Bereich auf. Darüber hinaus stellen KIK das attraktive urbane Setting sicher, machen die Stadt durch Veranstaltungen, Inszenierungen usw. zu Erlebnisräumen, die von jungen hochqualifizierten Arbeitskräften nachgefragt werden. KIK sind damit einerseits durch ihre Präsenz, andererseits durch ihre Aktivitäten in den Städten ein Standortfaktor, während die Löhne zwischen Anbietern und Nachfragern des urbanen Settings sehr weit auseinander gehen.

9.4 Handlungsempfehlungen und Ausblick

Die Euphorie über die Kulturwirtschaft ist in Politik und zum Teil in der Wissenschaft gross. Das Wachstum der Beschäftigung im Kultursektor der Stadt Zürich seit 1995 ist mit über zehn Prozent beachtlich. Zürich hat ein grosses kreatives Potenzial und eine starke Symbolische Ökonomie, die sich als komparativer Vorteil erweisen, und dessen Pflege eine Gratwanderung von Veränderung und Bewahrung ist. Die vorliegende Arbeit hatte in erster Linie zum Ziel, Prozesse, Zusammenhänge und Entwicklungen aufzuzeigen und sichtbar zu machen. Die Ergebnisse der Forschungsarbeit lassen gewisse handlungspraktische, politikorientierte Schlüsse zu, die im Folgenden im Sinne von Handlungsempfehlungen für eine Förderung der Kulturwirtschaft aufgeführt werden.

1) Förderung der Kultur heisst auch Förderung der Kulturwirtschaft. Denn Kulturförderung durch öffentliche und private Institutionen löst vielfältige ökonomische Prozesse aus, von denen Unternehmen, Bevölkerung, TouristInnen und KünstlerInnen profitieren. Der Ausbau von Förderinstrumenten im Kulturbereich ist aufgrund der in dieser Arbeit dargestellten Zusammenhänge von Stadt, Kultur, Innovation und Wirtschaft daher angezeigt.

2) Die Kapitalbeschaffung im unternehmerischen Bereich der Kulturwirtschaft, welcher sich durch eine stark kleinbetriebliche Struktur auszeichnet, ist noch schwieriger als im industriellen oder Hightech-Bereich. Die Einrichtung von Trägern für die Ausrichtung von Bürgschaften, zinsgünstigen Darlehen usw. sollte von Institutionen der öffentlichen Hand – allenfalls in Kooperation mit privaten Partnern – in Erwägung gezogen werden. Ebenso ist

eine Imagekampagne bei Kreditinstitutionen denkbar. Es sei an dieser Stelle auch darauf hingewiesen, dass Innovationsförderung in Forschung und Entwicklung im Hightech-Bereich die Investitionen in Kultur und kulturwirtschaftliche Innovationen um einen unbekannt hohen Faktor übersteigt.

3) Anstrengungen, die in Bezug auf Unternehmensgründungen an den Hochschulen unternommen werden (Venturelab, ETH-tools) sollten in angepasster Form auch auf die kulturwirtschaftlichen Unternehmen angewandt werden.

4) Innovative Milieus der Kulturwirtschaft entwickeln sich in spezifischen Räumen und Stadtteilen. Die Förderung der Kulturwirtschaft, der kulturellen Innovation und insbesondere der Kleinstunternehmen könnte direkt über eine Unterstützung im Bereich von Arbeitsräumen, Liegenschaften, ILOs (vgl. Kapitel 2.2) usw. realisiert werden. In Amsterdam z. B. wurden solche Programme bereits vor mehreren Jahren lanciert.

5) Institutionen für die Ausbildung von talentierten, kreativen jungen Menschen sind zentral für die Entwicklung der Kulturwirtschaft. Die Hochschule für Gestaltung und Kunst spielt für die Kulturwirtschaft eine wichtige Rolle. Institutionen wie das Kulturzentrum Rote Fabrik, das Jugendhaus Dynamo oder z. T. die Gemeinschaftszentren sind Orte, in denen kulturwirtschaftliche Innovationen entstehen und wo Lernprozesse bezüglich Kulturmanagement möglich sind. Sparmassnahmen bei diesen Institutionen wirken sich negativ auf kulturwirtschaftliche Institutionen und das Image der Stadt aus.

6) Treffpunkte und Freiräume zur Entfaltung kultureller und kulturwirtschaftlicher Innovation sind eine Voraussetzung zur Entwicklung kreativer Städte. Subkulturelle Orte und Zwischennutzungen als Räume der kulturellen Innovation sollten mit der nötigen Aufmerksamkeit behandelt und nicht leichtfertig geräumt oder aufgehoben werden.

7) Es muss überlegt werden, ob die Abgeltung der ZeichenproduzentInnen dem Wert entspricht, den Unternehmen oder Privatpersonen für die Produkte und Dienstleistungen der Kreativen bezahlen oder ob hier grosse Mehrwerte durch günstigen Einkauf von Zeichen und Codes geschaffen werden. In diesem Zusammenhang wäre ein organisiertes Vorgehen zu empfehlen. Eine Interessenvertretung, ein Verband könnte die Anliegen der KIK bezüglich Tarifen und auch generell gegenüber Unternehmen und Öffentlichkeit wahrnehmen.

In dieser Arbeit sind einige Forschungsfelder erschlossen worden. Neben den Fragen nach Grössenordnungen und Entwicklungen, wie sie aus Statistiken auch in Zukunft bearbeitet werden sollten (z. B. Entwicklungen bis 2005: war alles ein Hype? Auswertungen der Betriebszählung 2005), sind Erhebungen und Untersuchungen angezeigt, die kulturelle und kulturwirtschaftliche Innovation betreffen und die Bedeutung der Kultur für Wirtschaft und Gesellschaft zum Thema haben. Dazu könnten gehören: Der Standortfaktor Kultur: Dimensionen und Argumente, kulturelle Innovation und Produktzyklus – Fallbeispiele, Karrieren aus alternativen Kulturorten, Stadtentwicklungsprozesse und kulturelle Cluster, Exportpotenzial u. a. m.

Es wurden in dieser Arbeit Prozesse und Zusammenhänge dargelegt, die aufzeigen, wie kulturelle Innovation entsteht oder wie sie entstehen kann, und am Beispiel der Stadt Zürich nachvollzogen. Es war ein Ziel, die Bedeutung dieser Thematik zu beschreiben und sie neben die in den Regionalwissenschaften weitverbreitete Forschung über Innovationen, bei denen es sich fast ausschliesslich um Innovationen im Hightech-Bereich handelt, zu stellen. Es wird interessant sein, die Ergebnisse der Betriebszählung 2005 zu analysieren, um zu sehen, ob die Entwicklungen von 1995 bis 2001 eine Fortsetzung gefunden haben. Für die Zukunft ist es wünschbar, dass auf dem Gebiet der kulturellen Innovation vermehrt geforscht wird. Angesichts der schlechten Beschäftigungssituation in vielen Städten bleiben Themen der Unternehmensgründung, der Innovation, der Flexibilisierung der Produktionssysteme sowie ihre räumlichen Implikationen und Voraussetzungen auch in Zukunft aktuell.

Literatur

Acs, Zoltan J. und David B. Audretsch (1992), *Innovation durch kleine Unternehmen*, Wissenschaftszentrum Berlin für Sozialforschung, Hrsg., Forschungsschwerpunkt Marktprozess und Unternehmensentwicklung, Berlin: Edition Sigma.

Adorno, Theodor W. und Max Horkheimer (1944), *Philosophische Fragmente*, New York: Institute of Social Research.

Amin, Ash (1999), Cities, Culture, Poltitical Economy (Editorial), *European Urban and Regional Studies*, Vol. E(4), 291–292.

Andersson, Åke (1999), The Creative Metropolis, in: L. Nyström/C. Fudge, eds, *City and Culture, Cultural Processes and Urban Sustainability*, Karlskrona: The Swedish Urban Environment Council.

Arend, Michal; Markus Lamprecht und Hanspeter Stamm (2000), Die Wahrnehmung der Schweiz im Ausland, *NFP 42 Synthesis*, Bericht 27, Bern.

Aydalot, Philippe (1980), *Dynamique spatiale et développement inégal*, Paris: Economica.

Bader, Ingo (2004), Subculture: Pioneer for the Music Industry or Counterculture? in: INURA, eds, *The Contested Metropolis. Six Cities at the Beginning of the 21st Century*, Basel, Boston, Berlin: Birkhäuser, 73–77.

BAK Basel Economics (2000/1995), *The location factors of the IBC Performance Database*. http://www.bakbasel.ch, Abfrage am 23.11.2004.

Barthes, Roland (1981), *Das Reich der Zeichen*, Frankfurt am Main: Suhrkamp.

Bass, Hans H. (1999), Innovation und schöpferische Zerstörung: der Unternehmer als Motor der Entwicklung, *E+Z = Entwicklung und Zusammenarbeit*, Frankfurt am Main, Jg. 40 (1999), Nr. 7+8, 215–219.

Bassand, Michel (1990), *Urbanization: Appropriation of Space and Culture*, Swiss lectureship 7, New York.

Bathelt, Harald und Johannes Glückler (2002), *Wirtschaftsgeographie: ökonomische Beziehungen in räumlicher Perspektive*, Stuttgart: UTB.

Beaverstock, John V., R.G. Smith and Peter J. Taylor (1999), A Roster of World Cities, *Cities*, 16(6), 445–458.

Bianchini, Franco and Michael Parkinson, eds., (1993), *Cultural Policy and Urban Regeneration. The West European Experience*, Manchester: Manchester University Press.

Bourdieu, Pierre (1987), *Die feinen Unterschiede, Kritik der gesellschaftlichen Urteilskraft*, Frankfurt am Main: Suhrkamp.

Braczyk, Hans-Joachim; Gerhard Fuchs and Hans-Georg Wolf (1999), *Multimedia and Regional Economic Restructuring*, London/New/York: Routledge Studies in the Modern World Economy.

Bretschger, Lucas et al. (1995), *Der Wirtschaftsraum Zürich*, Zürich: Zürcher Kantonalbank.

Bretschger, Lucas und Philipp Klaus (1998), *Werkplatz Stadt Zürich. Struktur, Hintergründe und Perspektiven des Industriesektors in der Stadt Zürich*, Zürich: Universität Zürich.

Bundesamt für Kultur, Hrsg., (2002), *SWISS DESIGN 2002. Netzwerke/Réseaux/Networks*, Katalog der Ausstellung im Museum für Gestaltung Zürich.

Bundesamt für Statistik, *Betriebszählungen*, verschiedene Jahrgänge, Neuenburg.

Bundesamt für Statistik (2002), *Betriebszählung 2001, Grundlagen und Methoden*, Neuenburg.

Bundesrat der Schweizerischen Eidgenossenschaft (2000), *Bericht über die Förderung von Unternehmensgründungen*, Bern.

Camagni, Roberto, ed. (1991), *Innovation Networks: Spatial Perspectives*, London/New York: Belhaven Press.

Christaller, Walter (1933), *Die zentralen Orte in Süddeutschland*, Jena: Gustav Fischer.

Colliers CSL (2004), *Büromarktbericht 2004 Wirtschaftsraum Zürich*. Zürich.

Crevoisier, Olivier and Denis Maillat (1991), Milieu, Industrial Organisation and Territorial Production System: Towards a New Theory of Spatial Development, in: Camagni, R. ed., *Innovation Networks: Spatial Perspectives*, London/New York: Belhaven Press.

Crevoisier, Olivier (2001), Der Ansatz des kreativen Milieus. Bestandsaufnahme und Forschungsperspektiven am Beispiel urbaner Milieus, *Zeitschrift für Wirtschaftsgeographie*, Jg. 45, Heft 3–4, 246–256.

Csikszentmihaly, Mihaly (1996), *Creativity – Flow and the Psychology of Discovery and Invention*, New York.

Davelaar, Evert Jan (1991), *Regional Economic Analysis of Innovation and Incubation*, Avebury: Aldershot.

Eberle, Orlando (2003), Konflikte, Allianzen und territoriale Kompromisse in der Stadtentwicklung, *Diplomarbeit, Geographisches Institut Universität Bern*.

Eco, Umberto (1972), *Einführung in die Semiotik*, München: UTB.

Economist, The (2000), *The Geography of Cool*, April 15.

European Commission (1998), Culture, Cultural Industries and Employment, *Staff Working Paper.*

European Communities (1999), Council Conclusions of 17 December 1999 on cultural industries and employment in Europe. *Official Journal.*

Egan, Edmund A. and AnnaLee Saxenian (1999), Becoming digital: sources of localization in the Bay Area multimedia cluster, in: H.-J. Braczyk; G. Fuchs and H.-G. Wolf, ed., *Multimedia and Regional Economic Restructuring*, London/New/York: Routledge, 11-29.

Fehlmann, Marc (1995), Das Technogeschäft, in: Anz, Philipp und Patrick Walder, Hrsg., (1995), *TECHNO*, Zürich: Ricco Bilger.

Fischer, Manfred M; Javier Revilla Diez and Folke Snickars (2001), *Metropolitan Innovation Systems: Theory and Evidence from Three Metropolitan Regions in Europe*, Berlin: Springer.

Florida, Richard (1995), Toward the Learning Region, *FUTURES*, 27, 527-536.

Florida, Richard (2002), *The Rise of the Creative Class: and how it's Transforming Work, Leisure, Community and Everyday Life*, New York: Basic Books.

Florida, Richard (2002a), Bohemia and Economic Geography, *Journal of Economic Geography*, 2, 55-71.

Florida, Richard (2004), *The City and the Creative Class*, New York: Routledge.

Frank, Thomas (1997), *The conquest of cool: business culture, counterculture, and the rise of hip consumerism*, Chicago: University of Chicago Press.

Franken, Robert E. (1994), *Human Motivation*, Pacific Grove, CA: Brooks/Cole.

Glass, Ruth (1964), Aspects of Change, in: Centre for Urban Studies (ed.), *Aspects of Change*, London: MacGibbon and Kee.

Global Entrepreneurship Monitor (2002), *2002 Summary Report*, Babson College, E.M. Kauffmann Foundation, London Business School.

Grabow, Busso; Dietrich Henckel, Beate Hollbach-Grömig (1995), *Weiche Standortfaktoren*, Berlin: DIFU.

Griffiths, Ron (1998), Making Sameness: Place Marketing and the New Urban Entrepreneurialism, in: Oatley, Nick, ed. (1998), *Cities, Economic Competition and Urban Policy*, London: Paul Chapman Publishing, 3-20.

Habersat, Margrit; Alain Schönenberger und Walter Weber (2000), *Die KMU in der Schweiz und in Europa*, Staatssekretariat für Wirtschaft, seco, Bern.

Halbwachs, Maurice (1985), *Das kollektive Gedächtnis*, Frankfurt am Main: Fischer.

Hall, Peter (1998), *Cities in Civilization: Culture, Technology and Urban Order*. London: Weidenfeld and Nicholson.

Hall, Peter (2000), Creative Cities and Economic Development, *Urban Studies*, Vol. 4, 639-649.

Hamm, Bernd und Ingo Neumann (1996), *Siedlungs-, Planungs- und Umweltsoziologie*, Opladen: UTB/Leske+Budrich.

Hamnet, Chris (2003), *Unequal City – London in the Global Arena*, London: Routledge

Hannigan, John (1998), *Fantasy City; Pleasure and Profit in the Postmodern Metropolis*, London: Routledge.

Hansen, Anders Lund; Hans Thor Andersen and Eric Clark (2001), Creative Copenhagen: Globaliszation, Urban Governance and Social Change, *European Planning Studies*, Vol. 9, No. 7, 853–869.

Harabi, Najib und Rolf Meyer (2000), *Die neuen Selbstständigen*, Forschungsbericht, Hochschule Solothurn.

Hartfiel, Günter und Karl-Heinz Hillmann (1982), *Wörterbuch der Soziologie*, Stuttgart: Kröner.

Hartmann, Roger et al. (1986), Die urbane Revolution – Thesen zur Stadtentwicklung Zürichs, in: Ginsburg et al. (1986), *Zürich ohne Grenzen*, Zürich: Pendo, 150–161.

Harvey, David (1989), From manageralism to entrepreneuralism: the transformation in urban governance in late capitalism. *Geografiska Annaler*, Series B71, H.1, 3–17.

Harvey, David (1989a), *The Condition of Postmodernity*, Oxford: Basil Blackwell.

Hausmann, Urs (1996), Innovationsprozesse von produktionsorientierten Dienstleistungsunternehmen und ihr räumlich-sozialer Kontext. *Diss. HSG St. Gallen.*

Healey & Baker (2003), *Euopean Cities Monitor*. http://www.cushmanwakefieldeurope.com.

Helbrecht, Ilse (2001), Postmetropolis: Die Stadt als Sphynx, *Geographica Helvetica*, 3/2001, 214–222.

Held, Thom et al. (2005), Kreativwirtschaft Zürich, *Syntheserbericht*, Zürich: HGKZ.

Heller, Martin (2002), Filz ist derjenige Teil des Netzwerks, der funktioniert, in: Bundesamt für Kultur, Hrsg., *SWISS DESIGN 2002. Netzwerke/Réseaux/Networks*, Baden: Lars Müller.

Henckel, Dieter und Hartmut Usbeck (1997), *Produzierendes Gewerbe in der Stadt*, in: D. Henckel et al. Entscheidungsfelder städtischer Zukunft, *Schriften des Deutschen Institutes für Urbanistik*, Bd 90.

Henriques, Eduardo Brito and Joachim Thiel (2000), The Cultural Economy of Cities. A comparative Analysis of the Audiovisual Sector in Hamburg and Lisbon, *European Urban and Regional Studies*, 7 (3), 253–268.

Hitz, Hansruedi; Christian Schmid, Richard Wolff (1995), Boom, Konflikt und Krise – Zürich's Entwicklung zur Weltmetropole. In: H.R. Hitz et al., Hrsg., *Capitales Fatales. Urbanisierung und Politik in den Finanzmetropolen Frankfurt und Zürich*, Zürich: Rotpunkt, 208–282.

Hoggett, Paul (1999), The City and the Life Force, in: L. Nyström/C. Fudge, eds, *City and Culture, Cultural Processes and Urban Sustainability*, Karlskrona: The Swedish Urban Environment Council, 388–402.

Hoover, Edgar, M. (1937), Location Theory and the Shoe and Leather Industries, *Harvard Economic Studies*, 55, Cambridge/Mass., Oxford.

Illeris, Sven (1989), *Services and Regions in Europe*, A report from the FAST-Progamme of the Commission of the European Communities, Avebury: Hants (UK).

INURA, eds (1998), *Possible Urban Worlds. Urban Strategies at the End of the 20th Century*, Basel, Boston, Berlin: Birkhäuser.

INURA, eds (2004), *The Contested Metropolis. Six Cities at the Beginning of the 21st Century*, Basel, Boston, Berlin: Birkhäuser.

Janos, Endre; André Odermatt und Daniel Wachter (1997), Sozio–ökonomische Strukturen im Raum Zürich, *Wirtschaftsgeographie und Raumplanung*, Vol. 24, Geographisches Institut der Universität Zürich.

Kearns, Gerry and Chris Philo, eds (1993), *Selling places: The city as cultural capital, past and present*, Oxford, UK: Pergamon Press.

Kenner, Markus und Claude Lichtenstein (2002), Follow the Signs, in: Museum für Gestaltung Zürich, Hrsg., *Follow the Signs – Party-Flyer aus Zürich*, Zürich, 2–4.

Klaus, Philipp (2004), Creative and Innovative Microenterprises between World Market and Subculture, in: INURA, eds, *The Contested Metropolis. Six Cities at the Beginning of the 21st Century*, Basel, Boston, Berlin: Birkhäuser, 261–268.

Klaus, Philipp (2000), Urban Quality? Strategies for Sustainable Urban Development, in: Häberli, W., Hrsg., *Transdisciplinarity, Joint Problem-Solving among Science, Technology and Society*, Haffmanns, 197–201.

Klaus, Philipp (1998), Subculture and Production of Culture in the Logic of Global Urban Development – in the Case of Zurich, in: INURA eds, *Possible Urban Worlds. Urban Strategies at the End of the 20th Century*, Basel, Boston, Berlin: Birkhäuser.

Klaus, Philipp (1997), Städte des Weltmarktes brauchen Stätten wie die Zentralstrasse 150; in: *Zentralstrasse*, Zürich: Edition Patrick Frey, 38–44.

Klaus, Philipp (2004b), Urban Settings in the Competition among Cities. *Theomai Journal. Society, Nature and Development Studies*. No. 9, Buenos Aires.

Klaus, Philipp (1996), Leisure in Abandoned Industrial Areas: Between Marketing Concept and Self-Help Project. *FUTURES*, Vol. 28, no 2, March 1996, Oxford, 189–198.

Klaus, Philipp (1995), Freizeit in alten Industriearealen: zwischen Selbsthilfeprojekt und Marketingkonzept, *DISP 121*, 13–18.

Klaus, Philipp (2004a), Zwischen Subkultur und Weltwirtschaft. Kleinunternehmer/-innen aus Kultur, Mode und Gastronomie als Motor von Stadtentwicklungsprozessen. *Die WochenZeitung*, Nr. 25, 17.6.04.

Klaus, Philipp (1999), Arme, Fremde, Politik der Städte. Ungeliebte MigrantInnenviertel, *Die WochenZeitung*, Nr. 18 / 6. Mai.

Klaus, Philipp (1995), Moschti, Färbi, Planet Maxx. Umnutzung von Fabriken und Industriearealen in der Schweiz, *Die WochenZeitung*, Nr. 16, 21.April.

Klaus, Philipp und Richard Wolff (2002), Transbabylon. Partizipation der ausländischen Bevölkerung an Quartierentwicklungsfragen im Kreis 5, *Projektbericht* Zürich.

Klein, Naomi (2001), *No Logo! Der Kampf der Global Players um Marktmacht. Ein Spiel mit vielen Verlierern,* München: Riemann.

Koch, Michael (1990), *Kommunaler und genossenschaftlicher Wohnungsbau in Zürich: ein Inventar der durch die Stadt Zürich geförderten Wohnbauten 1907–1989.* Zürich: vdf.

Kotkin, Joel (2000), *The New Geography: How the Digital Revolution Is Reshaping the Amercian Landscape,* NewYork: Random House.

Krätke, Stefan (2002), *Medienstadt: urbane Cluster und globale Zentren der Kulturproduktion,* Opladen: Leske und Budrich.

Kriesi, Hanspeter et al. (1995), *New social movements in Western Europe: a comparative analysis,* Minneapolis: University of Minnesota Press.

Kriesi, Hanspeter (2000), Warum brannte Zürich so heftig? *Tages-Anzeiger,* 23.5.00.

Kropotkin, Peter ([1921]1977), *Landwirtschaft, Industrie und Handwerk,* Berlin: Karin Kramer.

Landry, Charles (2000), *The Creative City: A Toolkit for Urban Innovators,* London: Earthscan.

Lange, Bastian und Silke Steets (2002), Verortungen von Szenen sowie Raumkonstitutionsprozesse durch Culturepreneurs in Frankfurt am Main, in: Hasse, Jürgen, Hrsg., *Subjektivität in der Stadtforschung,* Frankfurt am Main.

Lash, Scott and John Urry (1994), *Economies of Signs and Space,* London, Thousand Oaks, New Delhi: SAGE Publications.

Lasuén, JR. (1973), Urbanisation and Development – the Temporal Interaction between Geographical and Sectoral Clusters, *Urban Studies,* Vol. 10, Edinburgh, 163–188.

Latham, Alan (2003), Urbanity, Lifestyle and Making Sense of the New Urban Cultural Economy: Notes from Auckland, New Zealand, *Urban Studies,* Vol.40, No.9, 1699–1724.

Le Galès, Patrick (1999), Is Political Economy Still Relevant to Study the Culturalization of Cities? *European Urban and Regional Studies,* Vol. E(4), 295–302.

Lilienthal, D (1952), *Big Business. A New Era.* New York: Harper.

Lösch, August, ([1940] 1944²), *Die räumliche Ordnung der Wirtschaft,* Jena: Fischer.

Lundvall, Bengt-Ake, ed. (1992), *National systems of innovation: towards a theory of innovatiion and interactive learning,* London: Pinter.

Maillat, Denis; Michel Quévit, Lanfranco Senn, eds. (1993), *Réseaux d'innovation et milieux innovateurs: un pari pour le développement régional,* Neuchâtel: EDES.

Marti, Michael und Stephan Osterwald (2003), *Prekäre Arbeitsverhältnisse in der Schweiz,* Arbeitsmarktpolitik Nr. 9, Bern: seco Publikation.

Marshall, Alfred (1919), *Industry and Trade,* London: Macmillan.

Marshall, Richard (1995), Toward the learning Region, *FUTURES*, 27, 527–536.

Marx, Karl (1867), Das Kapital, Band I, *Revolutionierung von Manufaktur, Handwerk und Hausarbeit durch die große Industrie*, Hamburg.

Maslow, Abraham (1981), *Motivation und Persönlichkeit*, Reinbek: Rowohlt.

Matthiessen, Christian W. (2000), The Oresund Region – a new hot spot in Europe, *Insight Copenhagen*, 15, 3–7.

McRobbie, Angela (2001), Arbeitsplatz auf der Kulturbaustelle. Die Kultur als Wegbereiterin der New Economy, *Die WochenZeitung*, Nr. 46. 15. Nov.

Meyer, Raimund (1986), Dada ist gross, Dada ist schön. Zur Geschichte von Dada Zürich, in: Kunsthaus Zürich, Hrsg., *Dada in Zürich*.

Mercer Human Resources (2001, 2002, 2003, 2004). *Quality of Life Reports*. http://www.mercerhr.com.

Meyer, Raimund (1982), *Apekte von Dada Zürich. Chronologie und Dokumentation*. Lizentiatsarbeit, Deutsches Seminar, Universität Zürich.

Müller, Tobi (2002), Ich bin mein Medium. Saubere Schnittstellen und simulierte Netzwerke im Zürcher Grafikdesign, in: Bundesamt für Kultur, Hrsg., *SWISS DESIGN 2002. Netzwerke/Réseaux/Networks*, Baden: Lars Müller.

Mumford, Lewis (1961), *The City in History*, Harmondsworth UK: Penguin.

Neue Zürcher Zeitung (2000), Das neue Image der Party-Stadt trägt Früchte / Der wirtschaftliche Nutzen der Street Parade für Zürich, 37. 11. August.

New England Council (1998), *The Creative Economy Initiative. The Role of the Arts and Culture in New England's Economic Competitiveness*, Boston.

New England Council (2001), *The Creative Economy Initiative. Blueprint for Investment in New England's Creative Economy*, Boston.

Nigg, Heinz, Hrsg. (2001), *Wir wollen alles, und zwar subito! Die achtziger Jugendunruhen in der Schweiz und ihre Folgen*, Zürich: Limmat.

Oatley, Nick (1998), Cities, Economic Competition and Urban Policy, in: Oatley Nick, ed., *Cities, Economic Competition and Urban Policy*, London: Paul Chapman, 3–20.

Odermatt, André; Philipp Klaus und Joris van Wezemael (2003), Zürich – Wirtschaftlicher Strukturwandel und Stadterneuerung, *Geographische Rundschau*, Jg. 55, Heft 9.

OECD (2001), *New Patterns of Industrial Globalisation. Cross-border Mergers and Acquisitions and Strategic Alliances*.

Paetzel, Ulrich (2001), *Kunst und Kulturindustrie bei Adorno und Habermas: Perspektiven kritischer Sozialwissenschaft*, Berlin: DUV Sozialwissenschaft.

Park, Robert Ezra ([1915] 1997), The city: suggestions for the investigation of human behavior, in: Gelder, Ken and Sarah Thornton, eds., *The Subcultures Reader*, London: Routledge.

Piore, Michael J. and Charles F. Sabel (1984), *The Second Industrial Divide. Possibilities for Prosperity*, New York: Basic Books.

Pirsig, Robert (1978), *Zen und die Kunst ein Motorrad zu warten*. Frankfurt am Main: Fischer.

Porter, Michael, E. (1990), *The competitive advantage of nations*, New York: Macmillan.

Power, Dominic (2002), Cultural Industries in Sweden: An Assessment of their Place in the Swedish Economy, *Economic Geography*, 2/2002, 103–127.

Pratt, Andy C. (1997a), The Cultural Industries Sector: its definition and character from secondary sources on employment and trade, Britain 1984–91, *Research Papers in Environmental and Spatial Analysis*, No. 41, London School of Economics, 1–36.

Prodolliet, Simone; Carlo Knöpfel und Martin Wälchli (2001), *Prekäre Arbeitsverhältnisse in der Schweiz. Ein Positionspapier*. Luzern: Caritas Schweiz.

Puchinger, Kurt (2001), *Development trends of locational factors in urban agglomerations. A position paper on behalf of technoman regional vienna*. http://www.tecnoman. net/06infopack/downloads/locational_factors_position_paper.pdf.

Rémy, Jean (1992), *La ville: vers une nouvelle définition?* Paris: L'Harmattan.

Rossi, Angelo und Christian Steiger (1994), *Wirtschaftsstandort Zürich: Die Attraktivität des Zürcher Wirtschaftsraumes*, Zürich: vdf.

Rossi, Angelo (1995), *Der wirtschaftliche Strukturwandel und die Regionen. Am Beispiel der Schweiz und der angrenzenden Länder*, ORL Bericht 93, Zürich: vdf.

Rossi, Angelo (1995a), *Concurrence territoriale et réseaux urbains. L'armature urbaine de la Suisse en transition*. Synthèse partielle NFP ville et transport, Zürich: vdf.

Ryan, Bill (1992), *Making Capital from Culture*, Berlin/NewYork.

Sassen, Saskia (1995), *Metropolen des Weltmarktes. Die neue Rolle der Global Cities*, Frankfurt am Main/New York: Campus.

Sassen, Saskia (1998), The City: Strategic Site / New Frontier, in: INURA Zürich, eds, *Possible Urban Worlds. Urban Strategies at the End of the 20th Century*, Basel, Boston, Berlin: Birkhäuser.

Sassen, Saskia (2000), *Machtbeben. Wohin führt die Globalisierung?* München: DVA.

Schilder-Bär, Lotte und Norbert Wild (2001), Designland Schweiz, Gebrauchsgüterkultur im 20. Jahrhundert, Zürich: Pro Helvetia.

Schmid, Christian (1998), *The Dialectics of Urbanisation in Zurich: Global City Formation and Urban Social Movement*, in: INURA, eds, Possible Urban Worlds. *Urban Strategies at the End of the 20th Century*, Basel, Boston, Berlin: Birkhäuser.

Schulze, Gerhard (1992), *Die Erlebnisgesellschaft. Kultursoziologie der Gegenwart*, Frankfurt/New York: Campus.

Schumacher, Ernst F. ([1974] 1993), *Small is Beautiful: a study of economics as if people mattered*, London: Vintage.

Schumpeter, Joseph (1952), *Aufsätze zur ökonomischen Theorie*, Tübingen: Mohr.

Schumpeter, Joseph (1961), *Konjunkturzyklen. Eine theoretische, historischen und statistische Analyse des kapitalistischen Prozesses*, Göttingen: Vandenhoeck und Ruprecht

Schumpeter, Joseph ([1942] 1993), *Kapitalismus, Sozialismus, Demokratie*, Tübingen: Francke.

Schumpeter, Joseph (1987), *Beiträge zur Sozialökonomik*. Wien: Böhlau.

Schweizerische Akademie der Technischen Wissenschaften (1999), *Innovationssysteme – Erfolgsmodell Niederlande!? Empfehlungen für die Schweiz*. Zürich: SATW.

Scott, Allen (1996), The craft, fashion, and cultural-products industries of Los Angeles: competitive dynamics and policy dilemmas in a multisectoral image-producing complex, *Annals of the Association of American Geographers*, Vol. 86, Nr. 2, 306–323.

Scott, Allen (1998), *Regions and the World Economy: The Coming Shape of Global Production, Competition, and Political Order*, Oxford: Oxford University Press.

Sennett, Richard (1998), *Der flexible Mensch. Die Kultur des neuen Kapitalismus*, Berlin: Berlin-Verlag.

Sharkey, Alix (2002), Play it Cool, *Das Magazin, Tages-Anzeiger*, Nr. 34, 22 ff.

Shaw, Kate (2003), *Cultural Heritage and the Politics of preservation*, Paper submitted to the 2003 AESOP/ACSP phd workshop, 5–7 July, Amsterdam.

Simmie, James, ed., 1997. *Innovation, Networks and Learning Regions?* London: Regional Studies Association.

Simmie, James (2001), Innovation and Agglomeration Theory, in: Simmie, James, ed., *Innovative Cities*, London and New York: Spon Press, 11–52.

Sombart, Walter (1928), *Der moderne Kapitalismus*. Band 1–3. München, Leipzig.

Statistik Stadt Zürich (2002), *Bestand und Sitzverlegung von Firmen in der Stadt Zürich*, INFO Nr. 7, Zürich.

Steiger, Christian (1999), *Auslandsdirektinvestitionen und räumliche Konkurrenz*, Zürich: vdf.

Storper, Michael (1989), The Transition to Flexible Specialisation in the US Film Industry: External Economies, the Division of Labour, and the Crossing of Industrial Divides. *Cambridge Journal of Economics*, 13, 273–305.

Storper, Michael (1997), *The Regional World: Territorial Development in a global economy*, New York: Guilford Press.

Tages-Anzeiger (2002), Mit dem Auto in die Partystadt, 2. Oktober.

Tages-Anzeiger, (2002), Ich zeige Bauch also bin ich! 31. Mai.

Tages-Anzeiger, (2004), Beilage Züritipp, Veranstaltungen: Parties. Zürich, 16. April.

Tages-Anzeiger (2000), Das Magazin, Nr. 35, 2. September.

Taylor, Peter J. and D.R.F. Walker (2000), World Cities: A First Multivariate Analysis of their Service Complexes, *Urban Studies*, Vol. 38, No. 1, 23–47.

Taylor, Peter J. (2003), *Zurich as a World City,* Research Bulletin 112. Edited and posted on the web on 21st May 2003.

Thornton, Sarah (1997), General Introduction, in: Thornton, Sarah and Ken Gelder, eds, *The Subcultures Reader,* London and New York: Routledge, 1–7.

Throsby, David (2001), *Economics and Culture,* Cambridge: Cambridge University Press.

van Aalst, Irina and Inez Boogaarts (2002), From Museum to Mass Entertainment. The Evolution of the Role of Museums in Cities, *European Urban and Regional Studies,* 9(3), 195–209.

Vernon, Raymond (1966), International Investment and International Trade in the Product Cycle, *Quarterly Journal of Economics,* Vol. LXXX, 190–207.

Wehrli, Brigit (2002), Kulturelle Einrichtungen als Impulsgeber für Stadtentwicklung? Beobachtungen am Beispiel Zürich West, *DISP 150 – 3/2002.*

Wernicke, Johannes (1907), *Kapitalismus und Mittelstandspolitik,* Jena: Fischer.

Wolff, Richard (1999), A Star is Born, in: INURA, eds., *Possible Urban Worlds. Urban Strategies at the End of the 20th Century,* Basel, Boston, Berlin: Birkhäuser.

Wüest und Partner (verschiedene Jahrgänge), *Immo Monitoring,* Zürich.

Zeller, Christian (2001), *Globalisierungsstrategien – der Weg von Novartis,* Berlin: Springer.

Zukin, Sharon (1995), *The Cultures of Cities,* Cambridge, MA: Blackwell.

Zürcher Kantonalbank (vierteljährlich), *Zürcher Wirtschaftsmagazin,* 1/1999.

Zürcher Kantonalbank, Hrsg. (2000), *Metropole Zürich. Der Wirtschaftsstandort im internationalen Vergleich.* Zürich.

Zürcher Kantonalbank, Hrsg. (2001), Informationsgesellschaft Zürich. Auf dem Weg in die Neue Wirtschaft, Zürich.

Zürcher Kantonalbank (2001a), *Benchmarking Report,* BAK Basel, Zürich.

Anhang

Anhang 1 Verwendete Abkürzungen

a. n. g.	anderweitig nicht genannt
BfS	Bundesamt für Statistik
EU	Europäische Union
GaWC	Globalization and World Cities Study Group and Network, London
GEM	Global Entrepreneurship Monitoring
GREMI	Groupe de Recherche sur les Milieux Innovateurs en Europe
HGKZ	Hochschule für Gestaltung und Kunst Zürich
ILO	Interaktions- und Lernorte
KIK	Kreative innovative Kleinstunternehmen
KS	Kultursektor
NACE	Systematik der Wirtschaftszweige in den Europäischen Gemeinschaften
NIKT	Neue Informations- und Kommunikationstechnologien
NOGA	Allgemeine Systematik der Wirtschaftszweige der Schweiz (Nomenclature Générale des Activités économiques)
NZZ	Neue Zürcher Zeitung
OECD	Organisation for Economic Co-operation and Development
SAKE	Schweizerische Arbeitskräfteerhebung
SF DRS	Schweizer Fernsehen der Deutschen und Rätoromanischen Schweiz
TA	Tages-Anzeiger

Anhang 2 Zuordnung der befragten Unternehmen zu Branchen des Kultursektors

NOGA Wirtschaftsart und Bezeichnung	KIK
Sparte 1: Film- und TV-Wirtschaft	
2232A Vervielf. von bespielt. Bildträgern	
9211A Film- und Videofilmherstellung	3
9212A Film- und Videoverleih	
9213A Kinos	
9220B Fernsehanstalten	
92.32.5 Technische Hilfsdienste für die Kultur*	1
Sparte 2: Musikwirtschaft	
2214A Verlag bespielter Tonträger	(2)
2231A Vervielfältigung von bespielten Tonträgern	
3630A Herstellung von Musikinstrumenten	
5245D Detailhandel mit Musikinstrumenten	
9220A Radioanstalten	
9234A Tanzschulen, Tanzlehrer	
9234B Diskotheken, Night Clubs	
92.32.4 Tonstudios	1(2)
Sparte 3: Printmedien	
2211A Buchverlag	
2212A Zeitungsverlag	
2213A Zeitschriftenverlag	(1)
2215A Sonstiges Verlagsgewerbe	
2221A Zeitungsdruck	
2222A Drucken (ohne Zeitungsdruck)	
2224A Satzherstellung, Reproduktion	
2232A Vervielfältigung von bespielten Bildträgern	
7481A Fotografische Ateliers	
7481B Fotografische Laboratorien	
7483A Schreibbüros	
9240A Korrespondenz-, Nachrichtenbüros	
9240B Selbstständige Journalisten	
9231B Selbstständige Schriftsteller	1
Sparte 4: Werbewirtschaft	
7413A Markt- und Meinungsforschung	
7440A Werbeberatung	
7440B Werbevermittlung	(3)
Sparte 5: Kunstmarkt und darstellende Künste	
52480 Kunsthandel	2
9231A Theater, Ballettgruppen	(1)
9231B Orchester, Chöre, Musiker	(1)

NOGA Wirtschaftsart und Bezeichnung	KIK
Sparte 5: Kunstmarkt und darstellende Künste	
9231C Selbständige bildende Künstler	1
9231D Sonstige künstlerische Tätigkeiten	
9232A Theater, Oper, Konzerthallen	
9232B Sonstige Hilfsdienste der Kultur	
9252A Museen	
Sparte 6: Sportveranstalter und Profisport**	
9262A Sportvereine	
9262B Mit Sport verbundene Tätigkeiten a. n. g.	
Sparte 7: Architektur	
7420A Architekturbüros	
7420B Innenarchitekturbüros	(1)
7420G Landschaftsplanung	
Sparte 8: Andere	
2852B Schlossereien	(1)
3614A Herstellung verschiedener Möbel a. n. g.	1 (1)
3622A Bearbeitung von Edel- und Schmucksteinen	
3622B Herstellung von Schmuck a. n. g.	
3661A Herstellung von Phantasieschmuck	1 (1)
7483B Übersetzungsbüros	
7484A Innendekorationsateliers	1
7484B Grafikateliers, Design	4
74.87.4 Ateliers für Textil-, Möbel-, Schmuck - u. ä. Design*	5 (3)
74.20.6 Büros für Industrie-Design*	1
7484C Ausstellungs- und Messeorganisation	(3)
8042B Künstlerische Schulen	(3)
Sparte 9: Restaurants**	
5530A Restaurants	1
5540A Bars	1
5552A Caterer	
Weitere	
Kulturmanagement / -veranstalter	2 (2)
Detailhandel	5 (5)
Engroshandel	(1)
Herstellung von Schuhen, Kleidern, Accessoires	1 (2)
Bierherstellung	1

In Klammern werden befragte Unternehmen angegeben, die weiteren Branchen zugeordnet werden können (d. h. Mehrfachnennungen).

*   Branchen, die nach NACE erhoben werden, nicht aber nach NOGA.

** Sparten, die nicht zum Kultursektor gezählt werden (vgl. Kapitel 7.1).

Anhang 3   Die befragten Unternehmen

Name	Branche	Produkte	Innovation	Kreativität / Kultur
AMOK	Mode / Kleider	Design, Produktion, Werbung, Verkauf, Vertrieb von Männerröcken und anderer Kleidung, Hüten, Taschen, Gamaschen	Röcke für Männer	Design, Mode
FREITAG	Accessoires	Design, Herstellung von Taschen und anderen Accessoires mit Kultstatus	Umhänge- und andere Taschen aus Recyclingmaterial, jede sieht anders aus	Design, Freitagtaschen sind kult
Peter Weber	Kunst	Schriftstellerische Texte, Bücher, Performances, Konzepte, Veranstaltungen, Zusammenarbeiten mit bildenden KünstlerInnen (Installationen usw.)	neue oder unkonventionelle Formen der Lesung mit Musik, Tonbildschauen usw.	Romane, Texte, Musik
Nicole Barbieri	Design	Design und Gestaltungskonzepte, v. a. Kataloge in den Bereichen Kunst und Architektur	Design im Kunstbereich	Design, Gestaltungskonzepte
RAUMBAU	Möbel	Design, Beratung, Produktion, Massanfertigungen von Möbeln, Möbelteilen / Konzept und Planung von Inneneinrichtungen, Messebauten	überraschende Materialien, neue Statik	Design und Produktion von Möbeln
PANORAMA PRODUCTIONS	Kulturvermittlung	Organisation von Kulturveranstaltungen, Medienerzeugnisse, DJ	Kultur und Events	DJ, Events
EYEKON	Design / Werbung	WebDesign für Kulturunternehmen u. a. / Kommunikationsdienstleistungen mit IT-Kompetenz	Verknüpfung von Kultur / Ökonomie, integriertes Design	Design, Webdesign
MINIBAR / HELSINKI	Gastronomie, Konzert-Veranstalter	Szenekulturbars, Casting, Konzerte	Spezielle Art der In-Bar	Design Interieur, Live-Bands
Andres Lutz	Kunst	Cabaret, Bilder, Objekte	Kunst	Bilder, Objekte, „Cabaret"
DSCHOINT VENTSCHR	Film	Filmproduktion und -distribution	Zeichensprache	Filmproduktion
LES HALLES	Gastronomie / Engros-, Detailhandel	Frischprodukte, Hartwaren, Speis und Trank, Bioprodukteladen, Restaurant	neuartiges Gastro- und Detailhandelskonzept	Einrichtung, Style, Events
DINGDRIN	Schmuck	Design und Produktion von Schmuck, Kurse in Schmuckherstellung, Ausstellungen	neuartiger Schmuck mit Objekten und Optik	Design und Produktion von Schmuck
HUGOFILM	Film	Filmherstellung, Postproduktion, Vermietung von Schnittplatz mit technischem und anderem Support	Selbsthilfe – Filmstudio	Filmherstellung, Filme machen
ZENTRALTON	Musik	Vermietung von Tonstudio mit technischem und anderem Support	Selbsthilfe – Tonstudio	Musik
AUSSERHAUS	Dienstleistungen für Kultur	Kulturmanagement, Events, Werbung, Promotion für Kultur (v. a. Musik, Ausstellungen)	Kulturvermittlung	Musik
MAXIMAGE	Film	Filmproduktion (Organisation von Finanzierung, Technik, Rechten, Postproduktion / Schnitt, Casting usw.)	neue Bildersprache	Filmproduktion
ESTRAGON	Design	Industriedesign	Kombination verschiedener Designbereiche	Design

Name	Kategorie	Beschreibung	Kurzbeschreibung	Bereich
FTK	Film	Verleih von technischem Material (v. a. Licht- und Bühnengeräte, Krane) für Filmproduktion	Flexible Zulieferung von Filmtechnik	Film
Christoph Däster	Design	Design von Logos, Brands, Büchern, Plakaten (keine Flyer)	Design	Design
STAHLUNDTRAUM	Einrichtungen / Objekte	Spezialanfertigungen von Exponaten, Objekten, Möbeln, Einrichtungen, Ausstaffierungen für Museen, Ausstellungen, Werbung usw.	Spezialanfertigungen von Exponaten, Objekten, Ausstaffierungen für Ausstellungen, …	Entwicklung, Design und Umsetzung
IMAGEBASE	Kunsthandel	Vermietung von Bildern und Kunstobjekten (Artothek), Galerie	Artothek, Bildervermietung	Galerie, Kunstvermittlung
FETISH	Mode / Design	Design, Produktion, Beratung, Entwicklung von Textilprodukten im Bereich Streetware, Skate- und Snowboard, Clubware	Kreation und Umsetzung von neuem Design, Kombination von Produktion und Beratung	Design, Modeschöpfung, Skate- / Snowboard, Streetware
BUCH&WEIN	Detailhandel / Veranstaltungen	Verkauf von Büchern und Wein, Veranstaltung von Lesungen und Degustationen. Eigener Laden	Verknüpfung von Buch und Wein	Lesungen
LILLY TULIPAN	Design / Detailhandel	Konzeption und Produktion von Lichterketten und anderen Objekten (z. B. FlipFlops, Trinkhalme) mit Plastikblumen. Eigener Laden	Lichterketten, In-Produkte aus Plastikblumen	Kreation / Produktion der Objekte
PANORAMACITY	Kunst / Kunsthandel	Konzepte, Mobile Ausstellung mit Kunst in Kommission (Kunstkasten)	Mobile Galerie mit Kunst in Kommission	Galerie, Ausstellungen
SAUS&BRAUS	Detailhandel	Laden für kleine Zürcher und Schweizer Kleiderlabels, Schmuck und Accessoires	Plattform für CH-Labels	Mode, Design
XESS&BABA	Design / Mode	Design und Produktion von Kleidern. Eigener Laden	neue Formen und Farben	Mode, Design
TURBINENBRAEU	Nahrungsmittel / Detailhandel	Produktion und Verkauf von Bier, Verkauf von T-Shirts, Kappen, Veranstaltung von Velorennen	neue Strategie, Szeneprodukt	Bier, T-Shirts
BLINK	Design	Produktgestaltung, visuelle Kommunikation, Lichtkunst, Gestaltungsberatung, interaktive Medien, Filmvorspanne, Internet	neue Design-Produkte mit Lichtkunst	Design, Grafik
Stefi Talman	Schuhe / Accessoires / Detailhandel	Design, Herstellung (extern) und Verkauf von Schuhen und Accessoires	CH-Schuh	Mode, Design
HAISSAM-MUSIC	Musik / Detailhandel	CD-Produktion, Mastering, Verkauf von CDs und Produkten vorwiegend aus dem arabischen Raum in eigenem Laden, Musiker	flexible, globale Zusammenarbeiten, Worldmusic	Musik, Musiker, Produktionen
APART	Musikbranche, Design, Werbung	Produktion, Design, Vertrieb, Beratung in Musik, Film, Druckerzeugnisse, audiovisuelle Kommunikation	Kombination Ton / Design, Zeichentransfer zwischen Kultur der Global City (Zürich) und rätoromanischer Kultur	Design, Musik, Rätoromanisch
SWISSTAG	Seifen / Artefakte / Detailhandel	Design, Produktion und Vertrieb von Seifen als Artefakte, Entwicklung von Verpackungen, Kreation von Düften. Eigener Laden	Artefakte in Seife mit Kunstverpackung und neuen Düften Eigene patentierte Maschine	Design, Kreation, Produktion
BEIGE	Mode / Kleidung / Detailhandel	Design und Produktion von Textilien, Gurten, Kopftüchern, Armstössen, Foulards, Strickdecken, Kissen. Eigener Laden	neue Formen, Farben mit Strickware	Design, Modev